谢林著作集

先刚 主编

全部哲学的本原

Initia Philosophiae Universae

〔德〕谢林 著 王丁 译

图书在版编目（CIP）数据

全部哲学的本原 /（德）谢林著；王丁译. —北京：北京大学出版社，2023.9
（谢林著作集）
ISBN 978-7-301-34278-7

Ⅰ.①全… Ⅱ.①谢… ②王… Ⅲ.①谢林（Schelling, Friedrich Wilhelm Joseph von 1775—1854）–哲学思想 Ⅳ.① B516.34

中国国家版本馆 CIP 数据核字（2023）第 141758 号

书　　　名	全部哲学的本原 QUANBU ZHEXUE DE BENYUAN
著作责任者	〔德〕谢　林（F.W.J.Schelling）著　王　丁 译
责 任 编 辑	王晨玉
标 准 书 号	ISBN 978-7-301-34278-7
出 版 发 行	北京大学出版社
地　　　址	北京市海淀区成府路 205 号　100871
网　　　址	http://www.pup.cn　新浪微博 @ 北京大学出版社
电 子 邮 箱	编辑部 wsz@pup.cn　总编室 zpup@pup.cn
电　　　话	邮购部 010-62752015　发行部 010-62750672 编辑部 010-62752025
印 刷 者	北京中科印刷有限公司
经 销 者	新华书店 890 毫米 ×1240 毫米　16 开本　23 印张　309 千字 2023 年 9 月第 1 版　2023 年 9 月第 1 次印刷
定　　　价	108.00 元

未经许可，不得以任何方式复制或抄袭本书之部分或全部内容。
版权所有，侵权必究
举报电话：010-62752024　电子信箱：fd@pup.pku.edu.cn
图书如有印装质量问题，请与出版部联系，电话：010-62756370

目 录

中文版"谢林著作集"说明 …………………………………… 1
"埃尔朗根讲授录"与"世界时代"的绝唱(代译序) …………… 1

哲学作为科学的自然本性 …………………………………… 1
全部哲学的本原 ……………………………………………… 57
自然进程阐述 ………………………………………………… 231

人名索引 ……………………………………………………… 341
主要译名对照 ………………………………………………… 345

中文版"谢林著作集"说明

如果从谢林于1794年发表第一部哲学著作《一般哲学的形式的可能性》算起，直至其1854年在写作《纯粹唯理论哲学述要》时去世，他的紧张曲折的哲学思考和创作毫无间断地延续了整整60年，这在整个哲学史里面都是一个罕见的情形。① 按照人们通常的理解，在德国古典哲学的整个"神圣家族"（康德—费希特—谢林—黑格尔）里面，谢林起着承前启后的关键作用。诚然，这个评价在某种程度上正确地评估了谢林在德国古典哲学的发展过程中的功绩和定位，但另一方面，它也暗含着贬低性的判断，即认为谢林哲学尚未达到它应有的完满性，因此仅仅是黑格尔哲学的一种铺垫和准备。这个判断忽略了一个基本事实，即在黑格尔逐渐登上哲学顶峰的过程中，谢林的哲学思考始终都处于与他齐头并进的状态，而且在黑格尔于1831年去世之后继续发展了二十多年。一直以来，虽然爱德华·冯·哈特曼（Eduard von Hartmann）和海德格尔（Martin Heidegger）等哲学家都曾经对"从康德到黑格尔"这个近乎僵化的思维模式提出过质疑，但真正在

---

① 详参先刚：《永恒与时间——谢林哲学研究》，第1章"谢林的哲学生涯"，北京：商务印书馆，2008年，第4—43页。

这个领域里面给人们带来颠覆性认识的，乃是瓦尔特·舒尔茨（Walter Schulz）于1955年发表的里程碑式的巨著《德国唯心主义在谢林后期哲学中的终结》。①从此以后，学界对于谢林的关注度和研究深度整整提高了一个档次，越来越多的学者都趋向于这样一个认识，即在某种意义上来说，谢林才是德国古典哲学或德国唯心主义的完成者和终结者。②

我们在这里无意对谢林和黑格尔这两位伟大的哲学家的历史地位妄加评判。因为我们深信，公正的评价必须而且只能立足于人们对于谢林哲学和黑格尔哲学乃至整个德国古典哲学全面而深入的认识。为此我们首先必须全面而深入地研究德国古典哲学的全部经典著作。进而，对于研究德国古典哲学的学者来说，无论他的重心是放在四大家的哪一位身上，如果他对于另外几位没有足够的了解，那么很难说他的研究能够多么准确而透彻。在这种情况下，对于中国学界来说，谢林著作的译介尤其是一项亟待补强的工作，因为无论对于康德、黑格尔还是对于费希特而言，我们都已经拥有其相对完备的中译著作，而相比之下，谢林著作的中译仍然处于非常匮乏的局面。有鉴于此，我们提出了中文版"谢林著作集"的翻译出版规划，希望以此推进我国学界对于谢林哲学乃至整个德国古典哲学的研究工作。

---

① Walter Schulz, *Die Vollendung des deutschen Idealismus in der Spätphilosophie Schellings*, Stuttgart, 1955; zweite Auflage, Pfullingen, 1975.
② 作为例子，我们在这里仅仅列出如下几部著作：Axel Hutter, *Geschichtliche Vernunft: Die Weiterführung der Kantischen Vernunftkritik in der Spätphilosophie Schellings*. Frankfurt am Main 1996; Christian Iber, *Subjektivität, Vernunft und ihre Kritik. Prager Vorlesungen über den Deutschen Idealismus*, Frankfurt am Main 1999; Walter Jaeschke und Andreas Arndt, *Die Klassische Deutsche Philosophie nach Kant: Systeme der reinen Vernunft und ihre Kritik (1785-1845)*. München, 2012。

中文版"谢林著作集"所依据的德文底本是谢林去世之后不久，由他的儿子（K. F. A. Schelling）编辑整理，并由科塔出版社出版的十四卷本《谢林全集》（以下简称为"经典版"）。① "经典版"分为两个部分，第二部分（第11—14卷）首先出版，其内容是晚年谢林关于"神话哲学"和"天启哲学"的授课手稿，第一部分（第1—10卷）的内容则是谢林生前发表的全部著作及后期的一些手稿。自从这套全集出版以来，它一直都是谢林研究最为倚重的一个经典版本，目前学界在引用谢林原文的时候所遵循的规则也是以这套全集为准，比如"Ⅵ, 60"就是指所引文字出自"经典版"第六卷第60页。20世纪上半叶，曼弗雷德·施罗特（Manfred Schröter）为纪念谢林去世100周年，重新整理出版了"百周年纪念版"《谢林全集》。② 但从内容上来看，"百周年纪念版"完全是"经典版"的原版影印，只不过在篇章的编排顺序方面进行了重新调整，而且"百周年纪念版"的每一页都标注了"经典版"的对应页码。就此而言，无论人们是使用"百周年纪念版"还是继续使用"经典版"，本质上都没有任何差别。唯一需要指出的是，"百周年纪念版"相比"经典版"还是增加了新的一卷，即所谓的《遗著卷》（*Nachlaßband*）③，其中收录了谢林的《世界时代》1811年排印稿和1813年排印稿，以及另外一些相关的手稿片段。1985年，曼弗雷德·弗兰克（Manfred Frank）又编辑出版了一套六卷本《谢

---

① F. W. J. Schelling, *Sämtliche Werke*. Hrsg. von K. F. A. Schelling. Stuttgart und Augsburg: Cotta'sche Buchhandlung, 1856-1861.

② *Schellings Werke. Münchner Jubiläumsdruck, nach der Originalausgabe (1856-1861) in neuer Anordnung*. Hrsg. von Manfred Schröter. München 1927-1954.

③ F. W. J. Schelling, *Die Weltalter. Fragmente. In den Urfassungen von 1811 und 1813*. Hrsg. von Manfred Schröter. München: Biederstein Verlag und Leibniz Verlag 1946.

林选集》①,其选取的内容仍然是"经典版"的原版影印。这套《谢林选集》因为价格实惠,而且基本上把谢林的最重要的著作都收录其中,所以广受欢迎。虽然自1976年起,德国巴伐利亚科学院启动了四十卷本"历史—考据版"《谢林全集》②的编辑工作,但由于这项工作的进展非常缓慢(目前仅仅出版了谢林1801年之前的著作),而且其重心是放在版本考据等方面,所以对于严格意义上的哲学研究来说暂时没有很大的影响。总的说来,"经典版"直到今天都仍然是谢林著作的最权威和最重要的版本,在谢林研究中占据着不可取代的地位,因此我们把它当作中文版"谢林著作集"的底本,这是一个稳妥可靠的做法。

目前我国学界已经有许多"全集"翻译项目,相比这些项目,中文版"谢林著作集"的主要宗旨不在于追求大而全,而是希望在基本覆盖谢林各个时期的著述的前提下,挑选其中最重要和最具有代表性的著作,陆续翻译出版,力争做成一套较完备的精品集。从我们的现有规划来看,中文版"谢林著作集"也已经有二十二卷的规模,而如果这项工作进展顺利的话,我们还会在这个基础上陆续推出更多的卷册(尤其是最近几十年来整理出版的晚年谢林的各种手稿)。也就是说,中文版"谢林著作集"将是一项长期的开放性的工作,在这个过程中,我们也希望得到学界同仁的更多支持。

---

① F. W. J. Schelling, *Ausgewählte Schriften in 6 Bänden*. Hrsg. von Manfred Frank. Frankfurt am Main: Suhrkamp 1985.
② F. W. J. Schelling, *Historisch-kritische Ausgabe*. Im Auftrag der Schelling-Kommission der Bayerischen Akademie der Wissenschaften herausgegeben von Jörg Jantzen, Thomas Buchheim, Jochem Hennigfeld, Wilhelm G. Jacobs und Siegbert Peetz. Stuttgart-Band Cannstatt: Frommann-Holzboog, 1976 ff.

本丛书得到了国家社科基金项目"德国唯心论在费希特、谢林和黑格尔哲学体系中的不同终结方案研究"（项目批准号20BZX088）的支持，在此表示感谢。

先　刚

北京大学外国哲学研究所

北京大学美学与美育研究中心

"埃尔朗根讲授录"与"世界时代"的绝唱
（代译序）

根据主编的原计划，汉译《谢林著作集》并未收入此卷。这是因为原本的情况是，本卷的主体部分，即由《哲学作为科学的自然本性》和《全部哲学的本原》这两个文本构成的谢林1821—1822年的"埃尔朗根讲授录"，在作为汉译著作集底本的《谢林全集》中只保存了第一个文本。第二个文本则首先是由20世纪最重要的谢林研究专家Horst Fuhrmans根据谢林的学生Enderlein的笔记考订而成，而Fuhrmans已把这两个文本单独集册出版(H. Bouvier, 1969)。但我坚持要加入这一卷的理由一方面在于，就内容上来说，本卷对谢林漫长的"世界时代"时期的潜能阶次辩证法做了一个清晰的总结。而且就文本考订史来看，谢林著名的《近代哲学史》也属于这个时期的文本，因此唯有补充本卷，我们才可能还原谢林整个"世界时代"哲学的宏大构想。另一方面在于，就我个人在德国的学习阶段来说，这也是我打交道最多、最有感情的一卷。恰逢国际谢林学会的《谢林全集（历史－考订版）》工作已经进行到了此卷，本着学术"天下公器"的精神，学会也给予了汉译著作集编委会使用和翻译Enderlein笔记考订后文本的权限（在此我要感谢庞昕博士在我回国之后的后续接洽工作！），所以汉译著作集才多出了这一卷。

在此需要一提的是,从本卷的内容来看,《全部哲学的本原》这个文本的拉丁语标题 *Initia Philosophiae Universae* 其实大有深意。虽然我们把Universae翻译成"全部",但其实从这个构词可以看到,它所指的仍是后康德哲学的一个基本追求,即"全且一",或者说"大全一体"。而Initia这个词,除了有一般性的"开端""本原"的意思以外,在本卷和《神话哲学》《启示哲学》里,谢林都提到了它在古代罗马宗教中对"秘仪"和"秘传学说"的指涉。因此尽管我们在中文里非常"朴实"地把 *Initia Philosophiae Universae* 翻译为眼下这个标题,但结合谢林这两个讲座的意图以及他对Initia一词的重视和喜爱,完全可以把这个文本标题的意思理解为"进入大全一体哲学的秘仪"。至于本卷的第三个文本,《自然进程阐述》则是在当代谢林研究中讨论得比较多的一个文本,根据谢林之子的编者导言,它要"晚于《神话哲学之哲学导论》……与之共同呈现出了作者最终关于自然哲学的观点"(SW, X, VI)。而且就内容上来看,也是惊人地与1821年的《全部哲学的本原》相接续。从这个文本出发可以看到,谢林在晚期,在自然哲学的洞见上基本上与前期保持一致,尤其与1801—1802年他第一次在系统阐发他的"同一哲学"之际所阐发的自然哲学基本结构一致。所以从这个意义上来看,把这三个文本编在一起是有理由的,它们共同从"人类知识","潜能阶次-本原辩证法本身","潜能阶次在自然中的演进过程"三个方面共同构成了一个总体性的"论全部哲学的本原"。

就历史事实来说,谢林在埃尔朗根大学所宣讲的内容除了本卷的前两个文本,还包括著名的《近代哲学史》,所以我在此建议读者,能够把前两个文本跟"谢林著作集"最先出版的《近代哲学史》放在一起阅读。毕竟从谢林研究的角度来看,《近代哲学史》仿佛是从某种既定方法和视角出发对从笛卡尔开始的近代哲学进行了一番阐发和评判,但这会让人感觉缺少哲学基础和方法论前提。须知"哲学史",尤其是与体系建构内在相关,而非仅仅材料外在评述罗列、能够揭示出人类精神内在演进历程的那种意义上的哲学史,就是从德国古典哲学内部产生的,尤其是在谢林和黑格尔的体系建构中得到发扬光大。之前我们对谢林的著作了解不够,现在知道了谢林不单单是以前所认为的那个充当了费希特到黑格尔之间的过渡性环节的人物,而且还知道谢林晚期哲学有丰富内涵,也是一个足以与黑格尔分庭抗礼的哲学史家。我自从在大学任教以来,一直讲授"西方哲学史"这门课程,深感现如今有一种比较片面的看法,仿佛不研究"哲学问题"就是在研究"哲学史",而哲学史是"过去了的东西",不够"与国际接轨",不够"先进"。这一方面或许是因为确实现在的哲学史课程有沦为"高头讲堂"之嫌,对一个青年人来说,急于渴望知道世界上正在发生什么,什么事情是现时代思想的急迫既是天性,也是大学应该提供给他们的。当年荷尔德林、谢林和黑格尔在图宾根大学上学的时候,就积极吸收"最前沿的思想",比如康德的批判哲学、席勒的戏剧、法国启蒙主义等。但另一方面,他们对这些"最流行的东西"的吸收又是深沉和有哲学史底蕴的,比如谢林在一边学习康德之际,一边研读柏拉图和斯宾诺莎,如此方能在后来有意识地对这几种具有"古今之争"代表性的哲学进行调和,终成一代宗师。我2022年出版的雅各布斯的《谢林导读》对此有颇多强调,兹不赘述。如果按照谢林的话来说就是,我们生活的这个世界不是完全"从头开始的",我们的"现在"总是与"过去"处在一个更大的关联中,如果"现代"就意味着仿佛过去不存在,意味着仿佛我们当下的境况没有自身的历史，倘若这种活生生、不断构造我们"现在"理解的历史不是始终在产生影响，让我们总是能如本能一般不断确知"现在"的正当性，那我们是不会如此沉迷于"现在"乃至遗忘历史的，而这种遗忘实际上就是更大危机的体现。就像他在《启示哲学》的导论中所说的，并非过去的东西已经失去了自己的真理性，而是我们当下的意识不再有了容纳和理解它们的能力。我们的意识为什么会处在当下的这种"常识"里，这不是从当下出发就能说明的问题。正如整个谢林晚期哲学不断提示的：一旦某个东西认为自己是本原，是绝对者，它就一定会遭遇自身的盲点和无力点，一切自行宣告自身是本原的东西，都是由于对自身根基的无知才会如此。实际上客观来说，如果把当今的"分析"和"欧陆"认作哲学的两种研究风格和传统，那其实可以看到在人类历史上的各个时期的每一种有影响力的哲学形态里，都有自己的"欧陆哲学"和"分析哲学"，比如晚期希腊哲学中的柏拉图学园传统和其他流派之间的关系，经院哲学中的不同流派之间的关系，乃至剑桥黑格尔主义等。甚至康德哲学本身，也可以同时满足这两种路子。而对于后康德哲学，不仅有我们耳熟能详的匹兹堡学派的黑格尔研究，还有波恩-海德堡学派的对谢林潜能阶次学说的模态逻辑化研究（比如著名的Hogrebe, Gabriel, Buchheim等）。如果认为"分析"是一种哲学风格，那么实际上谢林从1810年开始到1827年结束的整个"世界时代"哲学时期，所做的唯一一件事情就是分析"能"的不同样态——包括"可能""能够""曾经能""将来能""潜在的能""现实的能""存在的能""知识的能""意志的能""能不存在""不能存在"等等等等，只不过他当时没有现代逻辑工具而已。

熟悉谢林哲学的读者应该会知道，"世界时代"时期对于谢林个人和他的整个哲学生涯来说都是一段重要但也令人难过的时期。从他1810年开始构思"世界时代哲学",到1827年最后一次以"世界时代体系"为题在慕尼黑授课,这17年没有任何公开发表、不断推翻自己重来的时光对于一个年少成名的思想家来说必定很不好受。但要注意的是,1827年的"世界时代体系"虽然仍以"世界时代"为题,但实际在内容上已经接近后来的"神话哲学""启示哲学"了,并且在术语上第一次出现了谢林晚期最后的哲学特有的"否定哲学"和"肯定哲学"的区分。所以这一卷的主导部分,即1821年的"埃尔朗根讲授录"实际上是谢林最后的、最完备的关于"世界时代"沉思的内容汇总。跟"谢林著作集"中已经出版的《世界时代》卷不同的一点在于,在那几个残篇和手稿中,谢林一直强调人类的意识与世界的开端有一种"共知(Mitwissenschaft)"。但他没有具体阐述,这种"共知"从何而来,它的运作原理是什么,它与人类的求知本性,与哲学的关系是什么。在这一卷里,"埃尔朗根讲授录"的第一部分《哲学作为科学的自然本性》系统回答了这个问题,阐发了本原本身,即永恒自由与人类意识结构之间的交互关系。这一点尤其对于都灵学派的哲学诠释学,特别是巴莱松及其学生,即《玫瑰之名》的作者艾柯有所影响,是谢林哲学中最直接参与一个当代哲学学派建构的标志性文本。[①]我也在一篇文章里谈到,从海德格尔1936年的谢林阐释方式来看,海德格尔转向之后的诠释学反倒与谢林在这个文本里阐发的本原与人类意识之间的更高"诠释学循环"有共通之处。[②]在这个文本里,谢林也更直接地进一步回

[①] 详见庞昕:《巴莱松的生存诠释学》,载于《山东大学学报(哲学社会科学版)》2020年第3期。

[②] 详见王丁:《对自由的诠释作为自由自身的实行》,载于《哲学动态》2020年第3期。

应了黑格尔在《精神现象学》中对自己的诸多指责。而《全部哲学的本原》作为"埃尔朗根讲授录"的主导内容，虽然原文已经散佚，但经过对学生笔记的考订编纂，仍能看到谢林在其中对于整个"世界时代"时期的潜能阶次辩证法做了最后、最全面和清晰的总结，这一套内容后来在"神话哲学"和"启示哲学"中是几乎稳定的、可以拿来直接应用在神话分析和神性位格分析上的。但相比于晚期的这两种哲学，"埃尔朗根讲授录"中的潜能阶次辩证法分析又显得极为专题性和清晰。须知黑格尔对谢林的评判——"谢林是在公众面前宣讲他的哲学"——也有其中肯性，即根本上来说谢林并非一个"著作家"，而是如他毕生推崇的柏拉图一样，是一个更偏爱"口传"的、喜欢让思想在自己身上直接以具身性、当下性、场景性的方式"呈现"的人。我们当今或许习惯，这是一本某个哲学家的"书"，翻开读即可。但须知尽管都是纸质印刷品，但内容的性质有根本不同，谢林的著作以1809年为界，之前都是出版了的"著作（Werke）"，但从《世界时代》开始，基本都以讲课稿为主，正如黑格尔的许多冠以"讲演录"之名的"书"，也都是讲课稿。所以其中并没有一个面对"无所不在又无处在"的读者的一个"写作者"，而是一个讲堂上授课的人。理解这一点对于我们阅读谢林的"书"是很重要的，甚至海德格尔在1936年阐发谢林的《自由论》时也极为强调这一点。① 但谢林没有黑格尔的运气，一方面正如"埃尔朗根讲授录"的第一位德文编者Fuhrmans所说，在谢林之子出版《谢林全集》的时候，德国的哲学氛围已经突然变化了，对德国古典哲学的这种

---

① 海德格尔：《谢林：论人类自由的本质》，王丁、李阳译，商务印书馆，2018年，第6页。

大全一体式的体系兴趣突然消失了。①谢林也没有黑格尔那群忠实围绕在身边、为他的讲演进行"评注"的学生，形成诸如《小逻辑》那样的作品。但无论如何，不仅汉语的"谢林著作集"，还有巴伐利亚科学院的"历史-考订版"都在陆续出版，本卷正是双方友谊合作的体现！总而言之，这一卷"埃尔朗根讲授录"也算得上是"世界时代"哲学的"绝唱"了，从此之后再无"世界时代"！

这"绝唱"之所以重要，之所以值得一提，一方面是在于从谢林研究本身来看，晚期的"神话哲学"和"启示哲学"，究竟是谢林放弃了"世界时代"中那些充满最终哲学张力、直达哲学边缘的问题而采取的一种折中策略，还是确确实实是"世界时代"哲学的出路，一直是悬而未决的问题。比如先刚的专著《永恒与时间》就对这个问题进行过深入讨论。从另一方面来看，"世界时代"中的问题远比"神话哲学"和"启示哲学"要更加复杂和涉及面丰富，须知从1810年到1827年期间，正是黑格尔刚刚出版《精神现象学》不久，紧接着又马上端出自己全部体系及其具体应用的时期。而谢林则是在"世界时代"的各个手稿里不断冲击哲学基本问题的边界：可能的模态，可能与存在的关系，存在的发生，世界如何进入语言，人类知识与世界开端的关系等等。所以"埃尔朗根讲授录"的重要意义不仅是就谢林哲学自身而言的，也是就德国古典哲学作为一种大全一体的体系建构尝试自身所碰到的边界而言的！

这是我在先刚教授主编的《谢林著作集》中的最后一卷工作，从

---

① F. W. J, Schelling, *Initia philosophiae universae*, hrsg. von Horst Fuhrmans, Bonn, 1969, IX.

先老师联系我加入这项工作开始已经过去6年了,在此期间通过对谢林的翻译和研究我觉得我在各方面都有了很多成长,感激先刚教授对我的信任和包容!而且同样感谢责任编辑王晨玉给予的宽容和帮助,还有工作上的高度配合。在这卷工作完成以后,我的全部精力将放在我自己主编的"谢林及其影响"丛书上,对这个丛书的启动,先刚教授也是极为支持的。多年来我做任何事情的唯一出发点就是是否有利于推动汉语谢林哲学,进而德国古典哲学研究的系统性进展,虽然有一些人会误解我要搞什么"谢林热",但我本人从来没有这个想法。我的一切出发点都是如何把一个研究对象科学和系统地建立起来,十几年前我刚开始接触谢林的时候,汉语资料少得可怜,直至今日虽有很大改观,但还不够,如果我活着不能把这个问题克服到一定程度,那我认为我的人生就是失败的。这最后一卷我校对得比较慢,有依依不舍之意,但戒指既然已经扔进了魔多的火山,那护戒远征队的使命也要结束了。关于"世界时代"哲学,我谈不上有多么深入的研究,所以我只说这么多,但我想应该也够了!

王　丁

2023.5.31

于济南

谢林著作集

哲学作为科学的自然本性
（埃尔朗根讲授录，第一部分）

1821

F. W. J. Schelling, *UEBER DIE NATUR DER PHILOSOPHIE ALS WISSENSCHAFT*, in ders, *Historisch-Kritische Ausgabe, Nachlass 10, Teilband 2*, S. 637-666, Stuttgart: Frommann-Holzboog, 2019. In ders. *Sämtliche Werke*, Band IX, S. 209-246, Stuttgart und Augsburg 1856-1861.

第三讲①

1821年1月10日

要为人类知识找到一个体系，或者换个更好的说法，要在体系中，在总体关联脉络中通观人类知识的体系，这样的一个想法或者说欲求，当然要以下面这点为前提：人类知识原本且自发地并不在体系中，也就是说，它原本是一个ἀσύστατον，一个非-体系，一个并不处在关联脉络中，反倒毋宁自相冲突的东西。为了能在人类知识中认识到这个非-体系，这个非持存、非一致、仿佛永恒劫难般的东西——因为这个内在的冲突必须被开显出来，人类精神必定已经在

---

① 这一部分讲座内容同时载于《谢林全集》(SW, IX, S. 209-246)，为了与第二部分未编入《谢林全集》的《全部哲学的本原》文稿相连续，在已取得授权的情况下采用"历史-考订版"（出版信息见此文本封面页）页码和讲座日期标注。"考订版"补充了由学生记录的作为开讲辞的前两讲内容，但这两讲并未载于《谢林全集》，为突出文本重点，且保持语言风格连贯性（从这一讲开始的内容可以确定由谢林本人所写），故不译出开讲辞内容。相同内容也见诸谢林为马克西米利安王太子讲授的《哲学导论》，所以译者回头拟出版《哲学导论》，以保证内容相近的译文尽量出自谢林本人手笔，而非学生笔记。事实上在整个汉译谢林的规划中，基本理念始终是尽量从谢林本人的原文译为中文，这也是没有考虑1831年《启示哲学原稿》和1841/42年《启示哲学》，而是直接使用《谢林全集》中1844年《启示哲学》的原因。因为比如由Manfred Frank重编的41/42年文本，完全依赖于当时听众对谢林基本意思的速记盗印，缺乏谢林晚期特有的文字风格，而谢林同时作为一个"古典学家"，不可能听任人只知道他所说的"内容"。——译者注

一切可能的方向上进行过了探索。所以我们肯定知道下面这几点，比如在希腊，a）纯然的物理学家的出发点就是，他们相信，一切都能被还原为纯然的自然事物，b）阿纳克萨戈拉的二元论，c）埃利亚学派的学说，这种学说为了取消一切冲突，只设定纯然的统一体，然而对立或者说非-统一性也有同等的存在权利，所以真正的体系恰恰是这样的体系：它是统一性和对立的统一，也就是说，它能表明，统一性与对立，对立与统一性如何同时并立，甚至最好说，这样的体系能表明，两者中的任何一个对另一个来说都是必要的——一个体系的真正理念能够在柏拉图那里出现以前，所有这些片面的想法，都是必然的先行阶段。也就是说从时间的历程来看，诸多体系会先于唯一体系。对和谐的追求首先出自不谐。

伴随着确确实实总是存在的对体系的欲求，最终必定会出现这样的洞见：不同观点的冲突并非某种偶然的东西，也并非在于其提出者在主观方面认识上的不完备，它们并非思想浅薄的产物，亦非某个个体的倒错，甚至也不像许多肤浅之辈以为的，是基于纯然的词义之争。人们必须确信，这种冲突有其客观根源，它就存在于事情本身的自然本性中，根植在一切定在的最初根源里。正因为如此，人们必须放弃能终结这场冲突，终结这场 bellum omnium contra omnes[一切人对一切人的斗争]的指望，因为总可能会有一些片面的观点被另一些人奉为圭臬，总会有某一个体系会征服另一个体系。这无疑是表面上看起来常常发生的情况。所以无论如何，所有排他的体系至少在下面这点上是一致的：它们都不是那个唯一的体系，就此而言，它们都是某种片面的、从属性的东西，所以无论如何，必然还有一个在层级上高出其他一切体系的唯一体系。或者我们也可以说，情况就是如此——这样说其实更准确。但在不同体系彼此之间的全部矛盾中，还有一个唯一且终极的巨大矛盾，即一种原初的不和谐。我们可以用下述方式来表达它：根据某一断言，则A=B，根据另一个则A=C。但两种体系——其一设定了A=B，另一个设定了A=C——也能在一个实则从属性的层级上被理解，进而也只能在这个层级上作为彼此对立的而登场。在这种情况下，可能会有某个人处在这样的状态里：他确实把自己提升到了上面那种相互对立的从属性的立场之上，但他还没有把自己提升到更高的立场上——这个立场能够确立起让A=B和A=C由之得到统一的东西，不过这个人可能还会仅仅站在A=B的立场上，但他现在站在了一个更高的层级上认为A=B，在一个更高的潜能阶次里——片面的东西总会又以更媚俗的方式粉墨登场，这样的事情常常发生，因为一旦对整体的肢解开始了，它就会自然而然地一直持续下去，直到最终由所谓的"个性"来决定，人们该凭什么来承认要奉什么为圭臬，在这种情况下，A=B尽管确实得到了提升（不过也并没有在本质上有所改变），然而A=C并没有得到提升，而是保持不变，所以A=B转眼间就成了A=C的标准了。但这样的状况不会持久。A=C最终也会觉察到自己的"劣势"，进而会提升自己，随即把自己提升到更高的立场上，进而又同之前处在较低立场上时一样与A=B对立。

另一种或许更偶然的可能性是：倘若A=B和A=C完全平衡地落在天平两端，那么其实决定性的事情就在于，是否有一个"更好"的裁决者，来对两者中的一个做出肯定性的断言。然而这样的"胜利"根本无法真正决断任何东西。

因此表面上看，任何一个体系在某一个时期当然都有可能成为其他体系的圭臬，但这样的地位并不切实也不会长久，因为这根本就是不可能的——毕竟自在地看，每一个体系都有同等的权力要求坐庄，而这样的洞见必定先行于更高意义上的体系——体系中的体系——的理念。只要唯物主义者还没有承认理智主义者，观念论者还没有承认实在论者的合法性，那么真正卓异的体系之体系也就无从设想。此外我还要强调，在这里之所以要谈到各种不同体系，只是为了呈现展开过程的现实环节，而不是为了它们自身。就算人们可以把这些先行的体系仅仅视为错误，它们的开创者，它们的名号，也仍该得到应有的尊崇。

谁要是尚能犯错，谁就必定已在路上，那些根本就没有上路，反倒完完全全躲在家里不敢出门的人，当然也不会迷茫。谁要是勇涉大川，当然就会遭遇狂风巨浪，当然也会由于自己经验尚浅而偏航甚至流浪，谁要是根本还没驶出海港，反倒绞尽脑汁瑟缩岸上，谁当然也就不会遭遇风浪，可是对哲学的哲思这桩永恒的事业不允许这样，害怕危险的懦夫绝不可能进入哲学的殿堂。

因此，体系的理念本身就要以不同体系间必然且不可消解的冲突为前提；若没有它，真正的体系绝不会产生。

哲学把这种非-体系，这种内在的冲突弃之一旁已经太久了。在他著作的许多文段里，康德把形而上学视为一个不体面的例子，而把数学确立为标杆，认为形而上学应以它为教师进行改良，许多人也跟着康德鹦鹉学舌，他们说："瞧瞧吧！在形而上学这里，就应该像在几何学里一样，一切都要一致，不仅从现在起一致，就是追溯到欧几里得、泰勒斯乃至埃及祭司，都该完全一致，可在哲学那里，情况却是 quot capita, tot sensus[有多少脑袋，就有多少看法]，有多少脑袋,就有多少体系,每天都会诞生一个新体系。"至于那些仿佛在一夜之间冒出来的许许多多体系,我已经表达过看法了。但如果哲学之所以受到轻视是因为在它之中存在许多不同体系,而在几何学中不会这样,那我就得说:在几何学中诚然不存在许多不同体系,因为在它之中根本就不存在体系,在哲学中当然会存在许多不同体系,这恰恰是因为哲学中存在一个体系。这种偏好就好似比起人体,人们会更愿意偏爱一个立体的、有规则的晶状体,这是因为在晶状体中根本就没有任何疾病的可能性,而在人类躯体中则包含着所有可能疾病的种子。疾病之于健康,大抵就如同个别的片面体系之于体系之体系。医生们甚至也在人类机体中区分出了许多不同的个别体系。谁忍受着这些体系中的某一个,也就是说,某个个别的片面体系在谁那里特别地呈现,谁就仿佛被系缚在了这个体系上,谁的自由仿佛就被阻碍了,完完全全可以说,这个人成了这个体系的奴隶。但健康的人不会觉得这些体系中有任何一个会对他来说是"特别的",他根本就不知道他有一个比如人们常说的"消化系统";他自由于一切体系。为什么呢?这并不是因为这些体系不在他的机体中——否则这个人不就完蛋了吗?——而是因为他生活在整体中,在总体体系中,在这个总体体系里,所有这些个别片面的体系都仿佛沉默且变得不可能了("健康"这个词极有可能跟"整体"是一个意思)。在哲学中也是如此:谁能经历一切直到最终,谁就会再次见到整全的自由,谁就会自由于一切体系,超越于一切体系。

综上,我们到现在可以确定下面这几点:1)体系的外部可能性就仿佛是它的质料和素材,而这种外部可能性正是人类知识中不可消解的内在冲突。2)这一冲突必须被开显出来,它必须在一切可能的方向上得到展示和展开。3)人们必须看清楚,在这一冲突中没有任何偶然的东西,相反,一切都是一个在那些最初的本原中自身已被奠基的东西。4)人们必须放弃终有一天能通过某个会成为一切其他体系之主臬的体系,而使这种冲突得到终结的指望。倘若某个体系不可能单方面地让其他体系臣服,那么人们也必须5)——接下来的是一个新的规定——不要去设想找到一个统一体,在其中它能"消灭"所有一切彼此对立的体系,因为倘若如此,"体系"这个概念恰恰也就因此消失了,因为体系的使命并非"消灭",反倒恰恰是切切实实地把这些对立关联统合起来。在第一种情况里(也就是如果体系"消灭"了一切彼此对立的体系),出现在人们面前的不再会是体系,而仅仅会是一个无底的、一切都没入了其中的深渊,在其中不再有任何东西能得到区分。这些对立的体系不应被消灭,而应被关联统合,正如某一有机体中的不同体系正是通过这个机体的关联统合作用,产生出了一个共同的、超越所有个别片面意图的整体意图。这个整体意图可以称作"健康",在"健康"这种状态里,人完完全全感受到他自己,在健康的人类身体中,不同器官和功用的所有差别都彼此消解在了那个唯一且不可分的生命里,这样的感觉就是"爽!"

倘若真的要去"消灭"一个现实存在的体系,倘若要去"销毁"它才是合乎目的的。那么请问,倘若如此,不同体系的片面性又是从何而来的呢?答曰:正如诸位必定已经明明白白看到的,这种片面性并不源自人们宣扬的东西,而是源自人们否认的东西。莱布尼茨已经在某处以极为单纯的口吻说过:"我发现,大部分派别都在他们所宣扬的方面做得非常棒,但在它们否认的方面则没那么好了"。莱布尼茨大抵感受到，个别体系的排他性恰恰是错误的，不过他本人却又树立起了一个明显片面的体系，因为他断言，世界上的一切都可以还原为表象力。这位莱布尼茨在他著作的另一处里说："人们越是深入事物的根基，越能发现大多数派别学说中的真理。人们可能最终会在一个透视一切的中心点里，发现一切被统一了起来。如果处在这个中心点里，人们看到的就只会是合法则性和一致性；倘若远离它，那么离它越远，一切相互混杂得就越厉害，某一部分就会愈发遮掩其他部分，线索也就愈发纷繁杂乱。"但莱布尼茨接着说："派系思想到目前为止都成了错误。所以人要自我限制，抛弃别人教授的东西。"可见在这里，莱布尼茨对待错误的态度还是"抛弃"。但为何这位思想家恰恰也陷入了同样的错误里呢？答曰：因为他的体系确实建立在一个更高的阶次上，所以在这个体系里，确实存在一个确凿无疑，但仍终归片面的透视一切的中心点，从它出发，许多根基立得更深的学说和断言能够显得彼此一致。

第四讲

1821年1月11日

我之前已经讲过了体系的外部原因，或者说，讨论了要把人类知识在体系中，在总体关联脉络中看待的这种欲求。这一外部原因就是人类知识活动中自在地无法消解的冲突。我并没有去阐述和证明这个冲突；因为我必须已经把它预设为前提并如此预设它。如果我真的想对此做一个阐述，那我或许就得给出一个体系的预备而不是体系自身了，也就是说，我要给的就不是体系而是它的导论了。可最好的导论恰恰就是这一必然的矛盾，尽管意识和反思都在不断成长，但它们也会陷入其中，它们会从自己最初的根源开始，经历一切怀疑和绝望直至那个最终的怀疑和绝望，在其中，人仿佛被逼着必须去把握那个更高整体的理念，在这个理念中，相互冲突的体系会通过这个理念的关联统合活动创生出更高的意识，人类会在这种意识里再次自由于一切体系，超越一切体系。这就是纯然的辩证法的事业，辩证法绝非科学自身，但无疑是对科学的预备。

总之，体系的外部原因就是人类知识活动中原初的非-体系。但体系的可能性的本原又是什么呢？也就是说，我们固然能明明白白看到，有一个这样的能把所有冲突引发的杂音拨乱反正的整体值得期待，但它是如何可能的呢？要在哪些前提下它才是可设想的呢？就此而言，首要的前提无疑是：1）进步，即体系中的向前运动的普遍观念。因为彼此冲突的不同断言，不可能如人习惯说的，"同时"——也就是在展开过程的同一个环节上——是真的。但对展开过程的某个特定的点来说，A是B是真的，对另一个点来说，A不是B，这种情况倒是可能的。所以在这种情况下，通过运动也就维系了彼此相互冲突的命题。2）但这一运动也需要一个运动和进步的主体，在这个主体下，自行进行着运动和前进的东西本身才会得到理解，而就这个主体来说，仍要预设两个前提：a）只存在一个唯一的、经历并贯穿于一切的主体；因为倘若在B中有另一个主体，又在C中还有一个，那么B和C就会彻底不同，进而也就谈不上任何关联了。正如在一个有机体的不同环节里，生息着唯一的相同主体，同样，穿过体系全部环节的也必定是唯一的主体——如此方能使得这一主体穿过的那些环节不是同一回事。但是b）这个唯一的主体必须穿过和经历一切，必须不停留在任何东西上。因为倘若它在哪里停驻不前了，那生命和展开过程就会受到阻滞。穿过一切，经历一切，进而不是任何存在，也就是不是任何"仅仅如此而已"的存在，不是任何已然不能再成为一个他者的存在——这就是我们对"主体"的要求。

这个存在于一切中的主体，这个不停留在任何东西里的主体是什么呢？我们该如何称呼它呢？（顺带一提，这个问题与人们通常说的那个问题，即"哲学的本原是什么？"是同一个问题。也就是说，哲学的本原就是那个绝不仅仅存在于开端中的本原，如果本原仅仅存在于开端中，那它就不再是本原，相反，本原乃无处不在，并且始终在开端、中点和终点以同样的方式存在。此外，人们通常甚至也把本原理解为一个最高命题。因此，倘若人们仅仅把哲学视为彼此相续的不同命题组成的链条，那就会以为，在这个链条中必然存在一个最高的环节，也就是一个第一位的首要命题，只有从它出发，才有第二位命题，从第二位的命题出发，又会有第三位的命题，如此等等。笛卡尔确立为最高命题的Cogito ergo sum[我思故我在]，以及费希特的"自我是自我"，都是如此。然而在一个活生生的、有生命力的体系里，体系并非一个命题序列，而是进步和展开过程的环节序列，所以在这样的体系里，根本就谈不上一个所谓的"最高命题"。）也就是说，体系的本原，那个经历了一切，不停留在一切中的主体是什么呢？我们该如何称呼它，如何关于它说出一些什么呢？我们首先要看看，"它是什么？"这个问题意味着什么。它意味着："要为存在的某个东西命名。"所以现在就简单了。我大概只需要说比如："A是B吗？"当然可以！但这个主体也可以不是B呀！我尝试要做的，仅仅是为这个主体给出一个明确的规定，用稳靠的界限把它的概念包围起来，也就是说去定义它。如果要求的是一个定义，那么就得知道什么能去定义这个主体，而不是仅仅知道，这个主体也能成为某种别的东西，甚至也能成为自己的对立物。但我们现在就是这种情况。我既不能言之凿凿地说，A就是B，也不能言之凿凿地说它不是B。它既是B也不是B，它既非B亦非非B。它并非以其不会是非B而是B，亦非以其彻彻底底且没有任何方式能是B而是非B。这个主体在任何一种情况下的存在，都会伴随着所有其他的规定，比如它还能是C，是D等等。如此一来，还有什么办法呢？我只好把整个序列都扯着嗓子念出来吗？我得说，这个主体是A，B，C，D等等等等吗？可是先生们，这个主体就是整个科学，这个主体就是体系本身！所以还剩什么办法呢? 答曰: 我必须让这个无定者, 让这个主体身上不可定义的东西自身得到定义。那什么叫"定义"呢? 就这个词来看, 它是说: 把某物封闭在明确的界限内。所以除了从其自然本性出发已然被封闭在明确界限内的东西, 其实根本就没有任何东西可被定义。因此, 定义某个几何图形是非常简单的事情, 因为几何图形之为几何图形, 其本质就在于界限。在这种情况下, 进行定义者就是已得定义者——我其实并没有去定义几何图形, 但它已经得到定义了, 所以当我说, 我给出了一个比如椭圆的定义时, 这不过意味着: 我自己不过是意识到了椭圆的定义, 而它已经蕴含在椭圆自身中。所以几何学就等同于可定义的科学。然而在哲学的主体这里, 情况完完全全不同。这个主体是完完全全不可定义的。因为这个主体是无, 也就是说, 它并非"某物", 甚至这个"某物"也是起码有着一种否定性的规定的; 然而这个主体之所以是"无", 并非因为它是"虚无", 而是因为它是一切。只不过它并非任何个别的东西, 并非任何稳定不变的东西或任何特殊的东西; 它之所以是B、C、D等等等等, 只不过在于, 这些点中的每一个都属于不可分割的运动洪流。这个主体其在若无, 又似非无。它处在永不止息的运动里, 不可能被封闭在任何一个形态中, 它是不可强制者、不可把握者, 是真正的无限者。谁若想要把握完完全全自由且自行创生出自身的科学, 谁就必须把自己提升到这个主体上。在这里, 必须离弃一切有限者, 一切尚还是一个"存在者"的东西, 一切最终有所凭依的东西都必然会在这里消失; 在这里, 必须离弃一切——不仅要如人们常说的那样, 离弃世间法(抛妻弃子), 而且甚至还要离弃那个恒在的存在者, 也就是离弃神, 因为从这一立场出发, 即便神也不过是一个存在者而已。在这里, 在我们首先称作"神"的这一概念上，我们会对之前的内容给出一个最高的范例。我们说：没有任何东西不是那个绝对的主体，也没有任何东西是那个绝对的主体。因此，尽管绝对的主体并非不是神，但它也并不就是神，它还能够是那个不是神的东西。就这一点来说，它超越于神，正如在之前的时代，那些神秘主义者中最杰出的那位[①]甚至敢于讨论一种"超神性"，我们在这里同样有胆量这么说，而且我们在这里还要明明白白地强调这一点，我们绝不可以把绝对者——也就是我们讨论的那个主体——直接与神混同。这个区分至关重要。所以谁要是渴望站在真正自由哲学的开端点上，谁就甚至连神都要离弃。正如《圣经》上说的：谁若想要得到，谁就得舍弃，谁若已放弃，谁就会觅得。谁若舍弃一切，谁就会抵达自己切身的根基，就会认识到生命的全部幽深。谁自己被自己曾沉醉于其中的一切离弃，谁就会凭着无限者而亲自看清一切：柏拉图曾把这一步比作死亡，这是生命中需要迈出的伟大一步。但丁在《神曲》里描述地狱入口的话，也适合在另一个意义上描述进入哲学的门径："进来这里的人，放弃一切希望吧！"谁要是真真切切想做哲学，就必须放弃一切希望，放弃一切渴求，放弃一切欲念，就必须去意愿虚无，去知识虚无，感受自己彻彻底底的纯然无待和贫乏，必须献出一切，以便赢得一切。这一步何其艰难，仿佛一步迈出便是忘川。斯宾诺莎就把自己提升到了这样的高度，因为他教导说，我们必须让自己同一切个别且有限的事物分离，如此方能把自己提升到无限者那里，但斯宾诺莎的沉沦又是何等的深，因为他把无限者当成了实体，也就是当成了某种僵死、停滞

[①] 指雅各布·波墨。——译者注

不动的东西，当他把实体解释为仿佛两个砝码般的广延和思维存在物的统一体时，他也就因之而把实体彻彻底底贬低到了有限者的领域里！我们时代的费希特也是如此，他先于我站在现在这个立场上，他也是第一个在我们时代有力呼唤自由的人，无论如何我们都应该感谢他，因为他让我们完完全全从之前的哲学方式中摆脱了出来，再次获得了自由，他至深地洞见到，在之前的哲学方式里，一切存在都是自由行动的阻碍！可是当他让一切外部和客观存在在自己面前消失的时候——这本该是那个人们所期待，看到他把自己提升到一切存在者之上的瞬间，他反倒又抓着他自己的"自我"死死不放。但不仅客体必须离弃，人的"自身"也要主动离弃，这是每一个想要担负起进入自由以太的人必须做的事情。人们承认，人能够通过时间中的巨大决断仿佛从头开始一般开启自己的德性生命。难道这不能也在精神中发生吗？但为了让精神中的生命从头开始，人必须彻彻底底从头开始，彻彻底底重新诞生。

我之前说过：恰恰这个不可定义者，这个绝对的主体必须让自身被定义。然而如果我们更仔细地去认真看看，下面这点就会突然向我们袭来：以这种方式，除了一个不断进行着否定的概念，我们关于绝对主体仍然没有赢得任何东西，反倒会完完全全陷入不断进行否定的危险中。毕竟甚至连"无限（unendlich）"这个词本身，确确实实也总只是道出了对"有限性（Endlichkeit）"的否定而已。[①]不可定义，不可强制，不可把握，这些词也是如此。所以我们其实只不过是知道，这个主体不是什么，但我们不知道它是什么。但我们不能

[①] 这里暗含对黑格尔的批判。——译者注

因为这点就溜之大吉，相反，我们必须尽一切努力，用一切方式去获得这个主体的肯定性概念。

我们得仔细看看，我们是因为什么落入了否定性的危险中的？我们之前做了些什么？我们对自己断然且言之凿凿地说，这个绝对主体是不可定义者，不可把握者，是无限者。但如此一来，我们恰恰也就甚至在违背我们自己的基本法则而行事了，因为以此方式，关于那个绝对主体我们根本就没有说出任何东西，如果我们真的什么都说不出来，这个主体甚至就连对立物都不可能有了。但是"对立物的可能"这一点必须也得运用到"不可定义者"这个概念上。也就是说，它之所以不可定义，并不在于它不可能成为一个可定义者，它之所以无限，并不在于它不可能变得有限，它之所以不可把握，更不在于它不能把握。诸位完全可以把这一点牢牢保持下来，因为你们已经有了肯定性的概念。这个概念就是：为了能够被封闭在某一形态里，它诚然必须在一切形态之外存在，但并非这个"在一切形态之外"，这个不可把握的存在是它身上的肯定性要素，相反，它身上的肯定性要素在于它能主动把自己封闭在某一形态里，能主动让自己可被把握，因此，它有把自己封闭或不封闭在某一形态中的自由。所以我们从一开始根本就没有断言，它是彻彻底底无形式和无形态的，相反，我们只是断言，它并不停留在任何一个形态里，它不受任何形态的制约。因此我们明明白白预设的前提就是，它会接纳某一形态；因为只有当它接纳某一形态，但能从任何一个形态中再次凯旋，再次从中脱出，它才会把自己表明为就其自身而言自在的不可把握者和无限者。倘若它没有从一开始就已经获得能主动去接纳或不接纳某一形态的自由，它就不可能自由地从任何一种形态中绽脱出来。我说的是"从一开始"，而在它一旦接纳某一形态之后，它或许就因此不能直接冲破这一形态，返回到自己永恒的自由中了，相反，它返回自由的方式只有经历和穿过一切形态。但它原本仍是自由的，能够把自己主动封闭或不封闭在某一形态里。

但我并不是想把这个主体的自由表述为：它是能自由接纳某一形态的东西。因为这样一来，这种自由也就会显得像是它的属性，而这一属性还要以另一个与此主体不同且独立于它的主体为前提，相反，自由就是我们在此讨论的主体的本质，或者说，这个主体不是其他任何东西，正是永恒的自由。

但对于"永恒的自由"，不能又把它设想为纯然独立于外部规定的东西，相反，能够主动把自己封闭在某一形态中的自由才是自由。也就是说，这个主体是永恒的自由，但它之所以是永恒的自由，也并不在于它不能不是这种自由，也就是说，它之所以是永恒自由恰恰是通过过渡到另一个形态里——在这一点上，我们就看到了存在和非存在这种二元性，这种两面的自然本性在主体中的本真起源，换句话说，这种二元性的源头恰恰在于，这个主体就是澄澈的绝对自由。因为倘若它仅仅是自由，致使它不能转变为非-自由，而是必须始终保持为自由，那么自由自身就成了对这个主体的限制，成了必然性，但这样的自由，也就并非实实在在的绝对自由了。

我们现在终于有了整全和完备的概念，所以希望我们能够不要再失去它。我们还能对之补充的全部余下内容，不过就是一些纯然的进一步展开和说明罢了，所以诸位可以就这样放心采纳这个概念。我们能讨论的并非一种"本质性的自由"，而是：1）这个主体永恒、澄澈的"能（Können）"，它并非属于"某物"的"能"（如果它仅仅是属于某物的"能",那它就是一个受限的东西),而是为"能"之故的"能",是无意、无待、无对之能:它是周流万有的最高者,如果我们能看到它,那我们就会相信,自己看到了一束原初自由的光芒;2)它是意志——并非对某个不同于自己的存在物的意志,相反,它除了是意志什么都不是,是澄澈的意志自身,它也同样不是关于什么的意志(否则它会因此受限制),而是自在的意志,它并非现实地在进行意愿的意志,也不是不去意愿的意志,也就是说,它并非已然离弦的意志,而是就其既不意愿也不不意愿而言,反倒处在全然的漠然无殊状态中的意志(这种漠然无殊的状态也能主动把它自身,以及非-漠然的状态包含在自身中)——或许诸位至少对近来的哲学史有所了解,这种漠然无殊的状态,作为无差别,在我看来正是作为真正意义上的绝对者的形式。

这一永恒的自由如何首先主动让自己被封闭在某一形态,被封闭在某一存在中,它又如何经历并穿过一切,不停留在任何东西里,进而最终再次突围到永恒的自由中。这种自由,作为永恒奋争、永不可败、始终无法克服的力量,如何始终能通过主动不断穷竭自身,主动让自己锁闭其中的一切形式,仿佛如凤凰一再从中涅槃,仿佛经历烈火的焚烧而如神明一般得到净化的变容,所有这些都是最高科学的内容。

第五讲

1821年1月12日

但我们如何能意识到这个永恒的自由,如何认识这一运动呢?现在,这就是接下来要讨论的问题。

有一个古老的学说,叫作相同者只能被相同者认识。认识者必定相同于被认识者,被认识者也必定状同认识者。同样,根据一条歌德曾在他的《色彩学》前言里引用过的古老格言,眼睛也与光有类似性:

> 倘若眼睛不似太阳那般,
> 我们如何能将光亮观瞻?
> 倘若属神之力不在我们之中生息,
> 神性者何以能引我们入迷?

但我们在此要特别讨论的,并非对这一运动的认识的历史,而是一种conscientia,即一种对它的"共知(Mitwissenschaft)"。因此可以得出的结论就是,在我们自身中,存在着某种类似永恒自由,并且与它相同的东西——或者更确切地说:这一永恒的自由必定自身就存在于我们之中,它自身在我们之中就是对自己进行认识者。

这是如何可能的呢？——我的问题是：永恒自由这个概念真的是完完全全远离我们的知识活动的吗？永恒自由是什么呢？正如我们已经看到，永恒的自由a）等同于永恒澄澈的"能"。但每一种"能"都是一种"知（Wissen）"——不过反过来倒是不行的。b）"能"的效用就是意愿：在它过渡而产生效用以前，"能"就是静息的意愿。只要意志不去意愿，它就是漠然无殊的无差别。但一切意愿活动究竟是什么呢？意愿是一种吸引，是一种让自己成为对象的活动，也就是说，意愿是一种"知"的活动，因为"知"也是一种让自己成为对象的活动，倘若永恒自由在其漠然无殊的状态里是静息的意志，那么它也是静息的知，也就是不去知的知（不过我绝不是要宣称，意愿和知是同一回事，相反我只是要说，在一切意愿中都有一种知，因为若没有知，意愿就是不可设想的）。c）在德语词"愿（mögen）"中，"能"和"知"的概念得到了统一。"我不愿"="我不意愿"。比如"盲人可愿给别人指路？"="盲人能给别人指路？"永恒的自由就是永恒的愿，它并非关于某物的愿，而是自在的愿，或者我们完全可以说，是永恒的魔法（Magie）：我之所以用"魔法"这个词，是因为它能明确表达我的概念；这个词确实很奇怪，但我们只是在这个特定场合为了自己方便之故使用它，所以我们先不要"意必固我"。不论我们说永恒的能，还是说永恒的魔法，意思都是一样的。不过正是由于"魔法"这个词同时表达出了那种能够让自己投身到一切形态中，且不停留在任何一个形态里的能力，所以它在此非常合适。这一点同样也适合于去描述"知"。甚至静息的知自在地也是无限的，它也能把自己投身到任何一种形式里。尚未运作的魔法=静息的知。当它进行着运作，把自己封闭在某一形式里，它就在进行着知,它也就在不断遭遇和经验着知,就会以此方式从一些形式走向另一些,不断从知迈向知,但这只是为了最终再次突围,进而回到无知的至福中(但这种无知现在已经成了一种有知的无知)。这一运动也就以此方式创生了科学(这里说的当然不是属人的科学)。只有当一个本原经历过从原本的无知状态中绽脱出来,成为可知的,接着穿过一切形式,最终回归到原初无知的整个过程,科学才会依其本源而产生。所谓的"绝对开端"是不可能自知的;过渡到知就意味着不再是开端,并且必须因此而不断前进,直至再次把自己觉察为开端。而对自身进行着知识、把自己知为开端的开端,就是得到了重建的开端,这也是一切知识活动的终点。

在原初的魔法中,不仅蕴含着纯然的知,还蕴含着客观的产出活动。所以为了把这种知——它同时也是一种客观的产出和创生——跟纯然的知区分开——后者只是一种对原初之知的观念性重复,人们在语言中必定要去找到一个特殊的表达,而这个表达就是"智慧"。智慧远比知丰富,它是产生着影响和效用的知,是行动和生命中的知,或者说,就此而言,智慧同时是实践性的。所以我们也可以把永恒的自由称为智慧,这种智慧是更高意义上的智慧中的智慧,在东方,尤其在《旧约》里所用的"智慧"一词就是这个意思。在希伯来语里,表示"智慧"的那个词就其词源来看,其实意味着支配、力量和权力。只有在智慧中才有力量和权力,因为智慧就是那个在一切之中,但也恰恰因此超越一切的东西。但只有在统一体中才有权力,在分裂中只有羸弱。有一首古老的东方诗歌就对这一智慧发问道[①]:"人们该在哪寻求智慧,哪里

[①] 《旧约·约伯记》28:20。——原编者注

才是智慧的地方？没人知道智慧在哪里，在有生者的土地上找不到智慧。可深渊说：它不在我这里，大海也说：它不在我这里。"这句话的意思就是：智慧不在任何个别的东西那里，它也不逗留在有生者的土地上，因为智慧根本上从不停驻，它就像风一样推动一切，穿过一切，人只能听到风的呼啸，但没人可以说，风的居所在哪里。这段话接下来的部分也进一步澄清了它的意思："智慧隐藏在一切人的眼前，那些被诅咒的人和死者说，我们曾经只是以耳朵听闻过智慧的传言"，也就是说，智慧在我们这里总是已然转瞬即逝的，在人生的羁旅中，我们只是不断地听到它从我们身边呼啸而过。"甚至神也只是知道通向智慧的道路"，可见，就其自然本性而言，智慧不会停滞在任何东西上，甚至在神那里，智慧也不可能作为一个停滞不前的东西存在。"神也只是知道通向它的道路，因为神能看到地上的全部终点"，也就是说，能看到一切人类生命的终点，而智慧并不在开端，也不在中点，更不独在终点，智慧同时存在于开端、中点和终点。

所以在这种意义上，智慧＝永恒自由。

但在人类中不再有这种智慧，在人类中并没有客观的产出活动，相反，人类中只有一种纯然观念性的摹像（Nachbild）；人并非以魔法推动万物的施动者；但在人类中也还存在着知识活动。在这种知识里，人所寻求的是永恒自由或者说智慧。可倘若永恒自由不也主动在人类中寻求它自身，人又如何可能寻求它呢？因为被认识者必定状如认识者。可倘若永恒自由不也能客观地寻求自己，它又如何能在人类的主观知识活动中寻求自己呢？因为它的整个运动无疑就是一种对它自身的寻求。因此，倘若它在人类中，在主观的知识活动中寻求自己，那么这种情况出现的原因只可能是，它在自己客观的寻求中遭遇了阻滞。情况就是这样。我们已经把绝对自由描述为不停驻在任何东西中的自由。我们现在确实也看到，它不停驻在任何东西里，它会一再摧毁每一个形式，但取代被摧毁形式的，可能又会是同样的形式。因此，在这种情况里也就不会出现进步，毋宁说，在这里能被认识到的只有一种阻滞。绝对自由会不情愿地去不断冲击一切形式，直至自身粉身碎骨（比如植物就会不断冲击自身，直至形成种子），它始终都希望着有某种全新的东西产生。这种停滞状态从何而来，并不是自明的，但只消看看世界当下的这副情形，我们就会相信，这种停滞确实存在。群星运行的法则，现象无一例外的始终复返的轮回，都指明着这种停滞。太阳升起，不过是为了落下，它落下也不过是为了再次升起。水流汇入大海，不过是为了又离开大海。一代人出现，另一代人谢幕，但代代人所操劳的一切，注定会磨灭和毁坏，所以仍然没有任何新的东西出现。因此客观上说，进步被阻滞了，只有在知识活动中才存在一个开放点，只有在这里，才有可能仍然去寻觅和发现智慧。所以智慧就是人类的禀赋，人类能够在他的内在中去理解并接纳智慧。尽管那个不息的运作者，那个客观的产出者从这种人类的知识活动中消失了，魔法因此也再无迹可寻。在那个客观运动里是行动和生命的东西，在人类中仅仅是知识活动，但这种知识活动仍然就其本质而言与那种客观的知识活动是同一个：它就是永恒的自由，只不过在人类中，永恒自由是作为知识活动存在；知识活动与永恒自由是同一个产生出一切的魔法，是一切艺术的宗师，只不过它现在在人类中被限制在了知识活动上，被限制在了对进程的纯然观念性重演上。

第六讲

1821年1月15日

我们如何能知道那个绝对的主体，那个永恒的自由呢？这个问题还有一个更普遍的基础：永恒自由本身如何能被意识到？也就是：

"永恒自由应得到认识"这一点自身就包含着一个矛盾。永恒的自由这个绝对的主体＝原初状态；那它又是如何成为对象的呢？绝对自由不可能作为绝对的主体存在，因为作为绝对的主体它不可能处在任何对象性的关系中；绝对的主体是绝对的原初状态，不可能有任何东西能附着在它身上，就此而言，它是真正意义上的超越者。除了"绝对主体"，我们还可以把它称为"纯粹知识"，而作为纯粹知识，它也不可能是一个被知识到的对象。在所有这些概念里我们都可以指出，我们是把绝对主体或者说永恒自由的概念与之等量齐观的。比如说，我们也说过，它们相当于永恒、澄澈的"能"。但这个澄澈的能把自己抽离于一切，它是非对象性的，是绝对的内在性。澄澈的意愿，或者说"愿"本身的情形也是如此。

如果永恒自由作为绝对主体是非对象性的，那么事关宏旨的问题就是，它如何成为客体，即如何成为对象性的。这当然是可能的。

因为它毕竟是绝对的自由，也就是甚至也能成为非自由（非主体）的自由，以此方式，它就能绽脱于作为主体的自己。作为客体的它当然也就能被知识了，我们在它所有的形态里都能看到它，但我们认识到的它并非作为永恒自由、作为主体的它，我们并没有在这些形态里认识到如其自在所是的它。

因此表面上看来，永恒自由在任何地方都不可能以任何方式得到认识。作为绝对主体它超越于一切认识，作为客体它就不会处在自己的自-在状态中。然而还有唯一一种方式能让绝对主体如其自身所是地那样被认识。也就是当它从客体中被重建为主体的时候。因为在这个时候，它不再是纯然的主体，它之为客体，也不在于为了成为客体而丧失了能作为主体的自身，相反，在这个时刻，它作为客体之际是主体，作为主体之际是客体，但也并没有因此成为两个东西，它作为被认识者是认识者，作为认识者是被认识者。如此一来，永恒自由就如自己被认识地那样认识到了自己。

既然只有在从客体到主体的翻转中，才包含着永恒自由自身认识的可能性，那么这样一来，绝对主体a)在开端中并没有在认识着自己，因为在开端中它是纯然纯粹的知识（静息的知识=没有进行着知识的知识）；b)在中点或者说在过渡中它也没有认识着自己，因为认识自己就意味着，把自己作为一个他者来认识，而不是作为永恒自由来认识；c)只有在终点那里，它才认识着作为自己的自己。

永恒自由当然需要认识自己，而这一点也指向下面这个问题：倘若在自己之外无物存在，那么对永恒自由来说，它将之认识为自身的那个他者究竟是什么呢？因此，永恒自由必须是自己的主体和客体，但这两个极点会由于整个运动而在彼此之外相互对峙，恰恰也是这一点造就了运动，这两个极点不可以归合为一，因为倘若它们汇合了，那运动也就终止了。对于这一点，可以通过磁针来让它更直观：假如磁针上的两个极点汇合为一了，那磁性的生命也就终止了。

所以，这整个运动就是永恒自由自身认识的运动。推动这整个运动的命令就是Γνῶθι Σεαυτόν，认识你自己，对这一命令的实行普遍地被视为智慧。去认识你究竟是什么，如你认识到的你那样去存在，这就是智慧的最高法则。

因此，永恒自由就以此方式在无差别状态里是静息着的智慧，在运动中是对自己的寻求者，而绝非静息者，在终点则是已得实现的自身。因此，如果存在于整个运动中的是寻求着自己的智慧，那么这整个运动就是对智慧的欲求，而这就是客观意义上的"哲学"。

现在可以说：在终点处的永恒自由因而也就是能作为绝对主体得到认识的自由。确实如此，但这仅仅是对它自身而言的能得到认识。所以永恒自由根本上只能自己来认识自己；根本上来说，除了在认识中相同者去认识相同者，根本就没有任何"关于"永恒自由的认识。所以对人类来说，表面上似乎不存在对永恒自由的认识。但我们现在所要求的恰恰就是这种认识，确切说，是一种直接的认识。如果永恒自由对自身的认识就是我们的意识，或者反过来说，倘若我们的意识就是永恒智慧的一种自身认识，那我们或许也就有了认识永恒智慧的唯一可能性。或者说，既然这种自身认识建立在从客体向主体的翻转中，那么假如这种翻转发生在我们之中，也就是说，假如我们自己就是从客体中被重建在主体里的永恒自由，那我们当然也就有了认识永恒智慧的可能性。

对于这个想法我们不要惊骇。因为a）只有在人类中这种离基深渊般的自由才会再次出现，它借着时间存在但不在时间之中，只有人类被允许去再次成为开端，因此，人类就是被重建的开端。b）人类的心灵很明显一直在被一种幽暗的回忆搅动——自己曾是开端，曾有力量，曾是万物的绝对中心。所以1）既然人类所是的那个永恒自由，与那个曾在开端中，但又得到了重建的永恒自由是同一个，也就是说，倘若人类就是作为那一开端的绝对中心，那么2）人类作为重新回归的自由也会第二次成为绝对的中心，进而也会得到第二次的诞生。

第七讲

1821年1月16日

然而即便人类就是已然到达自身的自由——那人类如何现实地就是它呢？因为就其内在而言，人类不是别的，就是自我性（Ichheit），就是意识，而一切意识都以一个已然到达自身的东西为前提，即便人类就是那个重新回归的自由，人类也没有如此这般地认识自己。因为倘若人类如此这般地认识了自己，或人类真把自己认识为已然到达自身的自由，那"我们如何认识永恒自由"这个问题就纯属多余了，毕竟如果这样，我们早就在直接地认识它了，如果这样，我们恰恰就会是永恒自由对其自身的知识活动了。但尽管我们确实就是这种永恒自由的知识活动，可我们所是的这种知识活动并没有在进行着知识，所以我们必须首先通过科学再次被领回到对这一知识活动的知识中。然而为了能完成这一使命，除了从永恒自由中出发，为此而生的科学也没有其他道路；可倘若没有对永恒自由的知识，科学也不可能从它出发。所以在这里有一个明显的循环。这就好像为了能够开启科学，我们必须已经有了科学的结论。在我们在此所在点上，迄今一直漂浮在晦暗中的困难终于得到了启明。那我们的出路是什么呢？我们难道要乞灵于某种"预感"吗？但"预感"

根本就不是一种完备的"知"。真正说来,"预感"跟未来之物有所关联。尽管人们确实也无法反驳,在哲学中伴随着第一步,我们就已预感到了终点,毕竟不存在没有预见的科学。但情况究竟是"我在开端中就预见到了终点",还是"预见到了开端自身",两者还是不一样的,因为后一种情况就是矛盾的。我当然尊重信仰,但一开始就去"信仰"一个本原这无异于在搞笑。那么,我们是不是就得以某个假定来开启科学呢?毕竟到了终点,这个假定就会变得确凿无疑了。这种说法听起来像那么回事,但是还远远不够。因为无论如何,在这种情况里,"自我"始终都会是科学和本原的设定者。但在哲学中,需要做的是把自己提升到一切纯然从自我出发的知识活动之上。①

那现在我们该怎么办呢?我们该从哪里出发呢?在这里,那个阻碍着大多数人进入哲学的东西必须明明白白地讲出来:有这样一种流俗的观点,即大多数人以为他们在哲学这里也是在跟一种演证性的(demonstrativen)科学打交道,要从一开始就从某个已知的东西出发,然后从这个已知的东西走向另一个已知的,接着又从这一个再走向下一个,依此类推。②但哲学并不是演证性的科学,一言以

---

① 在这里仍然包含着谢林对黑格尔,乃至黑格尔整个哲学史方法论的批判。著名的《近代哲学史》就是以这里阐述的方法论为基础。根据最新的文献考订证据,谢林的整个"埃尔朗根讲授录"应包含一个哲学史批判部分,但谢林之子错把这个时期的哲学史批判文本编入了1833年。但只能说1833年的慕尼黑"近代哲学史"讲座包含了埃尔朗根时期的哲学史讲座材料,但从1827年的《世界时代体系》和晚期的《神话哲学之哲学导论》文本布局来看,谢林的哲学史批判必定会在开头交代清楚方法论原则,所以完全可以认为本卷和《近代哲学史》是联通的。——译者注
② 关于这一点,可详细参考谢林1802年的《对我的哲学体系的阐述》,中译本见:王丁译,北京大学出版社,2023年。——译者注

蔽之，哲学是自由精神的行动，哲学的第一步不是一种知识，毋宁反倒明明白白地是一种无-知，是对一切属人知识的弃绝。只要人类尚渴望求知，那个绝对主体就会在人类面前转变为客体，也正是因为如此，人类也就无法自在地认识它。当人类说，作为自我的自我不可能去进行知识活动，我并不愿意作为自我去进行知识，当人弃绝"自我"这种知识活动姿态之际，他也就为那个是知识活动本身的东西，也就是绝对主体开辟了空间，进而从它身上能够表明，这个绝对主体就是知识活动自身。

在人类自甘降卑，自甘不去作为自身去进行知识的行动中，他恰恰也就把绝对主体设定为了知识活动。在这个"设定"的活动中，"自我"终究也完完全全意识到了在自己的内核中，远远超出作为"自我"的那种浩瀚汹涌。这种"意识到"当然也可以称为一种知识。但为此必须同时设定的是：这确实是一种知识，但在我看来，这其实毋宁是一种无知。因为只有当人类的自我不把绝对主体当作一个对象，也就是说不要求去作为自我对它进行知识，抛弃"我知"的执着之际，绝对主体才会在此；可一旦这种无知又要把自己确立为一种知，它就会再次消失，因为它不可能是一个客体。

人们之前尝试过用"理智直观"这个术语来表达这种极为特殊、为人特有的状态。之所以称之为"直观"，是因为人们假定，在直观或者说在观视（这两个词意思一样）中，主体会处在一种"自失"的状态里，它被设定在自己之外：所以"理智直观"可以这样来表达：主体在这里并不处在感性直观中，并没有自失在一个现实的客体中，相反，它以弃绝自身的方式自失在那个根本不可能称为客体的东西中。然而正因为"理智直观"这个表述首先还需要解释，所以把它完全弃置不用是更明智的。其实不如把这种状态描述为"绽出迷狂（Ekstase）"。它意味着我们的自我被设定在了自己之外，意即被设定在了它的位置之外。而自我的位置就是去成为主体。但现在它在面对绝对主体之际不可能是主体了，因为绝对主体不可能让自己处在作为客体的状态里。所以人类的自我必须离开主体的位置，被设定在自己之外，被设定为一个绝不会还在此存在的东西。只有在这种自身弃绝的状态里，绝对主体才可能出现在这种处在自身弃绝状态的人类自我面前，正如对这种状态，我们在惊讶中也能对这种自身弃绝状态瞥见一斑。或许那位温柔的柏拉图曾经用过的表述，能更加轻柔地描述这种状态："无论如何，哲学的首要情绪就是惊讶，τὸ θαυμάζειν"，他接着说"因为除了惊讶，哲学没有其他开端"。

诸位肯定都有深深烙印在自己灵魂里的神圣瞬间，但其实还有许许多多蠢货，他们一直叫嚣着让那些哲学的初学者"走到自己的内心深处""走到自己最深的深处"，但这些屁话无异于在说：你们要一直深入自己固有的偏见里。对人来说，当务之急并非深入自己，而是要自我转变，把自己设定在自己之外。通过这种深入自身，人恰恰首先只会偏离他本应是的东西而在，只会在它周围不停打转。人并非只是如此，人是永恒自由，人曾经就是因为人的"自身"失去了它也失去了自己，自由曾穿过整个自然去不断寻觅自己，人是重新返回到自身的自由，因此人本该保持自己就是自由；可当人又想在作为自由的自身中去看看有没有"自己"，想要通过"自己"为自由奠基，把自由附着在自己身上，也就是想要自己成为主体的时候，他当然会以此方式始终是主体，永恒的自由也同样会因此始终在人类面前保持为纯然的客体。所以，除了再次成为自己曾经是的东西——也就是智慧，即永恒自由的自身认识——，除了再次离开自己，在这种离开的惊骇中主动把自己从主体的位置上移开，主动在自己之外设定自身，人还有什么其他方式能复返自身吗？

第八讲

1821年1月19日

我在这里要强调,῎Εκςασις[绽出迷狂]是一个两义的表达,它既可以在一种更好的意义上,也可以在一种更糟的意义上理解。一切疏离或者说离开某个位置的活动都可以叫作绽出迷狂。但关键在于,某个东西所疏离的那个位置,是它应属的、合宜的位置,还是不合宜的。在后一种情况里,发生的那种绽出迷狂就是治愈性的,它能导向沉思,但另一种则会导向无意义。

但人类如何能被引向这种绽出迷狂,这个问题相当于是在问:如何把人类带向沉思?我在这里会一般性地指明这一点(但不是指明人类的整个起源)。

也就是说,当人类把那个原初的自由当成客体,意图凭着它去进行知识活动,下面这个矛盾就必然地产生了:人类意图把原初自由作为自由来知识和感受,但当人类把它当作对象之际,它就会在人类面前悄然成为非自由,可人类还在傻乎乎地寻求它,并且还想把它作为自由来意愿。人类意图把它作为自由来意识,然而恰恰在这种把自身当中心而把自由吸引向自己的活动中,人类把自由虚无化了。所以在人类的内核中产生了一种颠覆,一种轮转运动,人类越是坚定不移地去寻求自由，自由就越是在他面前溜走。这种内在的颠覆就是最具有撕裂性的怀疑和绝望状态，是永恒的躁动不安。

不仅自由终止了，甚至意图去知识自由的人也处在最高的不自由状态里，处在与自由相对抗的持续张力中，人类对于自由，总是永恒在追求，但它却也一直在溜走。这种由人类单方面引发的张力（无张力状态=自由）最终所到达的最高点，它的ἀκμή[极致]必然会导致一种毁灭性的爆发，由于它，那个意图使自己在永恒自由自身中成为它的知识者的存在物，从永恒自由中被抛了出来，成了彻彻底底的不去进行知识的无知者，被设定在了边缘里。只有被设定在边缘里，人或许才会从这种爆发中解脱出来，并再次觉得能缓一口气。但这个导致了分化的危机仅仅是真正意义上进程的开端和条件，而我们现在就要来描述这个进程。经由人类为在自身中把握自由而产生的决断，现在有两个东西被设定了，一方面我们的意识处在绝对的无知状态中，另一方面，绝对的主体现在作为永恒的自由超升于意识，并且把自己宣告为不可被他者进行知识的东西。这两点尽管彼此外在，但它们始终不可分裂来看。它们需要离开的是自己曾经被拿捏在其中的错误的统一体，如此方能获得真正的、正当且自由的统一体；但正因为这两者是从同一个统一体中分离开的，所以它们彼此之间会持续呈现出仿佛两种互有通感的官能间的关系，倘若在其中的一个里不能发生任何变化，那在另一个里也就不会有所反映。如此来看，一种变化总是必要的，因为绝对主体不可能在这样一种逼仄状态里（绝对的内在性里）始终逗留，它随时会把自己再次投入到运动中。而这一运动也跟一切运动一样，有三个主要环节。1）第一个环节就是，绝对主体处在绝对内在性中的环节，它=A。在知识活动中与之对应的环节，也就是绝对的外在状态，即绝对的无知状态，它=B。但既然绝对主体不可能仅仅固守在这种绝对的自-在状态里，它必定会过渡到外在状态，或者说，A会转变为客体进而=B。因此2）第二个环节是，A转变为B。在第一个环节里，知识别无选择，只能保持为绝对不去进行着知识的知识；在第二个里，也就是A转变=B的时候，彻彻底底不去进行知识的无知者自身就会过渡到知识活动中，即=A；先前作为绝对的无知，作为B，即被设定为外在状态的知识活动，再次把自己提升到内在状态中，成为进行着知识的知识，即=A。从主体进入客体的过渡，则通过从客体进入主体的过渡来反映。所以在这里要用"反映（Reflexion）"这个词。这就好比对象在水中如何映照出倒影，绝对主体就如何处在与意识的颠倒关系中。绝对的主体之前只有绝对的无知这一种可能性。但当A转变为B的时候，B也会因此在同样的关系中成为A，也就是成为知识活动。

绝对主体不会在其外在状态的环节中驻足不前，它会在一个第三重环节里再次从B转变为A，会再次把自己树立为主体；只不过它现在是出于B而得到重建的A。在这一关系中，始终与之相关联的知识活动也会改变自己的关系状态；当绝对主体得到重建之际，知识活动必定会枯萎成不进行知识的无知，也就是已然转变为A的B，会再次成为B，再次成为无知，但作为从知识中返回到无知中的无知，它不再是彻彻底底的无知，而是进行着知识活动的无知；它并不像在开端中那样是外在意义上的无知，而是内在意义上的无知，它让永恒自由——在引发分化的危机中，它曾被永恒自由驱逐到自己之外——再次成为自己的内核，使之再次成为内在性的，或者说，它让自己再次回忆起并内化了永恒自由——它现在知道，确切说直接知道，要把永恒自由作为自由自身的内核来认识。这就是为什么有一条古老的学说，即一切哲学都在于回忆的原因（为了再次返回作为永恒自由原初内核的自身——因为这一内核就产生在永恒自由中——，这一内核必定首先要设定在自己之外）。

知识与绝对主体的这一关系，可以用两条线段来直观呈现。现在我们来思考这两条线段（图1）。

$$
\begin{array}{c}
B \\
A \text{———} B = A \\
A \\
B \text{———} A = B
\end{array}
$$

图1

在第一条线段中，绝对的主体（A）是开端，在另一条中，处在无知状态中的知识活动是开端（B）。两条线段相互关联。绝对主体在它运动的某个点上过渡到客体（B）中；而在同样的环节里，上一条线段里的B则在下一条线段里把自己反映为A，或者说，与上一条线段中所发生的相对应的，是从无知过渡到了知识中（A）。上一条线段的绝对主体（A）尽管在第二个环节里已经过渡到了客体（B）中，但在第三个环节里它又会从客体返回到主体中，或者换个说法，在这个环节里，B会成为A，而上一条线段里的B=A，在下面这条线段里就反映和表现为A=B，或者说知识与无知得到了统一。

以上只是一般性的描述。但这就是真正意义上的哲学理论的基本图示。

下面我们再来进行一些细部的讨论和推论。

这整个进程的基础是绝对主体和我们知识活动之间的在-彼此-之外-相持,但在这种外在相持中,两者之间仍存在一种持续的关联,所以知识活动的状态也会伴随着绝对主体的一切运动而改变。所以从这个观点出发,"我如何确保知识活动的实在性"这个问题就不再会出现了。因为a)在那种自身弃绝、绽出迷狂的状态里,作为自我的自我把自己认作全然的无知,在这个时候,绝对主体就在自我面前直接成了最高的实在性。自我是通过其无知(处在这种绽出迷狂中的无知)来设定绝对主体。绝对主体并非对我而言的客体,也不是我以知识的方式能知识到的客体,相反,我只能以无知的态度去知识绝对主体,因此它也恰恰是由于我的无知才设定。我的知识活动和绝对主体间的这种关联——正是凭着这一关联,在绝对主体中的实在性程度与在我的知识活动中的非-实在性程度一致——,诚然只有通过下面这点才是可能的:两者原初地就是一,永恒自由原初地就在我们的意识中,或者说就是我们的意识,甚至可以说,当永恒自由能够回到它自身的时候,除了我们的意识,它根本不可能有其他居所。b)适用于对绝对主体进行这一最初设定的——也就是如其所是的绝对主体自身是被设定在无知的自我面前,反过来说,唯有作为以无知为知的自我,自我才设定绝对主体——,也同样适用于在此前进过程中的一切个别知识。因此α)知识活动处在一种持续不断的变化中,知识活动总是一个自身的他者,但在成为他者之际也仍是同一个知识活动,但是β)并非我的知识活动在主动转换自己的形态,相反,我的知识活动的形态是被塑造的;"属我"的知识活动的任何一种形态,仅仅是对永恒自由中知识活动的一种反光,一种反映

（也就是一种颠倒，一种反射！），因此γ)自我是直接通过在自我之中发生的反光，也就是通过在我的知识活动中发生的变化而获得某一形态。δ)因此，一切知识活动都仅仅以内在的方式出现。我们并非纯然事不关己的旁观者，相反，我们自己就处在一种持续不断的翻转中，直至达到完满的认识形态；这种持续不断的翻转绝非只停留在表面上的进程，而是一个向着深处迸发的进程，它就是深埋在我们最本己内核中的那一运动留下的痕迹，而这一运动就属于这个进程。这一切都是必然的。真正能够触动人类、激发人类、引领人类的东西，绝不可能是纯然外在的。正是通过内在的分离和解放，科学之光才必定会在我们眼前升起。

第九讲

1821年1月22日

在哲学里，没有什么比一上来就抓住纯粹现成的命题更轻浮的行为；然而完备的概念只能一步步把自己创生出来。我现在要再次回到之前已经描述过的进程上，并且再次把它与前面提到的那个引发了分化的危机联系起来，这一危机的后果就是绝对主体和意识从彼此之中的分离。也就是说，人类意识原本是不断走向自身的永恒自由的内核，是永恒自由之根基的奠定者和承载者，或者说是它的主体，但在这种情况里，人类意识也是静止不动的，也就是无知的，不活动的，进而无法绽脱登场的内核。而永恒自由要走向自身的基础在于，它再次从客体中被翻转到主体里，也就是从B中被翻转到A里。如此一来，B也就成了根基的奠定者，它仿佛被放在A之下的脚凳。这样一来，B就是人类的一个个别形式或者说形态。因此，既然人类或者说人类意识是已然走向自身的永恒自由的静止内核，那么个别的人类意识也就仅仅是绝对或者说普遍意识的根基。然而人类意识也不会停留在个别形式上驻足不前。因为尽管永恒自由一直在知识着自身，但并不是人类在知识着它。所以人类把自己所是的这个永恒自由意愿为自己的客体，把它吸引向作为主体的自己，想要单凭自己去意愿永恒自由的这种行为,不可能在人类那里缺席。个别的局部性本原,个别的人类意识,只不过是绝对的或者说普遍意识的根基,所以人类总是乐于把普全意识视为自己的个体意识。但人类也就因此取消了普遍意识自身。因为普遍意识存在的基础恰恰在于,那个B,也就是人类的知识活动进入了A,也就成了作为永恒自由的A静止且隐而不露的似有若无的内核。因此,当人类想要以自己为内核去吸引这个澄澈的意识,他也就摧毁了它。而这是人类自身总会造成的矛盾:他所意愿的东西会被他的意愿摧毁。而那种内在的、持续引发着不安的运动,就产生自这一矛盾,因为寻求者总是在寻求着它之所求,仿佛处在一种对自己持续不断的既逃避又沉迷的状态里,并为之不停地驱动。这就导致,那个引发分化的危机——我们通过B翻转进入A中来表达处在危机中的统一体——撕裂了对永恒自由(=原初意识)的意识。由于这一危机,我们又被置入了开端中,A又成了纯粹且绝对的主体,并且这个主体根本就没有为自身之故在进行知识活动;在这个过程中,所保留下来的唯一的新东西,仿佛先前进程之废墟一般的东西,就是被设定在外并且被带入无知状态中的B。B由于被设定在外获得了自由,这是它第一次获得沉思自身的瞬间,它第一次享受到无知的自由和极乐。用肯定性的表达说,我们现在可以把B称为"自由的思想"。思想是对知识的弃绝;知识总是受限制的、局促的,但思想是全然自由的,"思想"这个词就已经指明了这一点:一切自由的思想都是张力、外部对峙和危机被扬弃的后果。所以"思想"这个词的意思,要么来自"舒展",要么来自希伯来词דמה,或者希腊词δῖνος,它们都指成功逃离了一种涡旋式的运动。所以"思想"这个词始终都意味着它起源于冲突。如果我们回溯一下这个词的那些古老用法，也会得出相同的结论，比如有这么一种说法："智者总是思想长远"，这就是说，他们的回忆保持得更久。甚至在这个例子里，思想也是被刻画为一个被设定在外、比知识更优越的东西。

现在彼此分离的东西，仍不过是在自身中发生了离析的原初意识自身。原初意识曾经就存在于现在看来已然分离的东西的统一存在和共在中，但即便在已分裂的东西的分崩离析中，仍存在着原初意识，但它已然是作为一个被撕裂的东西在寻求着重建自己，因此，原初意识也以潜在的方式处在萌芽中，所以在这种情况下，原初意识也就作为可被重建的东西蕴含其中。

处在其潜在状态，也就是纯然可被重建状态中的这一原初意识自身就是理性，或者更确切说：在那种彼此外在分离状态中觅求着重建自己的原初意识——我们在自己身上所感受到的那种莫名激奋就是来自这种寻求重建的消息和踪迹——就是理性。所以从这一点出发也就解释了理性的自然本性为何是潜在的，纯然被动接受性的，但从这一点出发恰恰也能看清，理性不可能是科学中活动性的本原。

但既然原初意识被分裂为人类知识活动和绝对主体者两个外在对立的东西，那么不仅自由的、不进行着知识活动的思想，而且与之对立的绝对主体因此也成了被原初意识排除在外的东西，原初意识之为原初意识，现在仅仅是我的无知之知，即我的非对象性知识活动的相关项，它现在根本上只是这样被设定下来的，所以无知之知在这种意义上才是自由思想，因此我可以说：绝对主体是由我的自由思想设定的，它是我的构想，但这跟"一只喷火龙也是我的构想"

不是一个意思，相反，绝对主体之所以是我的构想，是因为它原初地就与那个现在是思想的东西为一并且共在。所以在思想中被原初意识排除在外的绝对主体也曾是我的意识。我可以说：它是我的概念，但这并不就是说：a)它是我的一个概念对象，而是说，它就是概念自身；b)它并非如人们习惯所说的，是一个纯然概念，相反，它就是永恒自由自身，而它现在之所以仅仅叫作"我的概念"，是因为它原本就被囊括在我的意识原本所是的原初意识里；因为每一个概念都不过是从我的意识中被排除出来的东西，所以绝对自由之所以叫作"概念"，恰恰是因为它原本就被囊括在我的意识中。但绝不能以为，思想仿佛是在先的，然后设定了绝对主体，相反，两者是在同一个行动，在同一个决−断中彼此分裂为外在的；两者彼此相依地共生，也在同一时间从原初统一体中分裂为彼此外在的。自由的、自行绝缘于一切知识活动的思想只有在与绝对主体的对峙中才能见着自己。而这就是哲学在真正意义上诞生的伟大时刻。

　　但那个原初的统一体一直在试图重建自己。尽管人类意识和绝对主体是在一种暴烈状态中分离，尽管两者的关系现在是一种对立关系，但那个作为绝对主体，作为A被设定的一方，仍在试图在B=A中重建自己，也就是在其中把自己重建为主动对自身进行知识的东西。但它不可能始终停留在这种抽离的状态里，因为它已经失去了自己的内核，失去了充实自己的核心；它是纯粹知识自身，但纯粹的知识是不进行知识活动的，纯粹知识是意识的空洞本质，它渴求充实；但对它的充实恰恰落在B中。甚至A也意愿自己去回忆起对自己的知识，也就是说，它意愿自己回忆起B——B曾经就是它的主体，就是对它的知识——让它再次成为自己的内核。但是A作为绝对主体，只有通过B才会被维系在它的抽离状态中,唯有通过无知,唯有自行抛弃一切知识活动的知的强力,才能被维系在"抽象"地作为自身的状态中。就其自然本性来看,绝对主体仿佛没有任何一个瞬间能够立住自己,因为它是两可的自然,它是那种"既是同时也不是"的自由,所以它同时也必须自己做出决断。如此一来,我就可以说,"绝对主体"是我的概念,但它也是一个较之于"自我"更强而有力的概念,是一个活生生的、充满着激奋和欲求的概念,就其自然本性来看,它是最动荡和最具能动性的东西,甚至就是能动性自身。与之相对,无知的知之于绝对主体,则是作为对这一运动进行阻碍和延缓的力量。而恰恰因为绝对主体只有通过无知之知的强力才会被维系在其抽离一切的抽象状态里,正因为如此,它也就不可能去自发运动,正如人们常说的,它缺乏知识和对此知识的意志,绝对主体不愿让自己投入无知的自由中,而我的知识活动也正是以此方式,成为自由且静止的旁观者,成了伴随着这一运动从一步走向下一步的见证者。所以我根本不用再问,我如何认识这个运动。因为运动自身和我对这一运动的知识,运动的每一个环节和我对这一环节的知识在每一个瞬间都是一,而这一对它进行妨碍、阻滞和反映的知识活动就是真正意义上的哲学家的知识,就是哲学家在哲思进程中,能够在真正意义上让他堪当"哲学家"之名的知识。但这一运动自身彻底独立于哲学家,并且——这一点至关重要——也并非哲学家自己在他的知识活动里推动这一运动,知识也并非因此才产生(一种如此产生出来的知识是主观的,是一种纯然的无实际性的概念),相反,哲学家的知识活动自在地就是非运动者,哲学家的知识活动不仅是无知之知,而且是对立于知识而自行设定自身的东西,是与运动相对抗者,它不断地在阻挡着运动,哲学家的知识逼迫那一运动在每一个环节里都持立不变,逼迫它逗留,逼迫它不要超越任何东西。因此,在这种阻碍中,哲学家的本真力量也得到了呈现;哲学家就是这种技艺的大师,哲学家始终保持着沉思,他有能力停滞这一运动,强迫它逗留,仿佛不允许它再往前进一步,仿佛这是必要的,哲学家在任何时候只允许它前进必要的一步,既不太大,也不太小。哲学的技艺就在其中;正如根本上来看,较之于生产、欲求、加速,我们毋宁是在阻滞和延缓的不竭之力中,认识到真正艺术家。

人们可以说,哲学家,或者说哲学家的知识就处在一种欲求中,仿佛是在不断的对话中对知识永不止息的寻求;哲学家必须让每一步都对自己而言是艰难的,仿佛为了迈出每一步都要与自己斗争。这种内在的交流是一种不间断的对话,在其中存在两个实际上为一的本原,即知识活动自身,这种知识活动之为知识活动,乃是不去进行知识活动的无知,另一个则进行着知识,但它并非本质,并非知识活动自身,知识活动自身仅仅是不去进行着知识的知,这两者是合一的,前者想要回忆起自己,后者则在帮它进行回忆。这就是哲学的内在的对话技艺,源自于它的那种外在的,纯然因此而自诩"辩证法"的东西不过是它的摹像,因此辩证法就成了纯然的形式,成了空虚的假象和阴影。①

这种关系似乎可以在这样一个人的身上得到呈现:这个人尽管常常被人拿来当作一个丑角来戏谑,但我们在这里并不是也要人云亦云,在我们看来,这是一个真正有神性的人,谁要能把握他内在的

---

① 谢林在《世界时代》中也强调这一点。——原编者注

伟大与崇高，谁就已经能够光凭这一点呈现出通向真正哲学的道路，这个人就是苏格拉底，毫无疑问，他就是人类之光，是整个古典时代最壮丽的奇迹，在这个时代里，神意尚能彰显，它就在苏格拉底身上彰显，苏格拉底正是凭着自己原本就卓越的天性而说出他知道自己无知，正是凭着这句话，他既作为助产士，也作为见证者与本真知识活动的那种关系得到了刻画，他到处寻求本真的知识活动，而这就是他到处惹恼别人的原因。他自己说，他不亲自生育——正如那种无知之知也并不生育，这种知仿佛是已然坏死、缺乏生机的知，真正能生育的力量只蕴含在永恒的自由中——但他帮助生育，指导生育，他把自己比作母亲和助产士。正如一名理智的助产士并不会匆匆忙忙就催人生，而是提醒和警告生产者，要忍受和经受住生产的痛苦，直到等来恰当的生产时机，苏格拉底也是如此行事，他并不是作为一个加速者，而是作为一个引导者，在不间断的矛盾中延缓和缓和着运动，或者说生产。

第十讲[1]

1821年1月23日

　　为了再用少许几句话描述这一运动,为了原初统一体能以B=A的方式得到重建,与A总是处在关联中的B就不再能还表现为a)彻彻底底不去进行知识的无知(因为B不再是纯然的主体);b)进行着知识的知识者,因为它也不再拥有客体。因此根本上来说,B不再有存在的空间了,但B也不能因此就被消灭,所以它所剩下的唯一可能性就是,把自身提升到B=A中,也就是主动把自身认识为转化到了A中的B,进而以此方式使自己再次成为A的内核,或者说让A能再次回忆起它。所以现在它 a)再次成了它最初所是的东西,即永恒自由安静的内核(因为它不再需要去吸引永恒自由了),但它这个时候同时也是对永恒自由进行着知识的知识者,因为它恰恰从运动中一并带回了整全完备的知识活动——它在其所有环节里都见证了永恒的自由,所以b)它现在主动对自身进行着知识,因为它已然了解了自己所经历的全部深渊。但恰恰因为这一步终会实现,所以它会主动把

---

[1] 这一讲篇幅较短,已散佚,考订本中有"疑似类稿"补充,但鉴于其出自学生笔记,语言风格和内容不完全统一,与谢林本人这里的讲课次序发生了内容错位,故只保留谢林原稿。——译者注

自身知识为永恒自由的内核。它先前曾经也是永恒自由的内核,但它先前处在不进行知识的无知状态里。

总的来看,目标就是对永恒自由的直接知识。但为了实现这一目标,必须在这里也像在原初运动中那样,把极点彼此外在地分立出来。

第十一讲

1821年1月24日

若要为作为科学的哲学奠基，必要的是呈现出它需要作为科学的必然性。而根本上来说，我们迄今所说的内容所做的就是这一呈现。哲学的必然性直接源自我们之前已经讨论过的那个不可避免的内在冲突。我之所以说它"不可避免"，是因为人类意识根本就不可能在静止的内核上停滞不前，这一内核注定就是永恒运动，即永恒自由自身运动的承载者。尽管不是被强制，但人类仍会必然且不可避免地把自己作为核心，把作为自己之所是的永恒自由吸引向自己，意图单凭自己地拥有它，以便能专断地肆意支配它。因为倘若这件事情在万物的开端中就已经发生，那是完全不可设想的。每一种个别的人类意识都会再次成为永恒自由的自身返回步骤。但同样的自以为是的吸引，也会在一切人类意识中再次发生。

这样一来，人们当然就会问，每一个人从其自然本性出发，就已然处在这种不断翻腾的内在运动中了吗？并非人人如此，难道我们不是必须承认，大部分人处在一种醉生梦死的无思状态里，并且放逸散漫，就只有这么一点出息吗？倘若对内在的活动必不可少的那种张力并没有如其所是显现，那么在这种情况下，这类人也就已经活在了自己的结局，即醉生梦死的无思无虑里了；如果大多数人不再觉察到这种张力，那这只不过是因为，他们根本就不会一直向前，直至达到这个内在活动的张力显现点，相反，这些人内在的张力早早就被吹散了，他们早就离开了自己的内核，把自己早早打发进了一场自以为安逸舒适的南柯梦里。正因为如此，所以一种内在的斗争在大多数人那里都没有爆发出来，或者说在大多数人那里，内在的张力还没有到能必然显现出来的程度。在人类的自然本性中，潜藏着这一内在冲突的根据和动因，从这一点出发也就能说明，几乎在任何时代里都会兴起一些没受过学校教育，也不"博学"的人，在他们身上，恰恰这一内在斗争自发且仿佛"自愿"产生了，这些人随即就会不顾那些体制内学者的反对，自己亲自去进行哲思，进而不断遭遇危机的挑战，这样的危机实属天意的眷顾，只不过有的人遭遇得多，有的人遭遇得少罢了。但是，倘若在这一内在冲突原原本本被激发出的时候，没有通过那种危机和决断把自己消解在深思熟虑的知识活动里，那么在此情形中如此被激发的危机，必然就会产生出我们称为"谬误"的东西，一切谬误都不过是那些内在的精神性力量的产物，但这些力量还处在一种野蛮未经教化的斗争中，还在彼此之间斗争不休。

　　谬误并非我们可以等闲视之、无关紧要的东西，谬误并非纯然的缺乏，而是一种认识的颠倒（谬误与"恶""疾病"这样的范畴同属一列）。倘若所有的谬误都是彻彻底底的错误，即完全被剥夺了全部真理，那谬误也就根本是无害的了。有许多人们或许极为推崇的主张都是这种宣称"谬误本就人畜无害"的谬误，但这种无害的谬误本身实则更应被宣称为谬误。因为即便是谬误，也包含某种令人尊重的东西，在谬误中，始终都有某种源自真理的东西，但谬误恰恰只是对真理的污损和颠覆，即便在最狭隘的谬误中，仍然可以认识到，或者说至少可以模糊觉察到原初真理的踪迹，这就是我们需要敬畏谬误的原因。即便最轻柔的力量——在对有机存在物的种种塑造中就是它在运作——在遭受阻碍的时候也会催生出怪物，而我们之所以害怕怪物，并不是由于它不与我们相类，反倒恰恰是因为它与真正被塑造的产物相类似，恰恰是因为在怪物里，总是能看出人的形象。即便这种内在的轮转产生于一种阻碍，一种吸引，但推动性的力量不会停滞，因为它从永恒的源泉中不断喷涌。

人们或许可以说，谬误是由于纯然进行知识的意愿而产生。这样说来，假如人被命令不去意愿知识，那人是不是就能安全地避开谬误了？这无疑是为大多数普通人准备的常备药方。然而对知识的意愿并不取决于人，在人知道自己意愿求知以前，人就已经在意愿着求知了。因为人类中的一切个别意识都出自一种吸引，即一种要把自身的真正本质当作以自己为对象的活动。也就是说，人类出于其自然本性就已然处在一种知识活动中——正是在他把自己错置其中的知识活动里，人类把自己与自己本应是的永恒自由对立起来，让自己成为进行着知识活动的主体。而既然这种知识活动之产生，是由于人类把永恒自由作为客体，把它仿佛从自己的位置上推开了，所以结果自然就是知识活动被污损了，在人类的认识里，必然会产生一种真与假的混杂。我们自然而然地就活在这种驳杂不纯的知识活动里，所以这种知识，当然也是"自然的"知识。人类就是在这种并未纯粹地去存在，进而仿佛完完全全被这种知识的非纯粹性所遮蔽的情况下，在接近着哲学，所以人类必定还是会陷入更大的迷误，正如人类向来总是已在迷误中。人类会自然而然地为矫饰和掩盖自己所堕入的迷误而极尽所能，甚至到了肯定性地宣告和坚持自己所处于其中的这种已然颠倒了的知识活动的地步，因为对已然陷入迷误中的人来说，为这种知识活动辩护就如同为自己的生命辩护——这当然也是完全合理的，因为这样的人的生命就可怜地存在于这种知识中。所以这类人能在这种知识中找到的确立为"永恒真理"的，不过都是一些普遍有效但又无谓的废话，比如"自然之物外在于超自然之物"。诚然，现在的情况是，我们感受到自己的知识与我们自己的这种分裂之际当然会痛苦，但恰恰从这种痛苦中，我们能通过更高的知识活动获得解脱和自由。但恰恰因为完全被"当下"静止不动的东西所拿捏，所以这种所谓的"普遍真理"没有看到还存在这样一个点，在其中自然之物曾经就存在于超自然之物中（这个点就是一切都源出其中的永恒自由，它超越于一切自然），也没有看到还有一个自然之物复归超自然之物中的点，正如人类中的自然之物也会再次复归到超自然之物中。对人类中自由与必然的这种奇迹般的关联，这类"普遍真理"一无所知，也无法对之说出任何东西；但这两者既彼此无限疏远，也无限切近；自行让自身异化的自由就是自然，重新返回到自身中的自然就是自由。在这里，所需要的不过是一种再次翻转。人类之所以堕入迷误，恰恰是由于他在自身中把自然之物和超自然之物分离了。所以那些为这种二元论而斗争的人，根本上来看其实就是在为人类的这一罪过而辩护，他们想做的，就是把纯然属人的罪过扔到自然身上，扔到对象本身那里。

比起妄图凭借那种暧昧不明、混含不清的知识去产出科学，一种通常在人看来更加"绝望"的学说其实更好：我们根本上无法知道任何东西；因为这种学说看到，凭着那种暧昧含混的知识根本就不可能知识到任何东西,倘若不愿舍弃它,那就无法经受住危机。康德把他的哲学称为"批判的",但倘若它真的在"批判",那它就得切切实实引领知识去直面那一最大的危机的底部,否则它就不堪"批判"之名。然而这种哲学只不过是真正意义上的危机的开端,因为如果正如康德所说,我们只凭我们有限的理智形式,根本没有能力去认识超感性之物和神性者,那么在这一点上他是完全正确的,但他说的这些,除了其实就是自明的东西,难道还是其他什么吗? 不过在这一点上,他始终都预设了一个前提:倘若某物可知,那它必然要凭着这些形式被认识。

  如此看来,恰恰是人让这些自然性的知识活动丧失了生机。在哲学中,人并非进行着知识活动的知识者,相反,人只不过是那个本真的知识之创生者的对抗者,人通过持续不断的矛盾阻滞它,但也恰恰因此而反映着它,所以人反倒一直在为自己赢得自由的思想。但那个知识的创生者拥有对于一切的权能,因为它就是穿透一切的精神,是永恒的魔法,是作为一切艺术之宗师的智慧。正如一部晚近的东方典籍所说①,在智慧中存在着的那种精神,是知晓一切的精神,它既是唯一的也是复多的(这个规定极其重要),它贯穿在诸多不同的伟大精神中,让它们也能有所知,精神固然全知、明晰和澄澈,但智慧仍能穿透最高的精神;因为即便神性自身,尽管就是澄澈者自身,但若论澄澈,也及不上智慧,智慧穿透一切精神,智慧就是一切中最迅捷灵巧的,或者正如《圣经》的这段希腊语原文所说的:γὰρ κινήσεως κινητικώτερον σοφία, διήκει δὲ καὶ χωρεῖ διὰ πάντων κ.

---

① 根据全集编者注,应指《旧约·智慧篇》,第7章。本篇并未收入新教《圣经》。——译者注

τ. Λ，即智慧比一切能动者都更具能动性，而这与我之前说的也是一致的：智慧就是能动性自身，因此也比一切个别的运动都更具能动性；智慧是唯一的，进而能够——有能力——造就（德语词"造就（machen）"来自"愿"（mögen）的一切，在此造就中，智慧始终是它之所是，但在这种自身持守中，它仍能让一切焕然一新，也就是始终在造就新的东西，并始终从新中造就更新，始终日新无息：这种始终保持自身为一，但在保持自身为一之际也仍作为他者存在，就是知识活动的真正特质；知识既不存在于始终保持为一、总是不走出自身的东西里，也不存在于彻彻底底分崩离析、处在无统一性和无关联性的东西中；知识是一种内聚，是一且多，它始终在作为一个他者之际仍保持为一。

这种智慧并不远人，因为它只不过是现在暂时被原初意识排除在外的东西，它曾原本就是永恒自由的意识。人本该是已然到达自身的永恒自由的安静内核，而永恒自由曾经正是这种通过向着-自身-返回才得到了实现的智慧。倘若这种向着-自身-返回并没有被扰乱，那么它就会在人类中已然回归自身，因而也是自行对自身进行着知识的自由，这种自由也是能支配自身的自由，但现在，自由已然失去了对自身进行支配的力量——在自然中我们就能看到这一点——，自由现在只能被思索和回忆，而自行对自身进行着知识的永恒自由，正是使人类曾经具有支配万物的强力与魔法的东西，但现在我们对这样的强力只能思索和回忆了。当人类为自己之故去意愿永恒自由之际，人类也就扰乱了它的向着-自身-返回的过程。然而人类能吸引向自身的，仅仅是他曾经所是的自由，也就是曾经已然在他之中返回自身的自由，而非那个恰恰臣服在永恒自由之下，并因而也本该得到自由的自由。后一种自由因此始终保持为外在的,但在保持为外在的之际,它仍不断地在产生出奇迹,而当它不断地一再摧毁和消磨自己的产物时,又成了无目的的,它所做的一切不过是为了不断产生出相同者,这样的自由仿佛总是在奔忙,但这样的奔忙却徒劳无益,如此奔忙并非它的意志,但它却不得不总是在与自己的对立中仿佛打了鸡血一般欲求这种奔忙。

但永恒自由——作为这种劳碌自由曾经之所是——被这种无益的自由挤出了自己的位置;正是由于人类意图把永恒自由吸引向自己,也就是让自己成为与永恒自由相对峙的主体,人类也就把永恒自由逐出了它的位置之外(这就是我们在前文经常提的那个根本矛盾);因此在古老的东方典籍里,智慧总是被呈现为被排除在外的东西——"智慧在街市上呼喊"①,而寻觅它的人,就会轻松发现,"智慧就在门前等着他"②。智慧一直在呼求着人,寻求着消解人的内在张力,只要有可能,它都在寻求着把人自身,因而也把自己再次带入自由,这种永不止息的呼求发生在那一引发了分化的危机中,我们把这一危机刻画为哲学的开端,刻画为对智慧的爱的开端。

即便那个对人类而言外在的,总是停留在自然中的自由,也会与被束缚在人类中自由和解,它也一直期待着这一自由的解放。当内在的自由让人类的外在生命变得局促和困扰——正如它也如此让人类的内在生命不安——之际,外在的自由就会显得与内在的自由相一致。外在自由会对那些没有人生经验的人表现为刺激和诱惑,但这

---

① 根据全集编者注,此处为《旧约·箴言书》,1:20。——译者注
② 根据全集编者注,此处为《旧约·智慧篇》,6:15。——译者注

种诱惑并非任意的,之所以不是任意的,是因为自由总喜欢在人类面前伪装自己,但自由其实是以此警示人类,不要把自己献给诱惑,一旦人类如此做了,它就会即刻教给人类,什么是痛苦的体验,教给他什么叫凝视自由深渊之际的毛骨悚然,教会他在深渊面前必须退缩。自由并不在人前隐匿,仿佛它在人前并无秘密,自由亲自对人类道出自己,只不过它好像总是把人类逗得意乱情迷。倘若人类以为,已然稳定静息的自由恰恰就是自己的作品,那它就会用一切方式表明,自己对人类不会有丝毫感激。

总之,一切都在要求人类弃绝自己的知识,弃绝自以为知之际产生的分离,但也恰恰通过这一分离,人类才第一次在完满的自由中瞥见自己,但也正是这一瞥,让人类与处在其原开端之澄澈中的永恒自由发生了对立。

我现在结束对哲学作为科学的自然本性的探讨。只要能知道,什么是真正的哲学,哲学与人类,哲学与人类的其他愿景和奋斗之间的关系为何,就总归是我们能确定下来的胜利。真理的概念本身,对于那些想要放弃本真哲学的人来说也并非毫无助益。真理不仅存在于讲堂上自诩哲学,表现自己是一种对智慧之爱的东西那里。真理也存在于一切中;谁寻求真理,真理就会从一切中向他迎面走去。在一切可能的对象里,在一切科学中,都掩藏着真理,都掩藏着时时刻刻让这种对智慧的寻觅得以不断高贵的爱。谁在寻找真理,谁就已经得到了一份在真理中独属自己的珍宝,即便最平庸的人也能因真理而高贵,真理能让每日只知蝇营狗苟、一日三餐的人,也能比肩那些最高贵和最有地位的人。可真理只会把自己交给最纯粹的灵魂。因为纯粹者唯有在纯粹者那里才启示自己。

谢林著作集

全部哲学的本原
（埃尔朗根讲授录，第二部分）

1821

F. W. J. Schelling, *Initia philosophiae universae*, in ders, *Historisch-Kritische Ausgabe, Nachlass 10, Teilband 2*, S. 702-867, Stuttgart: Frommann-Holzboog, 2019.

第十二讲[1]

1821年1月29日

在那些最古老的传说里，始终回荡着同一个声音：现在作为被存在所把持的东西而出现的那一切，都首先是从原初自由中跌落入存在的世界，跌落入这个由"存在"所支配的阴森可怖的世界。与此自然相关的，则是那种认为存在一种"不可预思的罪"的观点，正是由于这种罪过，永恒自由堕落到了眼下这种受制于存在的境况里。人类最古老的问题就是：那个原本曾是永恒自由的东西，何以自行走出了自身？然而这个问题的前提是，这种永恒的自由首先必须存在，然后才谈得上能对自己有所行动。人类意识的冲突终结于一个引发分化的危机，一种绽出的迷狂。但人类意识在这种境况中的存在只是一个环节。唯有永恒的自由才把我们引向一个澄澈的概念，才会让我们直接指向它，才会让我们也直指自己的思辨能力，进而让我们走到下面的问题上：

---

[1] 从这一部分开始的文本不见于《谢林全集》，而是基于学生笔记编纂考订而得，在前一个文本开头的译者注里，我已经说明了文本情况，从这里开始在内容上承接上一个文本《论哲学作为科学的自然本性》，但只有从这里开始才是严格意义上的《全部哲学的本原》文本，前一个文本可以视为这个文本的"导论"。——译者注

我们如何能说，永恒自由**在**(IST)①。

如果我们因为要回答这个问题而陷入了怀疑，那这也是自然而然的，因为我们不可能按捺自己不去让永恒自由与存在捆绑在一起。我们固然可以说"永恒自由尽管不是存在者，但它作为如此这般的自由，也能够去成为一个存在者"这样的话，来消解这个冲突。当我们说"永恒自由绝非存在者"时，这话绝不可能意味着"永恒自由压根就是虚无"，当然，它确实并非"某物（Etwas）"。

所以与这一点相关的问题就是：倘若我们抽离掉"某物"，还有什么剩下？为了能回答这一问题，我们必须首先把目光投到"道出"或者"谓述"上。每一种"道出"之所以能够发生，是基于某物已经是一个以某种方式得到了规定的存在。比如不管我说A是一个身体性的东西还是一个精神性的东西，我总归以此方式说出了一个东西。在一切可能的"道出"中，都有某种存在的样式被道出了。"存在（Sein）"是一个原初谓词，一切其他的谓词都是从它而来的变体。当我们现在把一切"道出"都还原为存在的形式之后，我们也就能看到，有两种意义上的存在，即外部的（一般所谓的"存在-Sein"）和内部的（"在"意义上的Ist）。所以我现在可以说：**绝对主体在**（Ist）。但这种意义上的"在"，如何区分于"绝对主体是存在着的（seiend）"这个说法里的那种"存在"呢？通过下面这点：在后面这句话里，存在是作为一个对象性的东西被道出。而当我说："**绝对主体在**"时，我就以此方式把对象性的存在排除在外，进而把绝对

---

① 谢林这里用大写的IST表示一种纯然的、与"无"对立的"有"，而接下来用Sein表达一种谓述意义上的"存在"，故前者译为"在"，后者译为"存在"。——译者注

主体设定为非对象性的东西,这么做的意义就在于,我并没有把似乎向来必须保持为谓词的东西作为谓词设定,相反,在刚刚那句话里,通常所以为的"谓词"恰恰就是主体自身。倘若把这一点用在前面的例子里,就可以说,"A并非存在着的"就意味着"A与我们能设定在谓词位置上的那个东西是同一个"。比如倘若我想描述一朵花的美丽——它就如同我为它所赋予的谓词"美"自身时——我肯定就会说:这朵花就是美本身,诸如此类。但既然所有这些谓词都是出于"存在"这个基础谓词的变体,那么我们也就能得出结论说:永恒自由就是自在的存在,是存在自身。除了永恒自由,没有任何自在的存在。在整个哲学里,处理"自在"恰恰一直都是一个棘手的问题,自在的存在和永恒自由这两者并非"一个整体",而是同一回事。这里存在的并非两个现成的东西,相反,只有当自身就是那个自在存在者的永恒自由,也意愿在双重性中作为客体存在,或者说,当它意愿自己不仅自在地存在,而且也自为地存在之际,从这种"同一回事"中才会产生出"二",但如此一来,它也就自发地终止"自在地"存在了。因此,永恒自由和存在自在地就是同一回事,随后只有当永恒自由二重化自己,或者说让自己成为"二"的时候,它才会从这种同一回事中成为"二"。在这个时候,自由和存在也就彼此分立了。在通常的观点里,认识与存在,意愿与存在是相对立的概念。诚然,如果"认识"被设定为"关于某物的认识",它确实与存在对立。但认识在其自在状态里与存在是同一回事。为了证明,意愿和存在是对立的,人们还会进一步说:"一个存在物所意愿的乃是它所不是的东西,而它所是的则是它不会去意愿的。"——确实如此!但这种情况里的意志,仅仅是对于某物的意志,处在现实活动中的(in actu)意志才会让自己成为存在的对立物,但自在的意志不会如此。意志所能渴求的,要么是自己之外的某物,要么就是它自身。因此,意志要么让非对象性的存在成为自己的对立物。但它也恰恰会由此让自身成为存在的对立物。或者与之相反,并没有在进行意愿的意志就没有任何对立物,这样的意志是全然源乎自身、从自身而来的意志。

  人类有一种最古老的感觉,即感觉一切存在都是不纯净澄澈的。这种普遍的感觉的根据在哪?无非是在我们看来,存在总是显现为不澄澈的东西,意志把自己纠缠入其中,并且主动去吸引存在。所以我们只能在一种泰然任之、已然溢出自身的狂喜中看到那种最澄澈的存在,在这种存在中,它不会把自己与任何知识活动和意愿活动纠缠在一起。所以当存在吸引意志,并且意志在存在面前不够淡定,没有想要并且不能在它面前泰然任之之际,意志就会因此被设定到其自由之外,同样,如果存在不会从其澄澈中被设定在外,它也不会再让意志来纠缠它。所有这些都表明,意志和存在原本就是同一回事,它们之所以分裂进入一种二重性中是由于,意志主动让本就是它自身的存在成了自己的对象,进而使之成了自己的对立物。两者的统一性建立在意志和存在的泰然任之上,也就是说,在这种统一性中,意志不再执着于存在,而是允让它,存在也被意志的泰然而允让,不再让意志执着。

第十三讲

1821年1月30日

如此一来，如果意志纯然由于它与自由的关系而变得不自由——反之亦然，那么表面上的情况看起来似乎就是，意志和存在的澄澈性仅仅在两者的彻底分离中才有可能。但它们的澄澈性并不在于两者的彻底分裂，而是在于，两者彼此之间都允让对方，进而处在彼此漠然无殊的状态里，处在无意志的存在里，处在尽管并不主动去接纳存在，但仍然就是存在，并且与之处在质朴的单一性中的意志里。澄澈的意志既有一个存在，也没有任何存在。其在若无，其有若失，而这个既有既无的东西，不管对人类还是对意志而言，都是其最高的东西。所谓的自在的永恒自由与自在存在间的同一性也是如此。不过我们现在要回到已经开始的探索上。

我们之前的出发点是这样一个问题：永恒自由的存在在哪里？我们看到：永恒自由就是存在自身。而这一点的基础在于，自由并不去主动吸引存在，而存在自身就是自由，因此也不可能把存在从自己之中撇至一旁，因为自由自身并没有去接纳存在，所以自由就是存在自身，这种情况就如同主体和客体间的无差别。

不过我们要注意：永恒自由的存在其实仅仅建立在否定上，建立在非-二重性上！我们切不可被这种倒回吓到，而是要勇敢面对它，看到它会成为展开肯定性方面的手段。"永恒自由的存在建立在否定上"这个命题的意思或许还可能是：倘若永恒自由是非二重性的，那它就仅仅如此存在。但我们不可以这么说，因为这样一来，这个命题的意思就会是不充分的。非二重性的实存，或者说二重性的非实存的基础在于，我们把非二重性的对立面设定为一种可能性。

我们不能说：非二重性存在，也就是说，它不可能是一个主体，它只可能纯然地作为事实存在。如果非二重性是永恒自由的主体，那么永恒自由就纯然只能是存在，而这个存在的主体就是永恒自由自身。然而"永恒自由"这个概念，就是一个意味着能对自己进行二重化的概念。"永恒自由的存在处在非二重性的支配下"；倘若我们把这个命题纯然理解为对存在形式的描述，那它就是正确的。但那个处在这一存在中的存在者就是永恒自由自身，而永恒自由之为永恒自由，乃是能够转变为"二"的自由，因此，永恒自由自身既非二重性，也非绝对的非二重性，而是能自身二重化的可能性。——之前已经提过，之前科学的缺陷在于，仅仅确立了一些停滞不前且彼此排斥的命题，而这一点也适用于这里。"永恒自由的存在是非二重性的"这个命题确实为真，但我之所以必须把这个命题处理为排他的是由于，在非二重性中纯然只有永恒自由的存在。也就是说，如果我们把这个命题理解为排他的，那它的意思基本上就是："永恒自由的存在仅仅是非二重性的。"但如此一来，永恒自由当然也就被设定为彻彻底底的恒定不变者，进而不能作为去存在或不去存在的自由了。

如果说我们在这里遇到了一个特别的难题，那么其原因当然就在于，我们的思维惯性或许会把非二重性设定为二重化的不可性，而能够自行二重化者，并非在这种思维惯性中我们所意愿的东西。我们可以把那个自行把存在吸引向自己的东西，称作自身性的（selbstische）本原，把它的对立物称为非自身性的本原。

所以可以说，存在在于非二重性，但这个存在中的存在者是二重性的可能性，如此一来，这里的存在和存在者两方才一并首次成为存在着的永恒自由。因为存在者的存在建立在两个要素上：1）其一为始终据其自然本性的对象性存在；2）其二为存在的主体，而这个主体有时甚至并不与存在对立。这两个要素在我们现在讨论的情况里是汇合在一起的；因为非二重性和"能够自行二重化自己"这两重要素间的关系在这里就是两者是等同的。如果"能够自行二重化自己"被设定，那么它自发地也同样是非二重性。所以我们不能放弃"永恒自由的存在在于非二重性"这个命题，我们只能限制它，进而不能第一位上，而是只能伴随着这个命题同时设定，永恒自由也是能自行二重化自己的。理解这一点的困难在于，我们没有把非二重性设想为一种"能"，而是只把它设想为一种纯然的现实存在。

第十四讲

1821年1月31日

到目前为止仅仅间接呈现的,现在会直接以谱系的方式得到阐明。

我们的出发点是,"永恒自由就是自在的存在"以及"这种同一性建立在存在和自由彼此间的漠然无殊上",这种状态可以表达为:A=A。这种漠然无殊状态可以是一种双重性的,1)"能"对存在的漠然无殊,以及2)存在对"能"的漠然无殊。在第一种情况里,"能"是主体,是允让者,存在是客体,是被允让者;在第二种情况里则关系相反。而无论如何,这两个概念我们都可以通过A=A表达。

从原初的漠然无殊状态中走出,展开一种二重性的过渡点就在这里。我们的出发点是绝对者,A=A,它所表达的,正是存在和"能"彼此之间的漠然无殊。而这一点现在就意味着1)"能"对于存在漠然无殊,这一点我们用A=(A)表达。在这种情况里,存在对于"能"而言并不作为存在而现成存在。"能"无视存在并保持为纯粹的纯然之"能"而恒定不变。然而第二个A,也就是处在"能"之中的存在,纯然对"能"而言是一个并不在它之中的东西。——所以我们有必要插入这个补充。2)存在对于"能"的漠然无殊。在这里,

"能"也在存在中，但"能"并不相对于存在而言在此。因此相对于自身而言，这里的存在始终保持为纯然的存在，所以我们可以用一个与前面那种情况对立的表达来刻画这个情形：(A) = A。若是我们综观这个整体，那我们就可以得到处在上述两种形式中心的绝对形式A=A（图2）：

$$A = A.$$
$$A = (A) \quad (A) = A.$$

图2

我们现在必须在两种形式中决断一个，我们必须决断，在哪一种形式下去思考未经规定的A=A。也就是说，我们现在的问题毫无疑问就是，我们要决定采取绝对无差别、绝对漠然无殊的这两种意义中的哪一种。

在第一种意义中，"能"是主体，是允许者，存在是客体，是被允许者。所以"能"自然始终都是被预设在先者，是存在的Subjectum[主体], Suppositum[设定者], Substratum[基体],存在当然就是"能"的客体，因此以这种方式，这个关系也是原初且自然的关系。理解这一关系我们不需要任何进一步的理由。这就是彻彻底底、直截了当第一位的东西，一切"根据"和"理由"都在这里终止。如此一来，我们似乎也就决定了选择第一种关系，即A= (A)，选择了"能"来允许存在。

但这样的一种允许是一种"必然允许"吗？因为倘若如此的话，纯粹的"能"恰恰就会因此表现为一种"不能"。所以这种允许不可能是"必然允让"。我们当然没有说过,"能"已经把存在吸引到了自己这里;我们当然也不是要说前一种情况的对立情况,但我们还是可以采纳中间的情况:这种"能"是能够把存在吸引到自己这里的"能"。这样一来,我们也就能把A=A的第一种关系情形的肯定性概念确立下来了。

我们已经把这个第一位的概念确立为"能够把存在吸引到自己这里的能"。但在这个情形里,其实只是永恒自由在自行吸引自身,就此而言,我们对此也可以把自身关联、自身接纳、自身吸引这些同义词用在我们刚刚提到的"能够把存在吸引到自己这里的能"上。

所以就此而言,这里的这个"能"仍是永恒自由;但如果永恒自由让存在成为对象,那它也就终止作为永恒自由存在了。但既然对存在进行吸引的可能性就蕴含在永恒自由里,所以我们也不能直接就说,能够吸引存在的东西就是永恒自由;所以在永恒自由中,其实蕴含着它两面的自然本性,就此而言,它既是能够吸引存在者,也是能够不吸引存在者。——但既然第一位的东西是"自身能够存在且能够不存在者",所以这个东西之所是的另一个方面,倘若不再是它自身,——它自身既是能够存在者,也是能够不存在者〔比如,a能够成为x,因此,它是能够成为自身(a),或能够不是自身者。如果它是x,那它也就是能够是x且能够不是的东西〕,——倘若永恒自由由于存在而自行把自己二重化了,那它就会终止作为永恒自由存在。它就会成为一个存在者。但它是自由,是能够去成为或不去成为存在者的自由,所以我们也就可以把这里讨论的这个第一重关系,规定为能够存在且能够不存在者。

现在回到我们的总体关联上。我们之前是借助一个筹划性蓝图来描绘这一关联的。我们说过，倘若作为纯然的"能"，这个第一位的东西就会始终停滞不前。我们还说过，这个东西是一个"能够存在且能够不存在者"。所以人们或许会说"无论如何，这样一来在它之中仍然有一个存在"。确实如此，然而这只是对我们而言！而不是对"能"自身而言，它根本就对在自己之中的存在一无所知；这里的这个"能"并非那个能够存在且能够不存在者。它始终相对于自身而言作为纯粹的"能"而驻足不前。

但"纯粹的能"是不可能存在的，每一种"能"都必然自在地拥有一个存在。既然这个第一位的东西作为纯然的"能"而停驻不变，那么我们必须为它找到一个存在。

不过在我们能继续在这一点上前进以前，下面的一些提醒不可不察：我们常常使用"吸引"这个词，并且迄今为止一直把它理解为"知识""意愿""欲求""使自己成为对象性的"这些表达的同义词。——但"使自己成为对象性的"是先行的，而"吸引"则是后继的。所以迄今对这个词的使用所涉及的一个重点是，这些意思是混杂的。所以从现在开始，必须得小心对之进行区分。永恒自由并不认识它的存在。现在假设，它的这一存在被展示在它面前，那么这个存在就成了对象性的，进而永恒自由现在就会试图又把它的这个存在再次带到自己身上，把它吸引到自己这里。所以"吸引"这个活动仅仅是次一级的，并以分裂为前提。通常所谓的"吸引"，其实只是对人们已有的东西的再次吸引。但也正因为如此，通常所谓的"吸引"都要以一种原初的吸引为前提，这种原初吸引不像次一级的通常所谓"吸引"那样，进行着知识活动和意愿，相反，原初的吸引在知识活动和意愿之先。

750

这种原初的吸引并非一种伴随着知识活动的吸引,而是一种自然自发的吸引。所以从这个提示出发就可以得到下面的事实:

一切纯然的"能"都是自然而然吸引着存在的磁体。这一点也适用于第一重关系,即 A = (A)。在其中所吸引的那个存在,是一个纯然赤裸的存在,这个存在就如同我们在 (A) = A 中所表达的那个存在。

第十五讲

1821年2月1日

绝对的A=A并不先行于A = (A)。若无后者,绝对的A=A绝不可能存在。我们之前称作第一位的,是A = (A),它是等同于开端的第一位的东西,它甚至就是永恒自由自身。我们已经认识了作为"能够进行吸引且能够不进行吸引者"的这个第一位的东西。但在这样的情况里,除了之前已经确立起来的永恒自由概念变得更加具有规定性了一点,我们也没有获得任何其他东西。但这是远远不够的,毕竟我们的意愿,是去找到永恒自由的原初存在。

但它已经被找到了吗?或者更确切地问,永恒自由真的是作为能够存在且能够不存在者存在的吗?我们不能如此断言;因为那个"能够吸引存在者"并不知道它自己的存在,也不知道自己乃是作为"能够吸引存在者"而存在,所以在这种情况下,永恒自由就不是"能够存在且能够不存在者",因为一个并不如其所是地知道自己的自由,也并不是自由。永恒自由只是对我们而言是"能够吸引且不吸引存在者",但并不是对它自身而言就是如此,也就是说,并非事实上如此。可即便它并非对它自身而言的能够存在者,也并不能得出,它绝对地就不是能够存在者,相反只能得出,它仅仅潜在地是能够存在者。永恒自由是能在者,但这种"是"并非"已经作为能在者"意义上的"已经是",相反,它只不过"能够"作为能在者而"是"。

但我们所意愿的,明明是去找到永恒自由的存在!但我们确实没有找到作为存在的永恒自由,然而我们也不可以为此就被吓住;因为我们至少现在已经找到了某种更重要的东西。

我们已经发现了,永恒自由就是最高和最终的东西;但倘若我们发现的就仅此而已,那我们在这里就已经站在科学的终点上了。但我们已经发现了作为非存在者,或者说作为能够存在者的永恒自由,进而已经以此方式找到了开端。恰恰这个处在潜能阶次状态中的永恒自由,就是最深的深渊,是存在必须从它之中超拔提升出来的根源。

我们的意图诚然是去获得作为存在的自由,但倘若我们从一开始就已经获得了如此这般的自由,那我们就会因此已经站在了终点,进而也就根本不会有哲学了。

在我们已经把作为能在者的永恒自由宣告为了第一位的东西之后,肯定还会有一个第二位的东西,现在我们开始向它过渡。

我们大抵可以说,这个被设定在潜能阶次状态里的自由,是一个纯然纯粹的"能",它必定会再次吸引一个存在。可这样的说法恰恰是错误的,因为澄澈的"能",也就是永恒自由并不欲求存在,它就是它自身,它不是其他任何东西,它就是吸引着存在的力量,就是在本质上对存在的饥渴(关于后一个说法需要注意的是:在希伯来语里——这种语言总是显得意味深长——,用来描述我们所说的"能"的那个词,也意味着"吃",所以一切的"能"都是一种这样的饥渴)。正如已经说过的,存在着一种次一级的吸引,它是伴随着知识活动和意志活动发生的，进而其实也要以一种已经现实发生的二重性为前提。但恰恰因为这种吸引是次一级的，所以必然会有一种原初的吸引在先，我们可以把这种原初吸引称作"魔法性的吸引"，因为它并不以正在运作的意志为基础，反倒以静息着的、无意愿的意志为基础；而"无意愿"正是"魔法"这种行为与其他一切行为的区分性特质。

  在我们这样一个"启蒙时代"，只有少数人还能承认魔法的存在，在这些人身上，在那些作为无意之美的美那里，都可以清楚看到"魔法"的这种无意愿性，都可以看到这种"无意"具有的魔法般的力量，一旦有了"求美"和"求醒目"的意志，这种魔法就消失了。正是通过原初的魔法性吸引，"能"把自己提升为了"能在"。但既然这个"能在"自身还是潜能阶次状态的能在，那个仍始终自顾自地在那摆着的"能"就必须以一种魔法的方式为自己吸引一个存在；但这个存在并非那种一般所谓的"最初存在"，因为这个存在会由于"能"而变得可疑，这里所说的这个存在是那个自由于一切"能"的存在。这种存在并不是由于"能"而有其可能性，在它身上没有任何一处被"能"浸染，相反，由于在这个第二位的存在中，"能"并非作为主体，而是作为客体，所以这里的这个存在，就处在(A) = A中，在其中，存在作为主体，作为允让者，而"能"则作为客体，作为被允让者。而这里的存在预设为根据的那个东西，则蕴含在第一种关系情形，即A = (A)中。

752

第十六讲

1821年2月5日

我们前不久还停留在命题"澄澈的能在是不自知的,它必然有一个自在的存在"上。这个存在必定是一个"能-非在者（Nichtseinkönnende）"。如果这个存在不是能在者,那它也不会是能-非在者。这个存在是"必在者",是不能成为任何一个他物的东西。第一位的东西是能够成为某个他物的自由;第二位的东西则是必然要允许第一位的东西,让它能是其所是。第一位的东西是能够自行让自己二重化者,第二位的东西则是能自行不让自己二重化者。如此一来,我们似乎也就走出了无差别,进而有了两个东西,即能够自行让自己二重化者,和能够自行不让自己二重化者,但这两者还是再次交汇在一起。

倘若A=A是能在,那么必在就会以肯定性的方式从能在中被排除在外。但既然能在者并不如其所是地知道它自己,所以就这一点来看,必在者也与它并无区分,因为这种不自知的能在者并没有任何排他性的力量。所以,我们不能纯然只把A=A设定为能在者,也不能纯然只把它设定为必在者。因此,实际上并不存在两个A=A,相反,能在者和必在者这两者不过是绝对的A=A的纯然不同面向,或者也可以说，是它的不同面貌。

如果我们不能仅仅把A=A纯然说成是能在者，也不能仅仅把它纯然说成是必在者，那我们就只能把它说成是两者的统一体了。

而这个统一体的基础在于，它在非二重性的状态中，仍是能够自行让自己二重化者。两者的这种统一可以这样来设想：正如在给予中也能同时存在接纳，而自由也恰恰在于同时能够给出且不给出自己。这就是"自发性"的概念。而"自发性"只有在与"能在"和"能不在"的关联中才存在，而这个概念就是"应在者"。只有在"能在"发生的地方，才可能存在"应该"。——凭着所有这些概念，我们现在所处的，是一个超越于存在概念之上的位置。不过离存在最近的仍然是能在。

因此，如果A=A不能作为能在者，也不能作为必在者被道出，那么我们因此或许就能把它称为应在者吗？但应在者只有作为被前两者排斥在外的东西，作为Exclusum tertium[被排斥在外的第三者]才存在，所以这样一来，它似乎就与能在和必在分离了。然而前两者仍不具有任何排他性的力量。应在者、能在者和必在者到目前为止还是未分离的。

这样一来，如果我们不能把A=A作为能在者，作为必在者，作为应在者道出，那么剩下的唯一可能就只有，把它作为全部这三者的绝对统一体道出（在之前的概念里，也有一个统一体，但它只是相对的，这个统一体并没有贯穿所有这三重形式），作为对一切形式都漠然无殊者道出。现在毫无疑问的是，在所有这些形式中存在着的存在者，就是A=A，即自在地看对所有这三重形式都漠然无殊者。然而永恒自由实际上也同时是能在者，是应在者和必在者，就此而言，它

753

也已然在所有这些形式中实存了。可倘若认为，A=A始终殊异于所有这些形式但也仍然就是这些形式，那A=A似乎就能纯然显现为绝对自由，就大错特错了。情况并非如此。因为正如永恒自由现在所是的那样，它并非特别的是所有这些形式中的某一个，而实实在在地仅仅是它们的统一体。在"统一体"这个概念以外，A=A没有任何其他概念，所以我们必须得说，A=A是不可道出者。当我们发现了这一点之后，我们也以同样的方式发现了，这个"不可道出者"的基础在哪里，以及我们如何能解开这个深深锁闭的统一体。

不过既然我们说的所有这些抽象性实在太高，所以或许也得用一个例子来说明：对此我选几何学里的"圆"来做例子，圆本来是向内卷合的，然后从这一前提出发，才会出现向外伸展。与在哲学中"自在"的东西相对应的，就是几何学上的"点"，它就好比澄澈的"能"，这样的"能"就拥有自在的存在。现在让我们来把这个处在空间中的点设想为一个绝对的点。

关于这个点的第一个肯定性的概念是：这是一个能自行让自己二重化的点。——结论就是：对存在的吸引活动不可能持续，进而是能被克服的。对这一克服的表达就是"边缘"，边缘就意味着，以同样的形式朝向一切方向延伸的原本聚合在一起的点。所以我们现在就可以把边缘点首先设定为能够自行让自己二重化的点。但这个点也并没有因此把绝对的放射性点排除在外。不过如此一来，我也必须把绝对地在空间中设定的点表达为前面两者的统一体。这第三个概念是那个既不自行进行着吸引，也不进行着放射的点的概念。这样的话似乎可能表面上看来，我们仿佛可以把绝对被设定的点表达为中心点；但这个点其实并没有被边缘排斥在外，也没有作为半径点被排除在外。所以唯一的可能性就是，这个点应被表达为在其原型状态中的自在的圆。如此来理解"圆"并不是不可能的。因为所谓的"点"实际上纯然就是一个有着最小广延的圆，就此而言，在这个圆里，中点、半径和边缘重叠。但我之所以能说上面这番话，是因为我确信，这个点并不是中点，不是边缘点，也不是半径点。我不能把它看作所有这些东西，因为它处在纯然的潜能阶次状态中。如此一来，剩下的没有其他可能，唯有把它说成是绝对的点，就此而言，它就是所有这些东西，而且同时也不是所有这些东西，所以在这一点上我也不能把任何东西从它之中排除出去。

755

第十七讲

1821年2月7日

我们一直都停留在永恒自由在其存在中的不可道出性上。然而对我们竟得出了这个结论的事实，也切莫感到惊讶。我们只是不得不为永恒自由赋予完备的意义，并且以此方式回溯到其根据上，从而看到，永恒自由会在何种程度上发生并运作，随即我们或许能看到，它会在何种程度上不发生，进而或许我们也能找到把不可道出性转化为可道出性的手段。

我们的探究迄今为止都在散射的光芒现在得到了聚集。从一开始我们就已经看到，作为自在的存在，永恒自由拥有存在的方式在于不去拥有存在。但我们得强调，这个存在能够从永恒自由中被分离出来，所以永恒自由要自行决定是否去进入存在，以便能成为一个存在者。

然而我们也看到，这个能在是永恒自由仅仅对我们而言，而不是对它自身而言的。在此程度上，它并不对自身而言是能在，以及它实际上并不是能在。这个表面上看起来矛盾的命题的意义究竟可能是什么呢？无非就是：当能够主动去接纳存在的自由呈现在永恒自由面前时，它就起码是纯然作为可能性的能在者了。

倘若永恒自由仅仅可能是能在者,那它还是什么呢? 或许是必在者? 如果是这样,那永恒自由就已经现实地是自己的直接对立面了,尽管它仅仅能是能在者,但以此方式,它还不能现实地就是自己的对立面,相反,它也仅仅可能是必在者。

所以总的来看,永恒自由仅仅可能是应在者,而不能现实地就是它。

所以永恒自由是那个并非能在者,并非必在者,也并非应在者的东西,相反,永恒自由仅仅能是它们。那这样一来,永恒自由究竟是什么呢?

在我们回答这个问题之前,或许要先讨论下面的内容:能在、必在和应在这三个概念彼此之间的一致性在于,它们每一个都以自己特有的方式是一种能在,从类上看,其中的能在是直接的能在,而必在和应在是间接的。必在是不主动接纳者,相反,它是主动给予者,它是一个不断走出自己的意志,并且始终预设了一个他者为前提,因为必在是非自身性的意志;它要预设某个东西为前提,以便能把自己给予这个东西。而在真正意义上来说,应在则是一个距离更远的能在。只有通过能在和必在,应在才能过渡到存在中。而既然在这个意义上,所有这三个概念都包含着一种能在,那也可以说,它们就是存在的全部潜能阶次。能在是存在的第一潜能阶次,或者说,如果我们以A来简单标识存在,那能在就是A^1,作为存在的第二潜能阶次,必在就是A^2,作为存在的第三潜能阶次,应在就是A^3。

在做了此番说明后,我现在要回到主题上来。我们现在可以把不作为这些潜能阶次中任何一个的永恒自由,用A^0来表达。但我们如何设定自由呢? 这个问题的基础在于质疑,我们是否能设定作为能够是这一切的能在者A^0。

所有这些我们都是直接以无根的方式设定的,我们只能自在地设定它们,也就是说,只能以它们"自在"地不能走出自身的方式设定它们,我们既无法独立自为地设定它们,也无法为某个他者之故设定它们,因为我们在这里讨论的,是彻彻底底的第一位的东西。若把这种情况用在描述永恒自由上,那么它作为A^0,就是纯然自在地存在,而非独立自为地存在,因为它并非独立自为地实存,而同样不是为某个他者之故而实存。然而它也并不会对对立面进行绝对的排斥,也就是说,在它那里不会有它不能也让自己不成为A^0的情况。如果说,永恒自由在这最初的面貌里,把自己呈现为能够是所有这些潜能阶次的能在者,那么它也不会排除对立面,也就是说,它有能够成为A^1、A^2和A^3的自由。这些潜能阶次较之于这个无潜能阶次者,就如同可以替换的义肢。

澄澈的自由之所以是澄澈的,不过是因为它不是任何一个个别潜能阶次。然而它也并不把自己能成为这些潜能阶次的可能性排除在外。倘若它真这么做了,倘若它既能是A^0也能是个别的潜能阶次,那么它的不可道出性的基础就在这一点上。它并不是A^1、A^2和A^3,也同样不是它们的对立面A^0,永恒自由是承荷着所有这些潜能阶次的自由;所以它不能被表达为这些潜能阶次中任何个别的一个。

但以我们现在所见,永恒自由或可被表达为,作为A^0的存在者和不作为A^0的存在者吗?是的,它的统一性恰恰就建立在这一点上,我们现在还不能从这种统一性中走出,还不能在一切对立中引出它自在的对立物。因为我们与之交道的,并非纯然个别的东西,并非A^1、A^2和A^3。在这里,绝对的A^0就是能在者和能-不在者,就此而言,作为绝对的A^0，它不需要任何自己之外的东西来补充自己。现在在这种情况下，进行着向内吸引活动的斗争，超越于向外排斥的斗争。我们在绝对的A^0中已经拥有全部潜能阶次，而A^0自身则又归属于"能在"这个潜能阶次的支配下，进而在这个意义上，是能在者和能-不在者的整体，在A^0中并没有发生任何吸引活动。A^0并非一个"二"或者"三"需预设为前提的"一"，相反，它既是Παv[全]，同时作为全也是Ἐv[一]。与其去吸引某物，不如说它现在拒斥着一切他者。我们之前讨论过那种质朴直接的能在，它吸引着能-非在。但A^0是已得完结的整体，并且把一切可能会在它之外被设想的东西都排除在外。——但也正以此方式，我们从那种不可道出性中走了出来，因为不可道出性就在于"不排除在外"。既然我们不能把在第一位上是A^0的永恒自由其所是地作为它自身设定，那么我们就把第二位的东西，把永恒自由设定在自身之外的东西——它会作为如其所是而自身存在着的永恒自由而存在——，用$+A$来刻画，而把第一位的东西用$-A^0$来刻画。因此，$-A^0$必定要把$+A^0$设定在自己之外。永恒自由首先仅仅是$-A^0$。我们就是在没有刻意去寻找它的情况下，以非任意的方式发现它是$-A^0$的。但现在必须设定$+A^0$。而$+A^0$和$-A^0$这两者，都不能彼此接纳对方。

第十八讲
1821年2月9日

我们现在已经有了如其所是地作为自身存在着的永恒自由的概念，我们也已经以$+A^0$来标识它，现在我们来进一步规定它。

这一规定目前只能由"并不作为自身而如其所是存在着的永恒自由"的对立面得出。作为自身而如其所是存在着的永恒自由，与并不作为自身而如其所是存在着的永恒自由间的区别在于：前者是处在现实中的一切，而后者是处在潜能中的一切。第一位的东西，$-A^0$是仅仅处在潜能中的一切，所以三个潜能阶次——A^1、A^2和A^3并没有现实地凸显出来，而是仅仅作为可能的而始终蕴藏在$-A^0$中，所以这三重潜能阶次的统一体也是一个纯然潜在的统一体。作为自身而如其所是存在着的永恒自由则与之相反，是处在现实中的一切，也就是说，这样的自由是1）切实处在现实中的能在者、应在者和必在者。2）它是这三者现实的统一体，因为在这个统一体中，这三者都处在现实的彼此分离明辨状态里。所以作为这种能让这三者得到现实分离明辨的统一体，这个统一体必然是现实的。所以我们现在也可以把两者间真正意义上的区别确立下来了：第一位的东西仅仅是处在非存在中的潜能阶次的统一体，就此而言，A^1、A^2和A^3在其中并没有现实地存在,所以这种统一体仅仅是A^0。而作为自身如其所是存在着的自由则是现实存在的那三个潜能阶次,确切说,是作为一而现实存在的那三者。这样的统一体的概念,就是作为A^0,作为澄澈自由的统一体,它现实地同时是能在者、应在者和必在者,它现实地作为这一切而存在着之际,也没有终止作为A^0存在。当我们说,永恒自由是一切,并仍始终保持为一,且反之亦然,在其中当然就包含矛盾。但这个矛盾只有在终点才会升起。"是一切且仍始终保持为一",这就是作为自身如其所是存在着的永恒自由的概念。

要进一步明确这个概念,还需要下面这几点:并不作为自身而如其所是存在着的永恒自由,作为统一体之所以仅仅是$-A^0$,是在于它并没有把潜能阶次相分离地呈现出来。它把各个统合起来,但这种统合并不处在它们的分离明辨状态里。所以它不过是被这些潜能阶次的可能性把持的永恒自由。但另一种自由,也就是作为自身如其所是存在着的自由,乃是在其分离明辨状态中统合着各潜能阶次的自由。它是在各潜能阶次彼此分离且外在的状态里,守持并维系着它们,因此也就是统合着它们的永恒自由。从这一点出发我们也能看到,如其所是的永恒自由必须是自行知识着自身的永恒自由。在绝对的分离明辨中,这种知识活动固然不可能,但它恰恰源自处在分离明辨中的统合,出自处在统合中的分离明辨。因此总的来看,知识活动的基础在于,处在统合中的潜能阶次分离明辨的可能性,或者反过来说也可。正因为知识活动的基础在这里,所以我们才有可能宣讲和学习科学。

我们还需要在细节上进一步来指明这个概念。现在,我们可以把三重潜能阶次视为开端、中点和终点。开端蕴含在能在者中,终点则蕴含在应在者中。既然$-A^0$能够是能在者和应在者,那么它也就在自身中拥有开端和终点,进而在这种关系中,完全可以把它称为绝对自由。它也可以被称为"永恒者",因为它是开端和终点,这就是永恒性的一个规定。但开端和终点在其中是彼此把对方吞没在自己之中的,两者是绝对的一。尽管开端和终点是两个东西,但这两者还不能被彼此区分开;倘若它们确确实实彼此区分开了,那么这个一也就在作为开端之际成了一个他者,并且在作为终点之计也成了一个他者。当开端和终点分离之际,永恒自由才现实地是开端和终点。在其原初境况里,开端和终点根本就不可能彼此分离。处在原初状态中的永恒自由,既不自知为开端,也不自知为终点。因为作为终点就意味着它是一个被排除出去的独立潜能阶次,它不再与开端是同一个东西,相反,开端应成为一个他者,终点也应成为一个他者。但作为自身而如其所是存在着的永恒自由的自然本性在于,能够成为一切,并在此间始终保持为这个"一",反过来说也一样,所以这样的永恒自由恰恰在自身中拥有开端和终点。但它的能力更在于,能够让开端和终点彼此外在分离的同时彼此维系。它不纯然是那个能是开端和终点的东西,相反,它在自身中现实地就已经是开端和终点,并且在它自身中,作为开端的东西就是作为终点的东西。它是一切,而它是一切的方式在于,它并不在是一切之际终止作为"一"而存在。它可以自诩说:我是阿尔法,我是欧米茄,我是开端,也是终点。

　　自知为开端和终点的东西,必定也是能够把自己彼此外在分立,但也保持着自身的东西,进而能在这种外在分立中重新把自己统合起来,否则它就会失落自己,并且也没有资格说"我是开端和终点"。从这一点出发就能看到,如果说并不作为自身而如其所是存在的永恒自由,并非真正的现实的自由,那么它也不是现实的永恒。也就是说,并不作为自身而如其所是存在着的自由并非永恒自身,而仅仅是时间,只不过是我把这样的时间设定为了永恒,关于这种意义上的时间必须得说,它之所以能算得上是"永恒",不过是因为它还没有真的拥有时间;这样的永恒完全可以用"圆"这个意象,或者用首尾相衔的蛇来表现。时间发生的基础在于,终点和开端分离在彼此之外;因此,这里所说的这种永恒,不过是一种表面上看起来的永恒。而那种可以自道"我是开端和终点"的永恒,并非纯然就是永恒者,而是将会成为永恒者的永恒者。这一点至关重要,我们将要在这一点上真正拿出决断和勇气,让"永恒"这个概念最终向我们交出它自己,但在其中也存在下面的矛盾:在是一切之际仍保持为一,反之亦然。对这个持续存在的矛盾的表达,就是精神。因为精神就是那个能够是一切,且在此间仍始终保持为一的东西,反之亦然。如果那个最初的统一体并非真正的永恒,那么它也不会是永不消逝的东西,这种永恒反倒是一个可以被消解的统一体。与之相对立的则是处在其不可消解性中的生命,即一种ζωη ακαταλυτος[不朽的生命]。只有在能在者尚不自知为能在者,进而也没有现实地把自己锁闭在一个存在中的情况下,最初的统一体才能持续存在。所以这个统一体的基础建立在"不意愿"上,一旦意愿突显,它也就终止是统一体了。而另一个统一体则与之相反,是凭着意愿而持存,因为它是现实活动着的统一体。

但这个现实活动着的,作为自身而如其所是存在着的自由是如何被设定的呢?要解答这个问题,首先需要强调下面这点:我们可以把现在所考察的这个纯然否定性的统一体,也就是$-A^0$再次消解掉,并为此把三重潜能阶次,也就是能在者、必在者和应在者设定下来,然而这种设定仅仅是把它们作为可能的,而非现实的来设定。我们确信,这个$-A^0$仅仅是名义上的,而不是有实在性的。因此,我们也可以把三重潜能阶次作为可能的而唤回。倘若这三重潜能阶次现在得到重建,那我们所拥有的就不再是一个纯然的二重性,而是一个四重体,它就像毕达哥拉斯主义者说的"四面体",也就是a) 能在者, b) 必在者和c) 应在者,以及d) 这三重潜能阶次现实活动着的统一体。然而我们也不可以认为,这个现实活动着的统一体在此就表现为第四个潜能阶次;它是一个断离在三重潜能阶次之外的东西,它是一个$+A^0$。——所以我们可以用下面的话回答上面的问题:这个现实活动着的自由是由潜在性,也就是由这三个潜能阶次的非现实性设定。因为只有三重潜能阶次中的任何一个都不是现实的,它们的绝对统一体才必将以此方式是现实的。对于这个绝对的统一体,我们不能把它视为那个纯然表面上的统一体,因为后者自身仍会复为潜在性的东西;它不是现实的统一体,只不过表面上看起来能是统一体。因此,在这里作为终极要求的现实统一体,只能被设定在纯然潜在性的统一体之外和之上。能在者、必在者和应在者的潜在性,以及表面上在这种意义上绝对的、已然锁闭的自成一体的统一体的情况就是如此,不可能再给它们"附加"上任何东西让它们变得"更多"。所以现实的统一体必须在前面这些之外和之上设定。在这里,也就发生了一种实实在在的排斥活动。因为"现实"绝不可能与"潜能"合而为一,并与之成为同一的。当然,我们已经看到了,能在者如何会把必在者吸引到自己这里,但这个能在者自己也不过是一个潜在性的东西。但我们在这里要讨论的是现实性的东西。而

"现实"只有在对"潜能"的排斥中才有其实存。不过我们在这里所指的，不是任何现实的、活动着的排斥活动。"如其所是地作为自身存在着的自由"这个概念，或者我们也可以换个说法，"最高者"这个概念仅仅产生自对一切潜在者的排斥活动中，并且作为一个绝不可能与潜在者相混同的概念存在。但恰恰因为对我们来说，这个概念仅仅是通过这种排斥活动产生的，所以我们不可以把潜在性的东西作为非必要的而扔到一边，相反，为了能攀升到最高者，它必须成为我们的阶梯。因为之所以存在一个最高者，恰恰是因为也同时存在一个较低者。作为最高者的这个统一体，乃是在与三重潜能阶次的对立中才是最高者。既然最高者只有在与潜在者的分离中才会可见，我们就需要把潜在者用为基底，以便能展开更高的东西。最高者之所以是最高者，是因为它被一切深渊般的东西排斥在外。而比深渊更深的东西，唯有凭着绝对的思想必然性才设定。我们不爱不可道出者，这是我们的天性，相反，我们爱的是能让自己被道出的东西。但那种潜在性的东西是不可能被道出的，因为它是能在者、必在者和应在者，所以倘若我们想要把这个潜在性的东西作为一个统一体道出，那这无疑是不可能的，因为这个潜在性的东西自身也是一个三重体。这是一个复名者，也就是古人所说的 Θεα πολυώνυμος；它是 παναιολος φυσις，即古人说的"斑斓的自然"，或者也可以说，是那种混杂为一团的、无常的、靠不住的自然，因为它总是一眨眼就成了某个别的东西。但我们并不喜欢这种不坚固和无常的东西；我们一开始想要设定的，毋宁是纯粹、澄澈的自然；而那个无常的自然，其实就存在于澄澈的自然里。但我们不能一开始就设定澄澈的自然。可我们竟是在真正的统一体的位置上，发现了这个潜在性的统一体，对这一点，我们切不可被吓到；所以我们也不要奇怪，我们竟从一开始就遭遇了这个表面上看起来的统一体，因为如果说，真正的统一体必定已经就是我们所要寻找的那个恰当的统一体，那么不恰当的、表面上看起来的统一体，也要以同样的必然性被设定。只有现实的、活动的统一体才会对我们而言呈现为先于一切存在者的东西，而非那个假的统一体，它之所以算得上是个"统一体"，不过在于它作为真正统一体的对立者是潜在的。唯有现实活动的统一体才是分立活动与聚合活动的统一体。而首先先行于一切存在者的那个现实活动着的存在者，正是神！

第十九讲

1821年2月14日

我们继续来讨论潜在的统一体与现实活动的统一体之间的关系。我们的出发点是：永恒自由是能在者，同时也是能不在者。然而这只是在我们看来的永恒自由，而非就它对自身而言的永恒自由，也就是说，这并非实际上的永恒自由。倘若永恒自由并非能在者，那它就会成为在能在者之外的一切他者，但这一点尚且只存在于可能性里。能在者是持续把一切排斥在外者，但也正因为这样，它同时是一切的孕育者。也就是说，作为A^1、A^2和A^3的永恒自由，是纯然的能在者。而在作为绝对统一体的A^0中，永恒自由是所有这些。它是一个单一的存在物，只不过对我们呈现出了三重形态而已，这就好比古人所说的Diva triformis[三面神]，或者更确切地说，更类似于那个古老的，但最初却是在罗马硬币上出现的自然的象征，也就是双面的雅努斯，这就好比月亮不断变化的双重面相总是作为未来之物的象征。我要说的是，永恒自由是"一"，但它也是这个同时是能在者和能不在者的统一体，它是彻彻底底的非存在者。在这里，统一体的裂隙出现了。因为如果非现实的统一体被设定，那么真正的、如其所是而自身存在着的统一体也必然会被设定。而后者则被我们规定为现实活动着的自由。这是一种我们无力再去消除的二重性。作为自身如其所是的自由，和并不作为自身而如其所是的自由，处在一种绝对排斥的关系中。在两个现实对立的事物之间，绝不存在一种绝对的排斥关系。绝对的排斥活动的基础在于，"一"当然不是"异"，但真正意义上的"一"，与那个其所是为"异"者，仍复为一。我左眼之"所是"就是我右眼之"所是"，这个"所是"乃是一而不是异，但在一种绝对的排斥活动那里，彼此排斥的事物之间没有任何一个能够经受这种绝对的排斥。这种绝对的排斥并不建立在"质"上，绝不建立在一个可以过渡为另一个上，比如冷可以转变为热，热可以转变为冷；但右绝不可能转变为左。现在我们来讨论两种统一体，一种是正当的，一种是非正当的。① 在毕达哥拉斯看来，潜在的统一体是Δυας[不定的二]，因为它并非它之所是。而现实活动着的、永远保持与自身同一的统一体，则被他称为Μονας[一]；他把自己这种意义上的Δυας也称为"左"，或者"枉"，而把Μονας称为"右"，或者"直"。因此，在现实活动着的统一体和潜在性的统一体之间的区别，恰恰就如同右与左之间的区别。

不过，在这两者之间也并没有发生任何事实性的排斥活动。肯定性的自由尽管并非作为自身如其所是存在着的自由，但也不是不作为自身如其所是存在着的自由（对比较解剖学有了解的人，大抵会比较容易明白这一点：在动物王国的序列里，左边的是心脏，但倘若追溯这个序列的先后关系就会发现，心脏原本不是在左边，而是在

---

① 在这里谢林用了一个德语里的双关，"右"和"正当"在德语里是同一个词Recht。——译者注

右边，因此在这个序列里，产生了一种"左"的持续性提升）。也就是说，后一种自由并没有把作为自身如其所是存在着的自由绝对地排斥到自己之外，相反，它仍仅仅在概念上排斥后者。但倘若两者以这种方式仍然持存不变，那么两者间的关系就只能这样来设想：自由并不作为处在同一个位置上的自身相同者而存在，而是一面作为隐匿者，一面作为显明者而存在。这两面并非每一个都是一个存在着的自由，相反，其中总有一个是另一个的他者，总有一个是主体，而另一个是客体。

但另一个东西，这个他者的主体是怎样的呢？第一位的统一体始终对我们保持为纯粹的能在并且不变，因此，它不可能成为客体性的东西，这个统一体就只是纯然地存在着。正因为它是一个如此空洞的东西，所以它需要填满。因此，它也始终保持为把作为客体的现实活动的统一体引向自己的吸引者。倘若我们回溯系动词（是）的意义，也能得出同样的结论。系动词（是）所意味的，正是一个纯粹、静息的"能"。只有在主体能够是某个他者的时候，系动词才会具有一种能够现实地自行进行道出的力量。

借由这一点我们或许就已经明确了，主体是能在，现实活动的统一体是客体。现在要做的是去证明，现实活动的东西之所以能是客体，正是在于潜在性之物是它的主体，是它的承载者和基底，这一点或许首先需要得到直接证明，接着也得进行间接证明。

现实活动的统一体是绝对的、无实体的精神；因为其所是为实体的东西，仅存在于潜在性之物中，而精神则要超越于潜在性之物。绝对精神就是绝对的无，因为它绝不是"某物"，也就是说，绝不可能成为个别之物。这个绝对的精神，恰恰就是一切"某物"的彻底对立者,也就是说,它绝不会作为"某物"存在。除了以下这种方式,这个东西不可能以其他方式存在:作为并非"某物"的某物,它能成为"某物"并非在于自己能成为"某物",而是仅仅在于能成为"某物"的主体。唯有以此方式,这个"绝对的汹涌不可名状者"才可能成为"某物"。

人们对此大抵会反驳道:绝对的自由是作为自身如其所是的主体,所以不可能是客体。我之所以要提这个反驳,只不过是因为它恰好也提供了一个进行间接证明的契机。绝对的主体现在当然被设定为客体;如此也是它应当存在的样子。因为一旦把绝对的自由设定为主体,设定为能在者,那么它也就恰恰因此处了深渊边上。因为倘若它过渡为现实的存在,它就不再是那个能够存在且能够不存在者,相反,在这种过渡中,绝对的主体是不再能存在且不存在者,也就是说,成了一个偶然之物。只有以下面的方式才能避免跌入这个深渊:"能在"需要已经得到了自己的"位置"。不过一旦要给它确立一个"位置",它当然就会在这种情况里始终被设定为客体。因为当原初主体过渡入存在,它必定会离开"能在"的位置,并且只有在这种离开中,现在被设定为非主体的主体,才切切实实作为主体登场了,只不过现在它是作为存在者出现在主体的位置上,而不再纯然作为能在者了。原初主体之前是能在者,或者说是非存在者,因此它之前能但现在不能纯然处在向存在过渡的潜能中。第二位的主体则已经作为存在者而出现了,进而也已经作为存在者过渡到了存在中,所以也只有它才首先是现实活动的自由,即具有现实的自由。

运动的必然性就以这样的方式首次呈现在了我们面前,同时呈现的,还有扬弃迄今被设定的那个统一体的必然性,因为"正当的右"到目前为止还被设定为"非正当的非右"。

所以情况是这样的：潜在性的统一体之所以实存，仅仅是为了把现实活动的统一体与偶然之物的深渊隔绝开。潜在性的自由之所以实存，也仅仅是为了能确证和提升神，为了能让自由作为如其所是地自身存在着的自由去存在。可是，为什么自然在此实存的目的，就是为了去进行这种隔绝呢？为什么那个是自然的东西——自然，和那个是神的东西——神，两者在这里自在地是同一个东西呢？这两个问题问的不是别的，正是相当于问：为什么"左"是"左"而"右"是"右"？所以这种问题根本就没有道理。这么问问题，根本就是要流氓。神并不出于一些特殊的理由或者根据是神，相反，神之所以是神，恰恰是基于某种"实定法（jure positivo）"。人类对于"实定法"有多久的信仰，上面这个观点的历史就有多久，在最古老的希腊悲剧里，也可以找到这一观点的回响；因为一切有限者的悲哀就在于，自在地看，有限者之所是也是无限者之所是，两者是相同者，但有限者注定无法成为无限者，反而注定只能成为有限者。"成为无限者"注定仅仅存在于潜能中。

第二十讲

1821年2月15日

现在首先要做的，是对"更高"和"更低"这两个概念做一番一般性讨论，它们之间的关系常常被人们想反了。——没有任何东西自在地就是一个更高者，相反，一个更高者之所以是更高者，仅仅在于它被提高了，也就是说，仅仅在于这里存在一个正在提升者。万物从其自然本性出发都力求朝向低处，直达深渊，自在地看，一切都是深渊，因为一切原本就是主体。"存在"其实是主体的后来者，进而在与主体的关系中表现为谓词。一切都临于深渊而在，否则就不会有一个别样的东西，一个他者把一切提升到此深渊之上了。就此而言，更高者总要把更低者预设为前提。但是"预设为前提"并不意味着把这个前提设定得超越或者高出自己。更高者始终都是"优越的"，而更低者则是"在先的"。热要以它加热通红的那个物体为前提，尽管如此，热还是更高者；统帅要以众士兵为前提，但毋庸置疑，统帅是更高者。但既然自在地看，原本无物是更低者，所以万物都必须得到一个许可，即自身原本就能够在更高的位置上存在。但正因为无物没有一个在自己之先、让自己能够相对于它而"存在着"的东西，所以只有二选一：要么万物保持为非存在，要么作为自身如其所是地过渡到存在中，进而被存在把持在其中，因此也就必须去存在了。但是，那个被规定必须始终保持为永恒自由的东西，必须被阻止成为能在，因此它必须作为非主体才能得到设定。以这种方式，它才能避免被倾覆，如此方能作为主体被设定，因为这样一来，它就已经作为一个存在出现了，所以不需要再去接纳任何存在。因此在这里，绝对不再可能发生从存在过渡到非存在，从主体过渡到客体的情况。

我们现在已经拥有了绝对的主体，即作为主体的永恒自由，但我们也拥有作为客体的它。因为不管怎么说，它都必须以此方式存在；因为为了能始终保持为绝对主体，主体必须被阻止成为能在，因此必须被设定为客体，以便在作为客体、作为存在之际，能够过渡到主体中。但如果我们离开这一指向未来的关系，回转到当下的存在关系上，那就会出现这样的问题：现在潜在性之物是否作为潜在性之物，现实性之物是否作为现实性之物得到了设定，也就是说，现在两者是否已经有所区分地得到了设定？没有！潜在性之物现在就是现实性之物，两者之间不存在任何相互排斥的活动，所以现在还没有出现仿佛其中一个根本不可能是另一个的情况。在这种情况里，现实性之物没有能力把潜在性之物从自己之中推出去，而是只能把它承荷在自己身上。现实性之物在此没有与潜在性之物分离。潜在性之物就是现实性之物，两者都彻底失落在了相同者中。现实性之物是存在者，潜在性之物是非存在者，是在现实性之物中的被遮蔽者。

不过，潜在性之物与现实性之物是我们自己要面对的最后的对立了。如果能够表明，两者处在全然对彼此漠然无殊的状态里，并且如果在迷宫的尽头——我们一直都走在这条迷宫里，我们一直在向着把对立稳固地设定下来并再次扬弃它而努力，这每一次的设定和扬弃构成了我们每一次的出发点，直到走向这个绝对的漠然无殊——我们之前确实已经看到这种状态，那这个最终的张力，也会自行去扬弃自己。澄澈的自由会再度刺破它的原初统一性并从中绽放，在这个原初的统一性中，一切对立都消没无踪。如果说根据所有这些说法，一切思想的劳作都会在绝对自由那里消失无踪，那么为了让我们得出下面能对整体给出开解的结论，这些劳作无论如何都是必要的！

很明显，既然一切思想都会在永恒自由原初的澄澈那里搁浅，因为这个永恒的自由不是对象，而是我们思想的起点。我们设定永恒自由，是为了即刻就从它那里离开。倘若我们离它太近，那我们就无法通达它，只有当我们远离了它，它才会变得可把握。对我们来说，永恒自由并非是曾经存在着的，相反，它是永恒的过去，是某种我们在思想中必须即刻转离的东西。我们根本上也不可能通过思想逗留在它那里，它总是已经从我们这里悄然走过。永恒自由的过去就是我们最古老的思想。我们绝不可能设想，它曾经是存在着的。永恒自由就是不可思者，是没人能够设想曾经哪怕在任何一个时候存在着的东西，相反，它永恒地就已然作为曾在的东西了。它之所以永恒，在于它就是过去之物，它之所以能被设定，仅仅是为了随即又被扬弃。除了某种从一开始就立即被设定为过去的东西，难道还可能存在另一个开端吗？永恒自由曾经就存在于一切思想之先，但这不过是为了随即就被设定为过去，只有因为这一点，永恒自由才是第一位的。这种意义上的"过去"概念虽然在庸碌之辈那里从来没有如此清晰地出现过，不过我们还是可以在这些普遍的平庸之语里找到它的吉光片羽。比如每个人都知道"从永恒而来的东西"这句谚语。这句话的意思，完全不同于我说"某物是永恒的"。对"永恒"这个词，大抵可以区分三种日常用法。1）通常是纯然形式上的用法，比如"永恒真理"，这是指一种纯然理性上的永恒。2）另一种是人格意义上的，或者生命上的永恒，比如"神是永恒的"，这说的是神在他自身中是开端和终点。不过还有另一种用法，3）就存在而言的永恒。我们正是在这种意义上说"神自永恒以来存在"，也就是说，神的存在与永恒一样持久。但这里的永恒并非一种仿佛首先已经注定要完结的时间。不过，我们还是得为时间预设某种作为起点的东西，而这个东西只可能是一个永恒的过去。因为根本就不存在没有"过去"的永恒。

所以结论就是：永恒自由绝不可能被设定为当下的；它只能被设想为一个永恒的过去。正因为如此，我们就要以此方式盯紧绝对统一体的自身扬弃所呈现出来的过程，对此我们应该知道，我们不可能阻滞这个过程。

然而我们在此探究中往前再迈一步以前，对这里多次谈到的"存在"概念做一番一般性的讨论或许也不无助益。我们对"存在"有许多不同的表达：此在（Dasein）、现实（Wirklichkeit）、实存（Existenz）。但所有这些所表达的，并非存在的同一种样态。通过能在而获得存在的东西，就表现为一个仅仅通过能在而存在的存在者。必在者则表现为一个无法停驻的一直在向存在过渡的东西，它就像无法克制、守持在自己身上的爱，总是会泛滥和满溢。应在者则绝不会由于自己的运动出现在存在中，而是在能在者和必在者已经出现在存在中的时候，它才会出现。而这一点向我们指明了，能在者就对应于此在，也就是对应于并非被意愿的存在，它就是这样总是已经先行存在了。必在者则是澄澈的现实。应在者是离中心最远者，它就是实存者；"实存"这个词已经表明了，它与希腊词εξισταμαι的亲缘性，这样一来，"实存"也就与εκστασις[绽出]相对应，同样，能在者，也就与此在，即与ενστασις相对应。可是所有这三重"能"的统一体如何能被称为神呢？这三重"能"的统一体，恰恰是存在者自身，也就是希腊哲学家所说的το ον，亦即那个不系于存在的一切形式的东西。

第二十一讲

1821年2月19日

永恒自由只能被设定为纯粹的"能"。为了有一个开端,我们把它设定为一个纯粹的纯然之"能"。尽管在此设定中,我们必须无视存在的可能性,但我们还是不得不重拾这个被搁置的存在。如果只有通过避开存在,才能把永恒自由设定为纯粹澄澈的"能",那我们这么做也只不过是为了有一个开端。这个澄澈的"能"自身并不会去思及它的存在,也不会依它的存在去思,它自在地拥有存在,但不会主动地从这个存在出发去获得什么。它自发产生的任何活动都绝不出自它的存在,对自己的存在它完全漠然。所以在这里,我们讨论的根本就不是那个从A出发展开的第一种情况A=A,因为在A=A中,A是作为"某物"被设想的。

如果我们以这种方式把澄澈之"能"中的存在视为某个无可思及其上,亦无可所依而思的东西,那就得承认,在它之中也有着把存在从中抽出并呈现自己的可能性,这样一来或许就有人会问:为什么这个存在不从一开始就已经走出了呢?之所以如此是因为,如若不然就不会有开端,也不会有起点了。唯有如此,一个开端才是可能的。我们不能说:这个澄澈的"能"必须始终保持为纯然的"能",因为必须要有一个开端，我们也不能说，它必须如此保持不变是因为必须有一个根据。在这种境况里，它并不表现为一个以某种方式被根据奠基的东西，相反，它必须自身就是根据。但这个根据必须以无根据的方式被设定。确实我们并不能在真正意义上说，"这个澄澈的能是被设定的"，因为它是那个在我们的全部设定活动之前就已被设定的，它自行设定了自己，它就是那个自行设定着自身的根据。如果对于这个第一位的东西，或者说对于这个澄澈的"能"，我们可以说"它自行设定了自身"，那么其中的意思，跟我们说某个东西"自行构造了自己"是一样的。一个东西自行构造了自身，这就意味着，它在没有我们的行为参与的情况下，或者说在没有任何特别行动的情况下就自行构造了自身。

所以这一点的结论就是：永恒自由只能被设定为纯粹的"能"，尽管我们在这里暂时没有去理会这个"能"在未来走出这种状态的可能性，但我们仍然必须对此保有意识，这种可能性终会爆发出来。

这个"能"乃是纯粹澄澈的"能"，而它的这个存在也是属于这个"能"的本己的存在，它不同于那种并非属于这个"能"的本己存在的存在，我们接下来就来考察这种存在。

因为第一位的东西始终保持为纯然澄澈的"能"，所以对我们来说，它始终保持为澄澈的欲求者，保持为对存在的饥渴。作为纯然的"能"，它是一种无限的空洞，因此它也欲求一个无限的存在。而唯有一个无限的存在，才能够匹配这个无限的"能"。永恒自由原本就是澄澈的"能"和澄澈的存在，但我们不能从一开始就即刻把它设定为全部这些。它从一开始首先只能被设定为纯粹的"能"，随即才出现也要被设定为澄澈的存在的必然性。在这里，在澄澈的"能"和澄澈的存在之间发生了一种交互关系。倘若澄澈的"能"没有先行预设，那澄澈的存在也不可能设定。自在地看，没有任何东西是纯然的存在。我们称为"存在"的，就是绝对主体自身，但这个绝对的主体是被客观设定的。没有任何东西能一开始就被客观地设定，相反，它必须首先被设定为主体。也就是说，倘若纯然的"能"没有被预设在先，那就没有任何东西会被设定，因为存在是否定性的，而"能"则是肯定性的。所以由此得出的直接结论就是，绝对主体先要被设定为澄澈的"能"，然后再被设定为澄澈的存在。但这个存在自由于一切"能"，正如澄澈的"能"也自由于一切存在。这个抛弃了一切"能"的纯粹存在，也处在一种"绽出"的状态中。因此在澄澈的"能"被设定为主体之际，澄澈的存在也就被设定为客体了。

因此总的来看，两者间的关系就是：1）两者中的任何一个都仅仅以相对立的方式是另一个。任何一方都从一开始就自由于它自身，也都不具有任何与自身的关联，任何一方都以同样的方式被设定在自身之外，进而也都由于并非客体——所谓有一个客体，就意味着对自身的一种"谴责"——而仅仅与存在关联。澄澈的也同样如此，因为它并非主体，并非它自身的"自身"，唯有澄澈的"能"才是它的"自身"。2）恰恰在两者的这种非对称性中存在着宏大的对称性。也恰恰由于两者处在最高的对立中，所以由于这种非对称性，两者又是等同且对称的，因为两者都具有等同的澄澈性——它们都是无限的存在，是未经杂染的存在和"能"。3）唯有在此纯粹的对立中，唯有两者完满地彼此对立，它们才可能彼此接纳。之所以无限的存在能够接受主体，恰恰是因为主体对它自己而言是无限的"能"。在此要注意的是，所有这些关系的发生都还处在预设下，在澄澈的"能"中始终掩藏着绝对的存在，正因为这个澄澈的"能"缺乏任何本己的存在，所以它只是"基底"，也就是让另一个东西相对于它而言作为"某物"存在。"饥饿的人是有福的"，或者按照《圣经》的说法："那些因精神（圣灵）而自感贫乏的是有福的。"在彻底的"纯然如此"状态中，在对本己存在的彻底缺乏中，蕴含着澄澈的"能"借以把存在吸引到自己身上的力量。刚刚所引的《圣经》中的句子得在这个意义上理解。刚刚所说的τῳ πνευματι[因圣灵]这句话应如此理解：那些脱弃并献出了自身性，使得精神（圣灵）能够得到把握的人是有福的。

我们也能从这一点出发去考察柏拉图说的那个美妙神话：爱是贫乏和丰溢的孩子。在纯粹的"能"中，这种合于其自然本性的对爱的保持，乃是持续不断的渴念的煎熬，这是一种忍耐着的保持，也是一种安静的、在内心中熊熊燃烧的火焰般的炽热。这是永恒的魔咒，永恒的力量，是与时间中的开端相对立的永恒内在开端。在澄澈的"能"中存在着永恒的内在开端，因为开端不纯然只存在于流逝或者散逸里，也存在于收缩或者说吸引中（在另一则笔记中，这里的"开端"写成"吸引"——[编者注]）。

之所以如此，正是因为澄澈的"能"自行意愿自身，而澄澈的存在则必须把自己交给它。澄澈的存在是彻彻底底不能主动去拒绝的，它必须把自己交给澄澈的"能"，它仿佛为澄澈的"能"而痴迷。两者彼此处在一种全然的自身放弃中。"能"把自己放弃是为了存在，而存在把自己放弃是为了"能"。所以这里并非两个不同的存在者，而是同一个存在者的两重面向。构造出某个特殊的独立自为A=A的，既不是其中一个也不是另一个，唯有两者的共在才构成存在者，或者说A=A。也可以说，澄澈的"能"是澄澈存在的曾在者（Wesende，来自古老的动词曾在[wesen]），它因迷狂而丧失在了存在里，它已经把自己扬弃在了存在中，反之亦然。两者彼此融化到对方之中，成了一个独一的存在物，进而产生出了存在者。其中一方由于另一方而自由于自身，正如爱能够让一个存在物自由。谁若有了自己的所爱，谁就会自由于自身，就会被设定在自己之外，就会摆脱一切对自身的审视和反思。在这种彻底的交融中，两者首次共同呈现出了存在者，确切说，是处在其澄澈状态中的存在者。存在者之所是，就是彻彻底底的"能"和存在。所谓存在者，就是澄澈的"能"，是处在一之中的澄澈的存在与"能"。

第二十二讲

1821年2月12日

我们的目标是,为整体集中构造出一幅边界清晰的图景,让它必然能得到把握,所以或许会有所欠缺,但绝不可以走错路。我们现在继续前进。

第一位的东西,或者说最内在的东西,就是一切存在的永恒内在开端,它并非已然存在着的存在者,或者说也不是某个具有了一个存在的东西,而是存在的力量——澄澈的"能",也就是我们之前称为"能在"的那个东西。但澄澈的"能"自身仅仅是就可能性而言才是能在,因为澄澈的"能"也会把一个同样澄澈的存在吸引到自己身上,而进行这个吸引的澄澈的"能"就是第二潜能阶次。这种吸引并非一个在时间中发生的行为,而是一种直接、绝对、魔法一般的吸引活动。澄澈的存在若无澄澈的"能"就不可能持存;这是一种始终已经发生且永恒的被吸引状态。既然A,也就是澄澈的"能",和A,也就是澄澈的存在是同一个东西,那么这种吸引活动,也就是A最初且永恒的走向自己的活动。对此我们也可以用一种更简洁的表达:澄澈的存在——我们现在这么来称呼它,而不是用之前的"必在"——,已经表达出了一种对存在的倾向。澄澈的存在,就是那个倘若过渡到进入存在的可能性中时，不可能不存在，而是必然存在的东西。

澄澈的"能"不可能有任何一个瞬间以别样的方式存在，除非作为澄澈存在的主体。

不过在讨论这个命题以前，下面这几点还是要先提一提：即便澄澈的存在也并非某种现实之物，相反，它始终保持着与现实之物的对立，进而只有一种处在潜能中的存在。澄澈的"能"则仅仅是被设定在潜能中的偶然存在者，进而澄澈的存在也恰恰同样是必在，或者说现实存在者的潜能阶次。

现在我们就可以往前一步并且说，澄澈的存在仅仅是澄澈的"能"的主体，所以我们所有的一直都是一个"一"，它内在地是"能"且外在地是存在，而这就是存在者的概念，也就是说，这就是那个同时是彻底之"能"和彻底之"存在"的东西的概念。但是1）这种二重性似乎仅仅在呈现存在者，而不能让存在者存在。因为即便说"能"仍能够转化为一个存在，这也只是就它有这种可能性来说的。2）如果说，存在者的概念完全建立在它是彻底的"能"和彻底的"存在"上，那么这也并不意味着，真实的存在者就会像澄澈的"能"和澄澈的"存在"一样是"一"。澄澈的"能"是一个潜能阶次，澄澈的存在也必须作为潜能阶次存在，进而作为自身而如其所是地是主体且是客体。既然澄澈的存在并不"存在"，那么这里说的并非由二而来的一，也并非某个单一的潜能阶次。

要注意的是：也可能存在这样一个存在者，它并非整全的"能"和整全的存在，这个存在者是偶然的存在者，是由于自身而驳杂浑浊的存在者。

因此，这种二重性尽管也等同于统一性，但最多只能算作对存在者的呈现。

但既然绝对的A同时被设定为澄澈的"能"和澄澈的存在，所以它也必须在一个第三重的形态中被设定为无差别，当它是存在和"能"的无差别时，它必定也是作为能在被设定的。我们之前把能在叫作第一位的东西，但我们发现，第一位的仅仅是这样的一个能在者：它仅仅能够存在，而不应存在，也就是说，它是非本真的能在。那个在现实地向存在的过渡中终止作为能在而在的那个能在，不可能是真正的能在，而是偶然的存在者。真正意义上的能在，唯有那个即便在现实的存在中也仍保持为能在的那个能在。下面这点或可作为例子帮助理解：我们假设"存在"有两个极端情况，其一是处在其无力状态中，在这种情况下，"存在"纯然作为素材，而非作为物体；其二则是作为人类的精神。物质把它的"能"耗尽在了它的存在中，这是一种已然在存在中耗尽了的能。所以我们把物质叫作"僵死的"；但生命并非基于存在，而是基于与存在为一的"能"，也就是基于能在。一切生机都建立在"能"和存在的同一性上，或者说，建立在能在上。人类精神则与之相反，它是永恒存在中永恒的动荡，是一个永恒的他者，一种永恒的"能"，但它仍始终与存在是相同者。因此，物质曾经原本就是一种能在——能在则是不应存在的东西——，或者说，物质不过是仅仅得到了"应当"之许可的能在。人类精神也是一种能在，但一种能在为了能够存在，也仍是一种处在存在中的能在。

我们将之刻画为第三重能在的东西也是如此。它当然也还只是潜能阶次。但之前已经说过，第三重能在既非纯然的"能"，也非纯然的存在，更非同时是"能"和存在，而是一个同时是主体和客体，并且两者为一的单一体。这里产生的这个矛盾把这个第三重能在提升为了精神性的、自由的原初意识。

或许表面上看起来，这个第三者就是存在者，就是A自身。然而并非如此。因为1）绝对的A自在地并非"能"和存在的纯然无差别，相反，它是差别与无差别的无差别，也就是说，它既是"一"，也是作为"异"的他者。2）这个第三者甚至并非自在地就是无差别，而是只有在那个作为澄澈的"能"和存在被设定的同一性已然得到预设之际，它才是无差别。正如已经说过的，无差别仅仅作为被排斥在外的第三者存在，而非自在地就存在。我们不能把第三者叫作存在者，唯有这三者共同在一起的时候，我们才可以称它们为存在者，而非仅仅是第三潜能阶次。我们不可以把这个无差别，这个第三者单独拎出来，也就是说，它不可能独立自为地存在；所以它也就3）不能把自己从前两重潜能阶次中抽离出来，进而把自己作为殊异者专门呈现出来。

776

既然我们不能把这个第三者称为存在，那么我们只好把它称为实存者，称为距存在最近的"能"。

我们可以说：前两个第一位的东西是二重性，第三者是统一体。但这个二重性与统一体是等同的，所以统一体不可能在没有二重性的情况下存在，二重性也不可能在没有统一体的情况下存在。它们是不可拆解的一。作为第三者的能在，不再是纯粹的A，而是A=A，它乃是作为主体和客体间的动荡者，作为其间的摆荡者而存在。作为如此这般的能在者，它也就不再是质朴直接的A了，而是双重化了的A=A，而这双重的A又复归为一。现在，我们有了边缘也有了直径,但两者中的任何一方在另一方中都是一体。

现在我们既然已经找到了这个关系,那么表面上很可能看起来就是,这三者共同地是A。尽管情况确实如此;但它们如何共同地是A呢?——三者共同呈现出了存在者,但这仅仅是纯然处在潜能中的存在者,因为我们所拥有的只是作为"能",作为存在和作为两者无差别的A。——然而在我们这样拥有了这个A之后,A作为自身如其所是地得到设定的可能性现在才首次出现了——而这就是那个自古以来就促动着哲学,在今天以及今后仍将促动着哲学的关键点。

第二十三讲
1821年2月23日

所以，绝对的主体A=A始终是同一个东西，它在第一个潜能阶次里被设定为澄澈的"能"，在第二个里被设定为澄澈的存在，在第三个里则被设定为澄澈的能在。如果我们现在把绝对的主体标识为A，那么我们可以把第一个潜能阶次，即澄澈的"能"标识为-A，因为这个减号所表达的，正是这个潜能阶次既非存在者也非存在，相反，它是对存在的纯然吸引力，或者毋宁说，正因为它是对存在的吸引力，所以它是否定性的，因为一切否定就在于吸引，或者也正如早先的一位精敏的作家所说：一切"不"都源自"进入"。-A是一个空洞，一种啃噬着自身的自在的饥渴。对于澄澈的存在，我们则可以用+A标识；至于澄澈的能在，则用±A标识。它们共同的整体是同一个A，也就是源自自身，或者说从自身出发，通过自身，并走进自身的A。它是一，但它自身也同时是开端、中点和终点。但我们不可以把这个从"能"到存在、再从存在进入能在的演进过程，设想为一个僵死的、停滞不前的"公式"，而是要把它设想为一个始终在向前进展的运动，一个始终正在开端也正在终结的运动，一种有着无限速度的轮转，在其中无法区分开端和终点，正如我们也可以把数学上的点看作有着无限速度的轮转。在这个运动里，永恒地从自身出发，且同样永恒地终结在自身之中的乃是同一个东西。这个形式与绝对的A自身一样永恒，它也并不是由于绝对的A的某个特殊活动产生在时间中。绝对的A永恒地就已然存在于这个形式中，这个形式就是我们最初最古老的思想。我们唯有在这个形式里才对绝对的A有所知识。或许现在可以说：是存在者的那个东西，正是这个整体，这个绝对的A自身。在某种意义上，情况确实如此。因为除了绝对的A，没有任何其他东西在这三重潜能阶次中设定；但绝对的A在其中又作为−A、+A、±A被设定，可就是没有作为A被设定，在这里只有Instar ejus[它的形象]，但没有它自身。但在绝对的A被设定为澄澈的存在、澄澈的"能"和澄澈的能在以后，它才首次获得能被设定为纯粹且绝对的A的可能性。因为倘若我们拿掉这些潜能阶次，我们就会再次在纯然的绝对的A那里止步不前，而我们之前就是从它出发的，如果真这么做，那除了不得不再次从头开始，我们什么都赢得不到。

"绝对的A现在作为自身如其所是地得到了设定"，这话的意思就是：绝对的A不再作为纯然的"能"、纯然的存在或者纯然的能在被设定，而是作为所有这些而存在着的存在者被设定，也就是逻辑意义上的id quod est haec omnia[是其所是者]。它现在是作为ens[存在者]、作为所有这些潜能阶次的本质统一体被设定。如果说，一旦澄澈的"能"、存在和两者的无差别被设定，就会有一个第四位的A补充进来，那么这个A就不再可能是三者中的任何一个，相反，它除了就是那个这全部三者的纯然存在者以外，不可能还有什么其他存在方式。

但我们现在遇到的问题是：现在这个作为自身如其所是地得到

设定的绝对的A,与三个潜能阶次之间关系为何?

科学中最高的要求是,这个绝对的A,这个主观的或者说逻辑上存在的东西,也要客观地存在。在这个意义上,A=A这个公式当然就是一切科学的最高法则。

这个一般性的讨论用在眼下这个情形里,就会产生下面的结论:绝对的A,从它存在的第一个瞬间开始,就不单单只是关于所有这三重潜能阶次的概念统一体和本质统一体,相反,它就是所有这些潜能阶次自身,或者说,是所有这些潜能阶次的Ens[存在者],是它们的本质。它是现实的"能"、现实的存在和现实的无差别,是它们的概念统一体。

从主体着眼来看,刚刚说出的这一要求也是一样的意思:这个概念统一体也应当是客观的,否则就会产生一个重言的,也就是什么都没说的命题。

这个命题的意义也可以这样来看:A,作为三重潜能阶次的概念统一体,应当客观地也是这三者自身,而得到了完满展开的A=A因此也就意味着A=A就等同于−A、+A和±A。不过这三者仍需再次统合作为A^0。

如果我们现在从设定绝对主体出发,那我们首先也是在公式A=A中设定它。在这里,当然也就存在一种本质和存在的差别。然而这个差别会在进展过程中自行抚平。因为一旦差别被设定,那么+A和±A也会被设定。正如当它们被直接设定,这三者也会在它们的三重性中毫无折损地被设定为统一体,进而公式A=A在展开过程中出现的要求,也就会通过这三者切实得到满足。

对于我们所寻求的东西,也就是有其明确意义的A=A,现在已

779

经把握到了：它已经通过三重潜能阶次，也就是通过客观的环节，通过存在与本质的同一性而成了一个"一"。所以客观的环节是通过公式A=A的三重潜能阶次给予我们，倘若要在此之外也追加第三个公式来表达主观上的A，那我们还是一样会马上就获得整全的公式A=A。从这一点出发也就最为明确地澄清了，主观上设定的A与那三重原初潜能阶次的关系。这些原初潜能阶次把自己呈现为绝对的A的存在，它们是对存在者而言的存在，倘若A是绝对的主体，这些原初的潜能阶次就是绝对的客体。倘若我们现在对这个统一体做更详细的考察，那有两个值得注意的点就很快会呼之欲出：1）到目前为止，绝对主体的存在仍仅仅是个偶然者；因为主体建立在与客体的一体存在上，而客体的这个一体存在则建立在潜能阶次的统一体上。正是因为这些潜能阶次彼此共同呈现出了一个统一体，所以它们也是绝对主体之存在的潜能阶次。唯有在它们的统一体中，这些潜能阶次才是绝对主体的存在，一旦这些潜能阶次分裂四散，它们也就不再能呈现这个存在了。但潜能阶次的这个统一体也并非是一个不可消解的统一体，相反，这是一个可消解和可撕裂的统一体，之所以如此，不过是因为这个统一体的存在仅仅是一个偶然的存在。2）倘若没有在着眼于绝对的A之际，在概念中去否定一些东西，那我们也无法设定这个统一体。也就是说，绝对的A仅仅被设定为这三者的概念统一体；然而倘若绝对的A能作为自身如其所是地得到设定，那就得在把它视为个别者或者个体之物的时候，否定各潜能阶次。但这样的绝对的A只能以相对的方式被否定而得，因为绝对的A还是自在地具有作为个别环节的各潜能阶次。也就是说，在这里仍存在某种潜在性的东西，也就是那三重在此不进入言说的潜能阶次，因为它们作为原初潜能阶次总是已然先行存在了。为了让这一点更加明晰，我们在此还要强调：就其每一个环节来看，在这一整个统一体里，有某个东西必定始终在被否定。因为每一个环节独立自为地看都是A^0，每一个环节只有相对于另一个环节才相对地存在，但另一个环节之所是，也是这个环节自身之所是。所以倘若没有从A之中否定它的存在和"能"处在"选言"的状态中，我们就不能把A设定为-A，倘若没有从绝对的A中否定它被个别地看作-A、+A和±A，我们也不可能进行这种设定。所以这个绝对主体在统一体中的状态并非绝对和彻底自由的，而是有所束缚。也就是说，在绝对主体中，总是有某物，有它的个别潜能阶次潜在地被设定。正如澄澈的"能"迷狂而自失在澄澈的存在中，反之亦然，我们同样可以说：绝对的主体迷狂自失在了绝对的客体中，反之亦然，两者都不思及自身，也不依于自身而思，这两个环节中的每一个都会倾献自己的本己存在，以便能够产生出整体。绝对的A或者绝对的主体并不思及它的某个个别潜能阶次，也不依于它而思，这些潜能阶次仿佛被埋葬在潜在状态的寂静中，绝对的A始终保持为这些潜能阶次的纯粹本质统一体，保持为绝对的主体。那么难道现在，这个绝对的主体没有可能自由于这些潜能阶次吗？于是就产生了一个问题：倘若如此，这个绝对主体现在会显现为什么呢？倘若这个绝对的A在其本己的存在中凸显，那么它的个别潜能阶次也会一并绽脱呈现，如此一来，这个绝对的A也就单单独立自为存在了，现在存在的，就是它与这些潜能阶次共同聚合而成的东西，如此一来也就产生了下面的问题：这里存在的A=A和之前的A=A之间的关系为何？仍在自身中把握着原初潜能阶次的又是哪一个呢？我们现在所处的位置，就是聚合迄今所有讨论的最高可能性的点。这个关系是下面这样的：在之前那个A=A中，整体的每一个环节都处在非任意状态中，它们都无意愿地存在着，在这个A=A里，每一个环节存在于整体中的方式，反倒跟绝对的A已然所处的方式相同，也与它同样并不会思及它是A=A，也不依此而思，进而已经从一开始就在不断放弃着自己的每一个个别潜能阶次时的情况相同。那问题来了，当绝对的A已经在其本己的存在中凸显之际，它的情况又是如何的呢？那个从一开始就存在于三重潜能阶次中的，会再次成为绝对的A，但是眼下的这个统一体和之前的那个统一体——在其中绝对的A在我们面前呈现为一个单一的环节——的巨大区别在于，在前一个统一体中，各潜能阶次能够过渡到一个本己的存在中，也就是能够终止继续作为潜在的潜能阶次存在。而就绝对的A的各潜能阶次而言，眼下的这个统一体根本不再可能是前面那种情形：在其中，各潜能阶次不再能过渡到存在里，因为空间已经由原初潜能阶次占据了。这个潜能阶次的三重体就是这种彻底有所差别、有所区分的存在的根由，绝对的A的这些潜能阶次不能过渡到存在中，它们必须保持为潜能阶次，也就是说，纯粹精神性地存在。

所以我们现在不可以问，我们为什么之前是以这些个别潜能阶次开始的——因为这些个别的潜能阶次确实向来早已能够在其本己的存在中凸显了，进而当绝对的A在其本己的存在中凸显之际，个别的潜能阶次必然也会再次得到设定。倘若绝对主体自身本来就具有的各潜能阶次没有过渡到存在中，那么绝对的A就只可能是存在、"能"和两者的无差别。因此在这种情况下可以说，前一个统一体是全然离散的，开端、中点和终点在其中都彼此被撕裂在外。然而绝对主体终会作为开端、中点和终点的"一"存在；所以这三重潜能阶次当然也会现实存在，但它们只会在统一体中现实存在，反过来也可以说，统一体也会在三重潜能阶次的现实性中存在。绝对的主体将会在分裂中统合维系三重潜能阶次，也会在统合中保持它们的彼此外在分裂，绝对的主体将成为绝对精神性的主体，成为真正意义上的精神。而这样的绝对主体也就正如之前已经指明的，是现实活动的统一体的概念。

这样一来，我们仍可以在最后问这样一个问题：在其原初统一体中绝对的A，与它自己的存在关系为何呢？我们必须如此回答：在这个情况里，绝对主体没有相对于这一存在的自由，也没有相对于它的权能。绝对主体并不能通过自身的活动，把它处在其中的各潜能阶次给扬弃掉；因为倘若它能够如此，那它必定也能够扬弃自己的本己存在，而它本己的存在，就建立在这些盘根错节的潜能阶次上。也就是说，绝对主体没有任何对自己的存在的权能，因为绝对主体的存在是一个不可能为任何东西而存在的存在。因为它并非一个自身被吸引而得的存在，相反，这个存在是自行为自身构造形式的存在。这个形式就是永恒的联结、永恒的魔咒，它始终不断地从自身中涌出，始终不断地自行构造自身，但这种构造活动也并无任何肇端者。这个形式，或者说这个三重体仿佛就是这个统一体魔法一般的文字封印，或者说是封印在它表面模糊不清的古代文字。绝对的主体就是在这个统一体中被意谓。因此，只要绝对的A始终保持在这个原初的统一体中，它就不会与各潜能阶次相统一和混杂，正如出现在黑暗中的光并不会与黑暗相混同。绝对的A仿佛始终停留在潜能阶次编织的罗网中，仿佛是被施加了魔咒的永恒的自由。这种统一体必须被设想为一个静息在一种纯粹魔法般的联结上的统一体。它建立在一种普遍的绽出上,在这种状态里,每一个个别环节都处在彻底的自身遗忘中,而绝对主体也恰恰同样始终停驻在这种自身遗忘的状态里。但这个魔咒必须被打破。因为整个统一体之所以被设定并不是为了停滞不前、保持不变,而是为了被扬弃,为了能成为开端。这个魔咒的根基,原本建立在锁闭在无根深渊中的澄澈的"能"上。这个澄澈的"能"就是一道护身符,正是通过它,这个存在才得到保持。倘若这个"能"绽脱凸显,也就是说,倘若它从自身中抽出了本己的存在,并且从自身中设定了这个存在,那么魔咒就会消失。因为既然澄澈的"能"仅仅在这种自身弃绝的状态中吸引着澄澈的存在,那么一旦它把自己本己的存在吸引到自己身上,那它就必然会以此方式回推开全部潜能阶次。所以这个魔咒就蕴含在这个"能"中,但这也同时为我们指明了能解除这个魔咒的道路。

第二十四讲

1821年2月28日

如果我们眼下的出发点，正是我们能得出前面结论的地方，那么由它出发产生的必然推论就是：这三个潜能阶次并非三个存在者，而仅仅是唯一的一个存在者，即绝对的A的潜能阶次。存在者是外部的，是我们唯一看到的东西，而潜能阶次则是内部的，被遮盖和掩藏起来的。这些潜能阶次中的每一个都有一种殊异的自我性，但这种自我性永恒地就保持在可能性中。倘若在某个个别潜能阶次中绽脱浮现出了它本己的生命，那么无限生命中的阻碍活动也会出现。因为这些潜能阶次都是无运动的，所以无限的永恒生命洪流也会不受阻碍地一直奔涌。倘若潜能阶次没有作为自身如其所是地设定，那么甚至绝对的A也不可能作为自身如其所是地被设定；它只会处在一种沉迷入潜能阶次中的彻底彻底地的迷狂里。所以，Ἔν[一]和Πᾶν[全]之间由于对立而产生的关系是这样的：当后者并没有被设定为全，前者并没有被设定为一，被设定的只有绝对的Ἔν[一]。不管两者间的张力是处在潜能阶次自身中，还是处在各潜能阶次和统一体之间，这种张力双方收缩聚合的结果都是如此。我们唯有以此方式，才会再次得到绝对自由。我们只能在概念中保持各潜能阶次的分离和外在

783 状态,在对象中,这些潜能阶次和绝对自由会汇流为一。

不过现在终究还是清楚了,第一种统一体是无法长久持存的。因为它的存在仍仅仅是偶然的。在这种情况里,永恒自由是在不知或者说不意愿自己的这个存在的情况下才是自由的。但这种偶然性恰恰是不可能持久的;这种样子的绝对统一体也必定会分崩离析。不过我们也看到,在这个统一体自身中,并不蕴含任何引发产生改变的根据。它不能从自身出发,从这种无意识状态过渡到自知的状态。既然如此,那它为什么根本就不曾完成过这种过渡呢?倘若我们现实地假定,这种过渡曾经发生过,那我们就得取消全部的科学和理智了。倘若没有一个必须存在的起点实存,那我们就必须为永恒自由预设一个非意识的状态,即便仅仅预设这个状态只存在一个瞬间,也要进行如此预设。因为这个状态续存的时间我们并不在意,关于它的讨论也根本不可能。即便我们能够假定这个状态续存了一千年,那这也仍是绝对的非时间,我们同样可以把它设想为瞬间。我们在一切时间之外设定永恒自由的这种非意识状态,并把它设定为对时间的否定,在这种否定里,压根谈不上什么续存的问题。这种非时间或者说永恒,就可以算是当我们说"某物出自永恒"时所理解的那种意义。即便永恒自由的这种非意识状态终归只是一个瞬间,它也仍等同于永恒。正如从"存在"向"某物存在"的过渡仍总归是一种过渡。无论如何,我们都必须把永恒自由确定为并不自知的自由。只要永恒自由还停留在这个状态里,那它所指向的就是让自己像一座无法攀登高峰那样,让一切存在都在自己面前沉降下去。但恰恰在这一点里,也仍蕴含着让突入存在得以可能在其中发生的敞开之境。因为一旦永恒自由意识到自己的存在,那它对自己的存在的这种漠然无殊状态就会被扰乱，在这个时候，一个决定是否要去过渡到存在中的选择就会摆在它的面前。但永恒自由绝不可能自发地意识到自己的存在，它始终停留在这种非意识的状态里，我们可以将之比作孩童的那种不可自持、不自知的状态。所以，永恒自由不可能通过它自身意识到自己的存在，不过既然它也同样不可停驻在此状态里，所以必定是某个在它的存在之外的东西让它意识到自己的存在。我们说，"在它之外有某物"与我们之前的主张并不矛盾，这是因为1）尽管科学的本原唯有永恒自由，但就算我们在永恒自由之外假定某种让它得以运动起来的力量，科学仍会持存，所以2）这就首先产生了一个问题：这个永恒自由的他者是什么呢？它是否在某种意义上也是永恒自由自身呢？

这个他者是什么呢？1）它不可能是一个存在者，倘若如此，那就会有一个不依赖于永恒自由的存在者了。2）永恒自由在我们最初设定的那种意义上存在，这也是不可能的。也就是说，这个作为他者的某物，只可能是某个比永恒自由距存在更远，甚或比它更加超越于存在之外的东西，因为能够成为一个存在者的，唯有那个永恒自由，而这个他者必定是某个据其自然本性就始终保持在一切存在之外的东西，如此方能成为注定伫立在存在之边界上，并规定此边界的东西。作为存在的推动者，这个他者只可能被设想为一个绝对的进行规定者，设想为对永恒自由的永恒命令、永恒自由的永恒法则。那个始终且永恒地要求着永恒的自由，并不断尝试将万物引入自由的，才是永恒自由。而一切生命的最高法则在于：生命应是自由的。宇宙的最高法则是：除了自由，不应有任何别的东西存在。万物都应凭着自由而是其所是。凡是存在的某物，不应盲目而在，而应凭自己的意志而在,甚至虚无也不应盲目地是虚无,相反,虚无之所以是虚无,不过是因为存在主动拒绝着它。哪里有某物存在——即便这个某物是无意识的,不管它是居间性的存在还是自存(subsistenz)的存在——,哪里就仍有一个法则在支配。

永恒自由就存在于这种状况里,我们现在也是在这种状况里拥有它。在这种情况里,永恒自由是无意识的,但仍拥有法则。至于另一个要点,即法则是如何与之相接洽的,我们接下来再看。法则的作用是不可逃避的,这恰恰就是法则的特质。关于永恒自由与其必然关联项,也就是法则的关系,我们可以说:原初的自由仅仅是偶然或者说盲目存在的,原初的自由并非自由的自由,而是必然的自由。这个矛盾正是在自身中蕴含着后续的必然演进之根据的核心要点。如果说,最初的自由就是这种仅仅盲目自由,那么法则就会与之相反,尽管法则具有必然性,但法则必然性乃是自由的必然性。法则自身就是一个具有德性性质的潜能阶次,它提供的是一种德性意义上的自由之天命。

那这个法则与永恒自由的关系是怎样的呢?这个法则当然是通过一种要求在运作,但通过何种要求呢?显然不是通过永恒自由对存在的吸引。法则的命令所要求的恰恰是对立面。但恰恰是在这个法则表明"不要让自己去欲求你的存在"这条命令之际,它就向澄澈的意志展示了它的存在,而这就是永恒自由在其中切实成为能够去存在且不去存在者的那个环节。当此之际我们切不可认为,永恒自由仍是一个纯然存在于此的东西,因为永恒自由现在确确实实就是绝对的意志。伴随着能去接纳存在的兴趣,允许存在,以及凭着存在去知道自身的行为也同时出现了。这三重意志乃是同一个行为。

这三重意志并非现在已经绝对地分开了，而是首先在意识中分开。当这些绝对意志得到设定，永恒自由自身也会得到设定。正如在仍混沌未分的人类意志中，恶的意志、善的意志，以及对两者进行决断的更高意志会同时登场，但能保持下来的始终只有一个唯一的意志，在永恒自由那里的情形也是如此。那个最初的意志（对存在的吸引）是自身性的意志，第二位的意志（对存在的允让）是非自身性的，第三位的则是审慎的中道意志，这就是四重体和统一体得以汇聚为一的点。

第二十五讲

1821年3月2日

如果我们把永恒自由设定为本原,那么我们可能随即就不得不说,它存在。所以现在的事关宏旨的地方在于,我们如何能够清清楚楚地意识到我们要说的东西,即"永恒自由存在"。根本上来说,我们迄今所追寻的不是其他任何东西,正是在"永恒自由存在"这个表达中被把握的东西。所以如果我们要进一步考察"永恒自由存在"这个表达,那么很显然,在这个表达里,我们从一开始就跨过了一种我们不可能排斥在外的可能性,因为这种进入存在的可能性必定也恰恰是一并包含在我们的表达中的。更准确和确切地看,我们的表达可以这样替换:永恒自由,或者说绝对者(等同于永恒自由,quod ab omni parte liberum sive absolutum est)跨过了这个可能性,或者说,把这个可能性作为一个已然包含在内的东西承荷在自身中,它不给这个可能性任何时间,而是凭着自己的绝对存在先行于这个可能性。这个可能性就是自行去吸引存在的可能性。它一直被掩藏在永恒的自由中,与所有仅仅处在对立中的可能性毗邻而在,但所有这些可能性又能够与前一种可能性一道绽脱登场。绝对者的主导性概念在于,它从一开始就在它最初的存在中裹挟、囊括和遮盖着这个可能性,绝对者跨过了这个原初的可能性,因此才成为它的超越者(quia transscendit istas potentias)。不难注意到,在时代的变迁中,哲学表达由于一些流俗的语言用法失掉了自己的真义,就像钱币在流通过程中逐渐模糊了上面的烙纹。"超越"这个词也是如此,自康德以来,人们都是如此来理解超越:所谓超越者,就是quia transscendit captum rationis humanae[超越人类理智的东西]。然而这种说明或许只是一种纯然否定性的说明,没有任何东西通过这一说明被给予我们,反倒产生了这样一个问题:超越者是如何以及凭着什么超越于我们的理智能力的呢?但超越者之所以对我们而言是汹涌不可把握者,正是因为它从一开始就在自己最初的存在中让自己超拔于一切潜能阶次之上,因为它从一开始就在开端中把这些潜能阶次作为自己所挟裹、被卷入自己之中的东西来把握。也就是说,从潜能阶次出发来看,绝对者的原初存在是一个汹涌不可把握的超越的存在,但这只是在卷入和挟裹的意义上说的。但现在可以明显看到,这个最初的存在之所以不可避免地是一个偶然的存在,正是因为它建立在各潜能阶次的这种被挟裹和卷入上。倘若我们现在做出判断说,这种状态,这个偶然的存在不应继续持存,我们就已经是以法则的名义在说出这一点了,也就是说,我们是在厌弃这种偶然之物的力量的名义上说出这点。

也就是说,当我们说,这种原初状态不可能续存持久,我们也恰恰以此方式道出了一切法则中的最高法则。这就是科学的法则,因为科学必然有一条法则,而这条法则的意义就是,没有任何东西会在它的两可状态中停驻不前,一切无规定者都要规定自己,一切都要清晰、纯粹和确然地呈现出场。这就是科学的最高法则,万物都要如其所是那样存在。就这一点来说，法则这个概念并没有什么理解上的困难。

但现在产生了一个问题：这个法则的目的是什么呢？或者说：它所直接关联的是什么呢？它绝不指向那个汹涌不可把握者自身，它在这个最初的整体统一体中就是存在者。因为这个汹涌不可把握者既不可能是所觅求的东西，也不可能去主动觅求什么，它超越于一切觅求活动。它所直接指向的，仅仅是那个掩藏在绝对者的深渊中的非存在者。在它最初的外观闪现中，或者说就概念而言（因为ειδος，ιδεα[理念]在希腊语里既意味着外观的闪现，也意味着概念），乃是那个能够吸引存在的东西，然而它并不知道如其所是的自身，所以它也并没有实实在在地处在现实中，而是仅仅处在可能性中。

这个能在者，很明显就是能在，它仿佛就是那个一切之中最深的虚无；我们可以把它称作无中之无（费希特曾经用过这个表达）。因为即便能在者在作为纯然的能在者自身之际，它也仍非存在者；能在者不是"某物"，也就是说，它是无，但那个仅仅能够是能在者的东西，仍立在虚无的更深处。因此可以说，能在者从一开始就首先已经被吞没，被卷入了。因此，凭着能在者这个概念所设定的其实就是无。我们虽然必须不断向前，但也不能把最初的概念就扔到一边。因为那个能在，仅仅是作为一个被吞没者、一个被遗忘者而在此，它是无法进入言说者。如此一来，倘若我们能不把永恒自由设定为能在者，那我们或许可以说，它是必在者。它确实也是必在者，之所以如此是因为，它能够不是能在者，所以当它能不是能在者之际，它就是它现在之所是，也就是必在者。但即便必在者也不是作为自身如其所是的永恒自由，因为只有当能在者被必在者排除在外的时候，永恒自由才或许可能会是必在者。但情况不会这样，因为能在者仍始终在此。也就是说，即便是必在者，或者说，能够是必在者的能在者也是被吞没的，即纯然被卷入挟裹而设定的。同样的情况也能由应在者表明。所以我们不能说，永恒自由就是应在者，相反，我们只能说永恒自由是能够是应在者的能在者，否则应在者就必定会被排斥在外了。所以我们也必须把应在者设定为被吞没了的。所以现在除了永恒自由自身，已经不剩任何东西还能去设定了，确切说，是作为存在者的永恒自由自身。但是我们把它设定为存在者，是在我们也把它设定为超越者之后，这是因为永恒自由脱离了所有这些概念，并且要比它们更高。永恒自由之所以是存在者，仅仅是因为它是超越者，它之所以是超越者，仅仅因为它脱离了所有这些潜能阶次，以及它把握着那个被卷入和挟裹入了这些潜能阶次的东西。所以我们其实不可能设定纯然的纯粹超越者。——我们可以把与超越者相对立的各潜能阶次称为"内在者"。若无一个超越者，就谈不上有内在者，若无一个内在者，也谈不上有超越者，所以唯有将这个内在者预设在先，超越者才作为超越者。

我们现在终于可以说出核心命题了，我们在此所有的讨论都指向它，关乎它，由它决定。这个命题就是：绝对者，或者说永恒自由的原初存在的唯一基础，就在于潜能阶次的潜在性，在于它们的非现实性。唯有这些潜能阶次在持续不断的前进运动中被不断吞没，即唯有在这个意义上，绝对者才是越过一切概念之上的存在自身。

789

不过我们也不可以把这些潜能阶次弃置不顾，否则我们就只好又从头开始了。可如果我们现在要为潜能阶次的这种潜在性找到根据，那会发现，潜能阶次整体的这种潜在性的根由，恰恰就在能在者的不自知上。这个不自知的能在就是这个整体存在的基底和根源。这个永恒自由全部持存的根据和主体并不知道自己。能在者就处在这种无知中。一切也处在这种无知中,因为一切的主体就处在无知中,因为一切都系于这个主体。倘若能在者从这种潜在性中绽脱登场,那必在者和应在者也同样会绽脱登场。但恰恰整体的这个根源就是法则的主要意图所在。为什么这就是法则的主要意图呢?这正是因为绝对者,或者说永恒自由的这个存在,是一个纯粹偶然的存在。能在者其实就是Subjectum ultimun[终极主体]。它其实就是那个产生出彼此迷狂自失,彼此失落自身的魔咒。

正如现在所设定的,绝对者的存在显现为纯粹的偶然存在,这恰恰是因为当这个存在处在潜在状态中所肯定的东西,正是它处在现实中时所否定的。而能够去否定绝对者的这一存在的那种权能,恰恰取决于那个把这个存在封闭并承荷在自己身上,仿佛在怀里揣着一条蛇的那个东西。然而永恒自由乃是已被提升为开端的东西,它会穿透一切,冲破一切并最终凯旋。所以不可能随便某个东西就具有否定处在其存在中的永恒自由的权能,这个处在其无意识状态中的存在,就被封闭在**永恒**自由中,这个存在自身就是永恒自由最内在的东西。但现在看来,只要这个存在仍是这个最内在的东西,那个无论如何都必须去否定永恒自由的存在的权能,就不可能丧失。这一权能能被这个存在接纳的时刻,无非是这一权能表达出了自己的时刻,而这个时刻,就是这个存在从这种最内在之物中绽脱登场的时刻。也就是说,这个权能必定是迫不得已才呈现的,它之所以要绽脱登场,正是为了在这个存在绽脱登场之后,去克服它,进而让它始终都必须承受这一权能的作用。因为只要能在者仍是永恒自由最内在的、被掩藏最深的东西，那么这个权能就会拥有能在者，这个权能就是一根必须被接纳的刺，而它也必定会刺破能在者。但只要能在者还在中心，权能对它的突破就不可能发生，所以能在者必须受到某种外力迫使，让自己绽脱登场，让自己外化得到表达。能在者是支配一切的全能者，是主宰一切的魔咒。我们可以用德语里蕴含在"先于(vor)"这个词中的两义性（ante[优先]和prae[预先]）说"在能在者之先不可能有任何东西存在"，至于这里的"先"的意思，是同时指ante和prae，还是只有prae的意思，就先不管了。只要能在还停留在它的潜在性，停留在它的内在性中，就不可能有任何东西能据其自然本性存在，一切都是偶然地存在，没有任何东西能够明确决然地存在，比如在这种情况里，必在者和应在者可能现在是潜在性的，但并非明确决然地就是潜在性的，并非因为现在是潜在性的，就不会转变为现实的，同样，永恒自由现在也并非明确决然地就是现实的，所以它可能转变为非现实的。我们可以说，这个并不自知的能在者或"一"把一切都搅和在了一起。因为只要能在者没有得到清晰明断，就不会有任何东西能获得一个清晰明断的存在。在能在者得到清晰明断以前，一切都会保持在非确定的状态里。因此这种状态也会激发起支配一切的法则之神圣力量不满的非-意志。我们可以把法则的这一力量称为神圣的，因为永恒存在并且殊异于一切他者的东西就是神圣的，所以这个力量之所以神圣，是因为它永恒且始终殊异于一切存在，因为它就是永恒进行着实现活动的东西，但它所要去实现的绝非自身。我们可以说，这个力量就是古人所说的"涅墨西斯"，这概念绝没有后人为它附加的许多表面意思那样肤浅。

Νεμεσις①这个词根本上来说，跟法则是同一个意思；Νεμεσις和Νομος②这两个概念，根本上说终归出自同一个动词。正如亚里士多德在他的修辞学中说的，Νεμεσις说的是"为本不应得的幸运而承受不满"，因此，能在者也会在之前所说的那种状态中，承受那种支配一切的力量和权能对它把一切都引入歧途（产生错误的造化）的不满。不过关于这个非存在者（也就是希腊人所说的μη ον[非存在者]）我们也有理由说，恰恰它就是那个唯一在进行着误导的东西，因为除了尽管无法摆脱非存在者，但也无力把握它这一点外，科学和所有哲学家中的大部分人，难道还陷入过什么更大的歧途中吗？这个无中之无，或者用品达的话说，这个无的阴影，阴影的阴影，这个无处不在的误导者，恰恰就是必定会首先检验一切哲学的试金石。正如柏拉图所言，一个有科学素养的人，和没有科学素养的人以及智术师的区别在于，有科学素养的人能让这个变动不居的非存在者停住，并能以坚毅的目光细细打量它，而没有科学素养的人则会在它面前吓得逃走，并且也让它溜掉，至于智术师，则更喜欢逃遁到这个非存在者的暗面中去。

这个无——但它也仍非虚无——恰恰就是引发迷误者，就是哲学中真正意义上的Σκανδαλον[绊脚石]，是从一开始就需要即刻克服的东西。这个无乃是激起"涅墨西斯"不满的东西，因为没有任何东西能先于这个无存在。涅墨西斯就是那个对一切自诩为高，但又无法把自己作为自身如其所是保持住的东西怀有敌意的权能。所以涅

---

① 其音译即为前面的"涅墨西斯"，在古希腊语里面有"复仇""报应"的意思。——译者注
② 即Nomos，通常翻译为"礼法""规范"。——译者注

墨西斯就是对一切能在者所不满，能在者仅仅在对它自身的无知中才是全能者。当涅墨西斯把这种因无知而自以为的无辜从能在者身上拿走以后，能在者就会被置于拷问中。

下面这点可以算是一个注解：涅墨西斯，或者说法则这个概念跟Αναγκη[必然性]这个概念是同义的，这个概念不管是在希腊的语言系统里，还是在奥尔弗斯教的秘传学说里，都是在那些最初的潜能阶次中出现的。从古希腊语的词源学来看，αναγκη这个词来自αγω，但可能更确切地是来自αναγω，这个词的意思是：引至高处，提升。所以法则正是这个αναγωγον，也就是引至高处者，就是那个把能在者从其虚无状态中提升出来、引导出来的东西，是能在者的"老师"。在古人处在整个世界最初的那些规定性的强力下时，这种法则的必然性就已经在他们那里出现了，这种必然性绝非一种盲目机械的必然性，相反，它就是亚里士多德所说的不动的本质性，或者说，作为不动的本质性的神自身，即神之为神，正是在于自身不动而推动万物。

现在，恰恰这个自在的不动者就是法则，所以就此来看，亚里士多德所说的必然性概念和我们这里的法则概念完全合辙。甚至基督教的许多观点也和这个法则概念完美相应，这一点后面就能看到。

第二十六讲

1821年3月5日

我们现在终于看到能在者–能不在者这个整体，处在"或此或彼"之间状态中的两义性，在这种两可状态里，得到一个彻彻底底的决断是必须的，要么保持在非存在里，要么过渡到现实存在中。但这一决断的目的是什么呢？这就是接下来的问题了。但在我们可以断然明确地回答这个问题以前，我们必须更深刻地探查回答这一问题的意义。我们必须探究，法则以此要求所意图的东西，也就是它所意愿的东西。或许我们由此就能把握，这个要求为什么无法得到满足。这个法则对能在者说：不要去欲求存在！借由这个命令，法则也就开显出了能在者的两重性。通过这个命令，法则首先为能在者自己展示出它自身，也就是让它知道自己乃是作为能够去吸引存在的东西，作为能够去存在且能够不去存在的自由。所以这指的是能在者，也就是自由第一次能够去成为现实的自由。当能在者成为自知的自由，即能去存在的自由之际，它也就以此方式不再纯然是永恒自由的第一潜能阶次，而是永恒自由自身。当作为自身如其所是的能在者自己被呈现给自己之际，它就以此方式在这种意义上不再是处在潜在状态中的能在者，而是永恒自由自身。所以能在者现在就会把自己视为能够是一切者,视为A^0,视为在它之外无物存在的独一者。

但是当法则对它说"不要去欲求存在"之际,法则所说的同时意味着,它现在是现实的,是实实在在的能在者了,但这并不是为了让它去现实地存在,而是为了让它保持为非存在着的。但既然它现在实际上已经是名副其实的能在者,法则的这个要求同时就意味着:它尽管会凭借自由意志把自己视为能在者,但这并不是为了去成为能在者,而是为了在能在之内保持不变。所以它不再把自己视为永恒自由的纯然潜能阶次,而是视为永恒自由自身。

在这里产生了一个矛盾:法则一方面向能在者呈现作为永恒自由的自己,但它在另一方面也要求,能在者不应把自己视为永恒自由,而是只应把自己视为永恒自由的一个潜能阶次,应让自己成为-A。我们不可对这个矛盾感到讶异;因为只要这个法则在运作,它就会在一切地方不断产生出这个矛盾。这个法则一直在向那个应不存在者表明,它是一个能在者,并且勒令它不可把自己视为能在者,而是要恪守自己的本分,始终在能在之内保持不变。现在假设,在法则提出这一要求之后,能在者凭着自己的自由意志又把自己仅仅设定为永恒自由的潜能阶次,或者说,把自己设定为仅仅能够去是能在者的能在者;也就是说,假设能在者凭自己的自由意志把自己视为这样一个能在者,那么除了在无意识的状态中被设定的东西,确确实实不会有任何其他东西被设定。所以或许只有意识才会对设定的结果产生区分。在那个无意识的状态里,能在者并不知道自身。尽管它是能在者,但并不作为自身如其所是地存在着。现在,尽管法则的运作知道自己乃是作为能在者而在,但它还是应当凭借自由意志再次主动把自己设定在无意识的状态中。它现在要主动把自身设定为纯然的潜能阶次,确切地说,是把自己设定为处在最深层的东西,即虚无的深渊,也就是设定为A^1。但恰恰当它如此设定自己之际,它就必然会把必在者排除到自己之外,进而把必在者设定为第二潜能阶次,设定为A^2。在此之际,能在者更进一步地在必在者中观审着自身,进而不再把自己认作纯然的非存在者——因为在它还是非存在者之际,它只可能偶然地存在——,而是视为非存在者自身("非"并非常常仅仅意味着某物之"非是",而更多时候意味着某物的"不应是",比如在"胡作非为"这个词里,"非"指的并非一个行动没有发生,而是指一个行动没有更好地发生。在"杂草""背时""乱搞"[①]等词中也是一样);作为应不存在者,能在者恰恰因此把应在者又排除到了自己之外,进而把它设定为第三潜能阶次。总的来看,只要能在者不把自己认作永恒自由自身,而是只把自己认作它的一个潜能阶次,确切说,是处在最底部的最深的潜能阶次,那它就会在把自己视为永恒自由,也就是A^0之际,同时把它从自己之中排除出去,并且把它设定在自己之外,让它超越于自己和所有其他潜能阶次。所以这个出自其自由意志、在能在者的意志中发生的决断分离,乃是法则在能在者身上下达的要求。但不可以把这个决断分离设想为各潜能阶次的彻底分崩离析,毋宁说,在这个决断分离中,各潜能阶所处的状况,与它们在原初统一体中所处的状况恰恰是一样的。在能在者现在主动把自己彻底断绝于一切存在,并且把自己认作对现实性最纯粹的绝对缺乏之际,一言以蔽之,在它再次把自己设定为潜能之际,

---

① 这里的三个词,即Unkraut, Unzeit, Unwesen的前缀都是un(非)。——译者注

它也就实实在在地把自己再次设定为对各潜能阶次的纯然吸引力。在这里，发生了与曾经一样的对处在低位的潜能阶次的相同吸引活动。在这里，能在者首先会吸引必在者，然后通过必在者吸引应在者，进而吸引绝对者自身。这个与之前相同的吸引活动的区别仅仅在于，之前的那种是一种魔法般的、无意识的吸引，但现在的吸引活动则是有意识的，处在一种出自自由意志的自身弃绝中。所以在现在这种情况里，倘若法则的要求得到满足，那也会产生出与曾经存在的相同的统一体，但现在的这个统一体与之前的区别也仅仅在于，现在的这个是一个具有完备意识的统一体。也就是说，现在最完备澄澈的意识，设定在了之前的这个彻底的无意识状态中。这个整体，仿佛就是让作为发现者和被发现者的能在最初和最纯粹地所喜悦的东西，这个整体仿佛就是至乐的统一体，就是永恒的至福本身，是永恒的自己与自己的迷醉和被迷醉状态。唯有如此，唯有通过这种出自自由意志的对自身的降卑，能在者才可以把自己设定在一种不可消解的，甚至神也对它无计可施的魔咒里。而恰恰当能在者主动弃绝一切存在之际，它也让自己成为让一切存在起来的存在者，成了贯穿于万物中的万物的主体。因此，这个统一体就是蕴含在法则的意图中、为法则所要求的那个统一体。但现在的问题是，这个统一体是否会转变为现实的。显而易见，它还没有转为现实的。我们只消看自己对现实、生命、时间以及科学的追求就可以确信，它还不是现实。因为如果能在者保持在内在状态中，那么可运动性就会与它一道被攫握住；因为可运动性和两义性根本上来说是同一个东西。能在者乃是可动者，也就是可运动性自身。而在其他潜能阶次中，并不存在任何原初的可运动性，因为它们都已经由第一位的东西，也就是能

795

在者规定了，唯有能在者才能够自行规定自身。也就是说，倘若能在者还保持在内在性中，那就不会存在任何时间。也就是说在之前那种状态里，时间是纯然被遮蔽的东西，是内在的东西；而永恒则与之相反是外在的、被开显出来的东西；但是现在，当能在者如法则所要求的那样之际情况就反过来了，现在永恒是被遮蔽的东西，是内在性的、观念性的东西，而时间则是被开显出来的外在性的东西。所以在这个分离决断的伟大瞬间，时间和永恒自身都被放在天平上；因为这里会有一个问题：究竟哪一个才该是内在的，哪一个才该是外在的呢？而关于这个问题，即究竟是时间该保持为内在的、被遮蔽的东西，还是应永恒保持为外在的、被开显的东西，则完全取决于能在者。能在者就是万物的兴发者，也是时间和永恒的扭结。

那个应为法则之产物的统一体，才是真正的、本真的永恒。而那个无意识的统一体则是纯然偶然的永恒，不过这种永恒，也具有成为时间的可能性。谁若想把握时间和永恒，谁就必须超越和走出时间与永恒。正因为如此，所有从一开始就从真正的永恒出发的哲学家，都会碰到许多很大的困难，因为他们必须再次扬弃永恒，以便能去设定时间。

但真正的永恒，乃是那个绝不可能被扬弃、绝不可能成为过去的永恒。也正是因为如此，我们必须越出时间和永恒，走到那个时间和永恒得到称量的点上。把永恒设定到其非存在中的，与把时间设定到其存在中的是同一个东西，反之亦然，在其存在中设定时间的，和在其非存在中设定永恒的，是同一个东西。因为自在地看，永恒不是其他，正是一种澄澈的寂静，澄澈的不运动状态。它能被设定的唯一方式，绝不在于自行推动自身，而在于自在可运动的东西并没有运动，只是保持不动。根本上来说，永恒只能通过对其对立面的否定而得到设定。当那个自在的可运动者始终保持为内在的，那么只有同归对可运动者的否定，永恒才得到设定。——现在我们回到事情本身上来!

我们要讨论的是，既然真正的统一体并非转变生成而得，那么问题就是：它为什么并非转变生成而得？

我们要竭尽所能，让自己能够把握能在者的越渡，进而设想能在者的这种进入现实存在中的越渡。在这一点上，不再有任何东西可以从必然性出发得到说明，相反，进入存在的过渡是一桩自由的行动。在这里，一切演绎都终止了，因为所谓的演绎，仅仅是一种从彻底被给定的东西出发进行的推导，而被给定的东西则来自先行的、不确定的前提。在这里，我们离开了辩证法家的概念。在这个地方，决定性的并非概念，而仅仅是行动。概念的王国在这里终结，而行动的王国在这里开启。就这一点来看，如果说这种存在的过渡从一开始就既不可能从某个概念出发，也不可能从某种因果性的关联脉络出发得到说明，那么所剩下也就只有一种终结因果关系意义上的考察了，也就是说，所剩下的唯有这样一个问题："什么应该（soll）存在？"以及它所包含的另一个问题："什么本该（sollte）存在？"也就是说，凭着这个考察，我们已经越出了因果性的考察，并指向了终极意图。"应该存在"的东西并非始终都与"本该存在"的是同一个东西。在我们转而阐明进入存在的这种越渡以前，我们首先要回答"什么本该存在"。倘若存在保持为内在的，或倘若存在绽脱而出了，那么从整体的终极原因来看，哪一种情况更好呢？

要回答这个问题，得先做一些一般性的讨论：1）不管它的要求是否得到满足，不管通过法则所要求的统一体是否得到确立，法则都不会因此有所变化，而是始终保持不变，法则所要求的统一体，除了是永恒者，即那个始终应在的东西，也是这样一个统一体：它是由法则所要求的真正统一体，是自身建立在分裂上的永恒，这种永恒不会被分裂克服，而是会克服分裂。但法则并没有对这两种统一体中的任何一个表现出特别的旨趣，比如说，法则并不偏爱这个统一体是否要在时间中呈现。所以，这个统一体是无任何时间地呈现，还是唯有在一切时间的终点才呈现，对法则来说都无所谓。因一切断然明确的东西，都是宏大自由的产物，但法则超越着一切又指向这一切。正如《圣经》上所说的，这个法则就是 παντα κρινων，一般的译法把它译为"万物的调校者"，但最好把它翻译为"万物的明决者"，让万物产生危机分化者。一切的危机分化无疑就是一种审判，而一切审判都是一场危机分化。比如，倘若国家或者法律的尊严在其内核中被攻击了，国家就会去审判罪犯，所以审判不为其他，正是让国家的有机生命能够续存，在这种情况里，国家也会把那些朽烂和有害的材料（也就是医生所说的"腐质"）清除出去。所以法则就是在这个意义上才名副其实地是万物的调校者、明决者和让万物产生危机分化者。但法则诚然绝不会直接去意愿罪责或者说越渡；如果它们不可避免地见诸天日，那法则所意愿的直接对象，当然也就甚至包括罪责了，但并非借着自在的罪责，而是借着被开显出来的罪责才能让一切得到澄清、澄澈和明断。所以《圣经》里甚至也说，法则乃是罪责的力量，正是它引发了罪责。我们在这里要讲的绝不是罪责，而是从不受约束的存在越渡到受约束的领域里，我们在这里用的罪责概念也只可能是类比意义上的，而且这个类比根本上就到此为止，不可再做引申了。所以处在存在之澄澈性之深处的这个法则，唤醒了对这个存在的兴趣，如此方能使迄今尚未得到明决的东西得到明决。根据在此给出的这一观点，我们才可能进一步去回答下面的问题："就法则的要求来说，什么是本该存在的？"

第二十七讲

1821年3月6日

能在者把自己倾献给一切存在,或者过渡到存在之中,这两种情况都具有完全等同的可能性,所以问题就是,如果按最可能的决断,那个生命最可能的运动状态应当发生,那根据最终的因果关联,本该存在的是什么呢?

要回答这个问题,首先要回溯到下面几个关键点上:

1)能在者本该现实地绽脱到存在中,因为如果它保持在内在状态中,那这种保持也只有作为一个持续不断的自身抑制的结果才会发生。这同样也是因为,我们不可以把这个本该存在的统一体设想为一个静止不动的东西;这个统一体乃是出自无底深渊的各潜能阶次的在一种永恒生涌中的永恒转变与生成。也就是说,这个统一体不仅在开端中,甚至在进程中也会持续地建立在能在者上,所以就此而言,这个统一体并没有任何所谓的"确凿性"。因此倒不如说,它从一开始就发生,并且仍有可能继续发生,和它根本不曾发生,而且也不会发生,这两者没有什么区别。因为那个永恒的、支配一切的力量就是一切可能性本身,正因为这种可能性,某种仍被把持在遮蔽状态中的东西就变得可厌,这种可能性厌弃一切未得明断的东西。这个法则对于什么应该存在漠不关心;它所意愿的,是一切都具有它的意志,并且表明,一切都作为其所是而绽脱凸显。这恰恰就如同一个有机体中的一种毒素,为了能被克服,较之于隐而不显,从一开始就绽脱暴露出来要更好。所以,本该绽脱突入现实存在的就是能在者;我们也可以从一种关联出发来说同样的事情,也就是:

2)正因为伴随着能在者的绽脱凸显,统一体和整个生命的一种更宏大展开得到了设定。因为在之前的原初统一体中,没有任何潜能阶次独立自为地是一个存在者,但在每一个潜能阶次中,仍蕴含着成为一个存在者的可能性;这些潜能阶次唯有联合起来,才可能呈现出一个存在者。所以在这个之前的统一体中,没有任何潜能阶次是某个独立自为的东西,它们全部联合在一起,才仅仅是 A^0 的那个唯一的绝对存在的潜能阶次。但并非纯然的独一者应是一切,相反,一切都应该是独一者。每一个潜能阶次独立自为地都应该等同于 A^0,即 παν εν παντι[全且一者]。这就是那种"一切皆是神性的,一切独立自为地看也是绝对的"观点。但这种情况在那种被遮蔽状态、内在状态里是不可能发生的;所以即便在这种联系里也可以看到,扬弃内在状态,让能在者突入存在是更好的。正因为如此,通过能在者进入存在的过渡,一种更为宽广宏大的自由就得到了设定,也正因为如此,一种对全部潜能阶次的更宏大的神圣化也得到了设定。因为在那种最初的自由里,所有潜能阶次都被攫握框定在其中,甚至其中的最高者,即自由本身,也没有相对于设定着它的那些潜能阶次的自由,这就是我们之前提到过许多次的那种普遍的彼此迷狂到对方之中的状态,在其中没有任何东西知道自己,也没有任何东西知道其他东西,因为任何一个会在另一个中遗忘自己。关于永恒自由、能在者和各潜能阶次一般性地阐发的内容，现在也需要在细节上阐发，确切说，首先要从那个本来能去存在且能不去存在的东西着眼来阐发，当能在者之前把自己倾献到存在中，进而从那个自己本该作为其内核、其主体的统一体中生发出来，就会产生一种彻底不同的明决性，也就是说当从这种由于能在者的倾献所产生的统一体之分裂中，又产生了翻转，那个本该从一开始就保持在开端中的统一体又会得到孕育和生产。有关这一点的原因则要得到更确切的考察：

1）倘若从一开始就首先设定了统一体，也就是说，倘若能在者从一开始就保持在内在状态中，那么能在者就只会把自己呈现为不去存在的自由，而非去存在的自由，然而它本该是两者。或者说：能在者在进行决断之前既非明决的存在者，也非明决的非存在者，相反，它只是两者的可能性。倘若能在者仅仅自行决断成为非存在进而保持在内在状态中，那么它也仅仅开显出了蕴含在它自然本性中的多重可能性里的一个，所以倘若它不保持在内在状态中，它就会更完备地开显自己的可能性。

2）倘若能在者从一开始就把自己认作不存在者（Unseiende），那么它也就把自己认作了非存在者（Nichtseiende），但它也让自己成为作为非存在者的非存在；倘若与之相反，它突入了存在中，并从中出发再次回转到非存在中，那么如此一来，它也就让作为存在者的自己成了非存在，但这种非存在明显指向一种远远更高、更具自由意志的统一体。在第一种情况里，能在者仅仅献祭了一个可能的存在，这个存在是它自身并不认识的存在；但在第二种情况里，如果它首先过渡到存在中，然后又回转到非存在里，那它就进行了一种更大的献祭，它所献祭的是一个它已经认识的现实的存在。为了能更深刻地把握这点，我们可以这么来看这个事实，进而也得到了能在者为什么本该绽脱突入现实存在中的第三个理由。

3）倘若它保持在内在状态里，它当然就是它所应是的东西，也就是处在非存在中的自由。但即便在能在的决断发生之前，现实的自由也并非就是如此存在，即它并非仅仅是能不去存在的自由。不论现实的自由是否存在，它都不是那种只能不去存在的现实自由，作为自身如其所是存在着的永恒自由概念是最高的东西。如此一来，倘若能在者从一开始就把自己认作非存在者，那么永恒自由也就绝不会作为自身而如其所是地存在。与之相反，倘若它越渡到存在中，进而从中再次回转到非存在中，那么能在者就能够成为现实的自由得以存在的原因。总而言之，为了作为自身而如其所是的永恒自由能够存在，能在者必须首先沉降到存在中。要成为永恒自由的原因，它绝不可能还有其他方法；除了通过随即会带来提升的降卑，不可能还有其他方式能设想，能在者会成为作为自身如其所是存在着的永恒自由。

就算是从知识活动的方面来考察能在者，我们也会获得在此已经得到的同样结论。能在者从一开始首先在其无意识的内在性中，曾经是万物的奠基者（主体）。倘若现在"能"等同于只是活动——正如之前已经指明的，potentia[能]等同于scientia[知]，那么能在者就是对一切其他东西的澄澈的"知"；但这种知，仅仅是并不自知的知，它是对所有其他东西的无知之知，就此而言，这种意义上的"能"乃是处在全然的并未接纳自身状态中的"能"。但倘若"能"现在意愿去知道自身、奠定自身，那么这恰恰要通过"能"去接纳一个存在，去让自身成为对象性的才会发生。一旦"能"主动让自身成为对象性的,那它就不再是potentia pura[纯粹的能],不再是纯然的、澄澈的"知",而是在同一个东西中的知识活动和被知者。

801 它现在就仿佛一个双性的存在物。就"双性"这个词也关联着一种性别上的两义性来说,在这里也可以通过联想这个词的这个附带意思来理解这点。现在,"能"不能继续停滞在这个矛盾里,它不可以在这种原初澄澈性的内在状态里停驻不前。那如此一来会发生什么呢?"能"会从这种澄澈状态中被扔出来,成为一个纯然被认识的客体。但恰恰在这里,在它被降为纯然被认识的东西之际,翻转、再次回转和重新通过回忆而内在化的进程也就开始了。正如《圣经》上说的,在这个点上,认识的就会如同被认识的,现在"能"不再纯然同时是认识者和被认识者,相反,它现在**作为**被认识者之际也是认识者,是没有矛盾的被认识者。当已经从对自身的知识活动和意愿中被带回以后,它现在是进行着知的无知,是一个已然与知识活动绑定的给出自身者,正如它在开端中是无知着的知。所以从这一点出发也能看清,能在者的整个运动不是别的,正是最为完备的走向自身的过程,是最为完备的对自身的意识的生成过程;在此过程中,能在者所知道的不仅是它自身,而且也知道了在它深处的全部潜能阶次。因为在某个由法则的分化所殊异而得的统一体中,由能在者所引发的一切存在者仅仅呈现出某一种关系状态,某一个片面的关系。但倘若能在者走出这个统一体,自行与它分离,随后再重新复返,那么能在者就能在自己所走的这条道路上,在全部的深渊和深处认识自己。当它随后也把对一切其他存在者的姿态和关系保留下来,能在者必然就会在此运动中,接纳一切可能的对存在者的姿态。正如当对某个个别姿态有所改变,对能在者的整体的姿态也会一道改变。

能在者，或者说无知之知就像钟表上的指针，毕竟时间不是其他，正是被分剖在外的永恒。所以我们也可以把运动的整体——它刻画了从其开端直至其终点的时间——设想为一个宏大的、不断进行着翻转的运动，在此过程中，在运动的一半过程里，起先最内在的东西会转化为最外在的，而在另一半过程里，已然转变为外在的内在性之物则又会作为自身如其所是地转变为内在的，然后转变为最内在的东西，与此同时，已然转变为内在的最外在之物，也会再次作为自身如其所是地转变为外在的。这个不断翻转的运动的脉搏，正是能在者的渴念和欲求，这份渴念推动它不断走向自己，直到走向它原本曾是的状态；因为能在者始终保持着对内在状态的意志的渴望，这种渴望始终让能在者保持着一种内化的回忆，让它自身进入最深的降卑中，让自己回忆起自己曾经是万物的承载者、万物的忍受者，不断让它回忆起自己曾经经受过万物的中心。这样的回忆甚至也存在于我们之中，这样的回忆让那种"我们竟分裂到了当下此在"这样的罪责感不断搅动我们，也正因为如此，我们内心中也有"要让一切重新回到原初的非存在状态里"的使命感，这种使命感恰恰是我们在当下这种此在中对那个作为我们内核的最高目标的替代。这个最高的目标就是万物都欲求科学，它作为最高的目标，也是万物曾经处于其中的状态。在这个状态里，这个运动可以开启也可以不开启。这个最高的目标才是真正意义上的运动的在先者，但现在纯然在经受运动的，仅仅是这个运动的经受者、体验者，也就是它的后来者。而这个最高的目标也包括，要把这个后来者再次设置到它之前的位置中去（在这一点上，我们所谓的"先天认识"和"后天认识"就得到了暗示）。能在者之前是在先者，是一切存在的力量和主宰。但当它

802

从内在状态中绽脱凸显之际，它就成了后来者，进而存在现在也就成了它的主宰。现在，能在者必须忍受和经受由于它越渡入存在而引发的运动。在最古老的德意志语言里，"运使(fahren)"就有"运动(bewegen)"的意思，而"经受(erfahren)"也意味着"通过运动而实现什么东西"。能在者要经受这种对它自身以及所有其他潜能阶次的认识的唯一方式，就在于通过这一运动越渡入存在中。但在这经受全部的过程里，再次成为在先者的那种欲求仍始终保持不变。所以，倘若没有对后天认识的再次消解，也就不存在任何先天认识。只有这个在先者，才是对认识而言的真正在先者，通过在它的经受过程中，把已然投身而出的东西带回或者说消解在原初之物里，这个在先者就会得到生产以及再次产生。

对于运动的纯然"行动性"和"承受性"这两种主体的区分，我们也可以通过下面的考察来进一步厘清。那个有权力开启或不开启运动的东西，乃是行动性的主体。但那个不再有此权力的主体，即不管是否愿意，都必须持续伴随着这个运动的主体，则是这个运动的承受性主体。除了可以说"这个运动的承受性主体"，我们还可以用德语词"托举者(Unterstand)"来表达它。现在纯然承受着这个运动的主体，就是这个运动的纯然托举者，而它先前也是这个运动的原初状态，也就是立于它面前的东西。[①]但这个托举者应再次成为原初状态，也就是成为立于运动之先的东西，或者说这个东西也应成为对整个运动的理智。[②]而这一点，也就是哲学中"理智"这个

---

① 这里的"原初状态"是Urstand，"立于它面前的东西"是Vorstende，词根都是stehen，即"站、立"。——译者注

② "理智(Verstand)"与前面的几个词有同一个词跟stehen。——译者注

概念最意味深长的一点。"理解(verstehen)"和"理智（Verstand）"这两个词的意思不是别的，正是"先行站立和立于之先"，而这一点也呈现出了德语里对于"为……而立（Fürstand）和立于之先（Vorstand）"这两个词的最古思想烙印，"理解"和"理智"这两个词，我们也可以用"为……而立和立于之先"代替。瑞典语和英语里也有这种语言现象，正如从"主体"这个概念的歧义性出发，也可以解释我们的德语词特有的一种奇异性：盎格鲁-撒克逊语里的understan，就意味着英语里的"理解"一词understanding。所以"理解"在这里指的就是主体的纯然承受活动。在这一点上，也可以基于作为επιστημη一词词源的επισταμαι一词来理解。επισταμαι，即"知识活动"，通常被人们认为出自两个词根επι[向]和ιστημι[立]，但它无疑跟εφισταμαι是一个意思"我立于某个事情面前，我把某个事情设定在我面前"，但人们坚持仅仅用επισταμαι来代表"知识"这个概念，大抵是由于εφισταμαι和επιστημη的区分之故。而德语或许出自同样的理由，仿佛有一种文化的天命（即也要区分活动性的和现在承受性的主体），要用"理解"这个词来代表"先行站立"。我们接下来继续讨论事情本身！

就能在者而言，它从统一体中的走出以及它回转到统一体之中的过程，就是走向对自身最高最完备的意识的道路，而这也是它可抵达的最高点。因为甚至神之所以可以号称"全知"，也不过是因为他在他所有的深渊中都能彻底认识自己，并且让自己贯穿在其中。不过在这里仍需要注意的是，我们说的是，倘若那个在本真意义上本该是统一体的基础和主体的潜能阶次，自行把自己从统一体中抽身而去，由此产生的统一体的一种更加宏大的对象性状态，即这个潜能阶次把自己从统一体中异化远离之后产生的状态。因为如此一来，统一体就作为应在者站在了能在者面前，这样的话，对能在者而言，统一体就成了本真意义上的"先行被抛者"（可以在"诱饵"的意义上理解这种"先行被抛"），当能在者突入存在，随后再次返回非存在中之际，在这种情况里，能在者自行从统一体那里抽离的活动，就明明白白地会让它更富生机和完满。正如福音书里说的"一个悔改的罪人，要比九十九个不需悔改的义人更让天国欢喜"，而当那个最开始本应为非存在者的东西，在它承载了存在的一切悲欣，最终主动再次把自己献祭给存在之后，岂不会带来更大的欢乐与欣喜吗？

第二十八讲

1821年3月7日

正如就能在者而言已经表明的,当它越渡到存在中之际,它的自由会得到进一步的启示和荣耀,同样也可以表明,当由法则所要求的统一体并没有从一开始就被设定,对整个生命的一种更为宏大的荣耀过程就会被设定;接下来的几个要点就会来证明这一点:

1)当能在者始终处在纯然"能"的状态中时,它就是其他潜能阶次的设定者,但也正因为如此,它也被那个不可消解的魔咒束缚着;尽管正由于这一点,能在者设定着绝对自由的存在,但这个存在也是一个绝对自由对它无计可施的自由,绝对自由对它一无所知,在它面前,甚至绝对自由自身也没有任何自由。所以,否定这个存在乃是更优的,因为通过这种否定,永恒自由也就成了从这个存在中摆脱而出的能在者。不过为了能在更一般的意义上表明这点,我们也可以说2)任何本原要走回自身,唯有通过首先被否定,因为只有对抗才会把每一个潜能阶次的自身给予它自己,因而让它成为自发且由己的力量。这一点不仅尤其适用于各潜能阶次,也同样适用于永恒自由自身。永恒自由与能在者相对峙,它并非独立自为的能在者,而是纯粹的现实,而永恒自由的本己特质就在于:一切无一例外地在面对能在者之际绽出的潜能阶次，都被永恒自由设定在了它们自己之外。这些潜能阶次跟能在者一样，都不可能退回到自身之中，因为它们的自然本性拒斥这一行为。这些潜能阶次也绝不可能处在潜能阶次状态里，而是只能外在于它并且相对地在此状态中存在。

恰恰唯有这点，才使得一个现实活动着的、切实的存在得以可能，所以正如人们习惯说的，永恒自由可以被叫作cum dictu[号令者]或者actu[使……实现者]。然而由于"能"的潜在性，永恒自由最初的存在并非一个现实的存在，即一个行动性、生命性的存在，而是一个无意志也无行动的存在。而只有当那个对它的存在进行否定者，也就是对抗着它的存在的那个东西，在克服它最初的存在之际，才会产生一个现实活动的存在。必在者不可能从自身出发就踏入潜能阶次状态，应在者也同样不能，从必在者一方出发来看，应在者的这种不可能性甚至更大，而永恒自由则更不可能从自身出发越渡到潜能阶次状态里。也就是说，永恒自由不可能现实活动地越渡到存在中。只有某个他者在它之外或者在永恒自由的存在中阻碍着它的时候，永恒自由才可能从现实过渡到潜能中。或者说，永恒自由倘若要能再次作为现实活动之物，那只可能通过本不该存在的应在者越渡入存在，或者说，应在者让自己存在起来。但当这个应在者从现实过渡到潜能，绝对者的潜在性要素也就以此方式被扬弃了，在这个环节里，绝对者也就从潜在状态过渡到了现实活动的状态里。更一般化地来表达就是：唯有当某物自身，或者说，只有当一个不同于它的他者在它之外从现实复又回转到潜能中之际，万物才可能过渡到存在中。这个他者只可能是这样一个他者：它依其自然本性仅仅应当是潜在的。恰恰由于应不存在的东西，把自己再次挺立为了存在，永恒自由的存在才会作为让一切存在起来的存在者现实地去存在,也就是作为一个现实活动着的东西成为现实活动之物。

3)至于能在者是从一开始,在没有自己的知识和意愿活动的情况下原本就是现实的存在者,即一个可得开显者或一个外在性的东西,还是它其实是从幽暗中作为超胜万物者,仿佛出云之日刺破万物那般绽脱而出,换句话说,是原本就意图在能在者的存在中抵抗它的东西把自己转化到了纯然的存在中,还是自发把自己转化到了纯然的潜能阶次中,其实对于能在者的神圣化过程来说都没什么区别。

如此一来也就表明,那个由法则所要求的统一体,本该合于终极因果性地从一开始就存在。

在这个地方,我们大抵完全有理由引用一位教父说的话:"罪人有福了"——这里的"罪人"当然是指另一种意义上的——"因为生命的越渡,生命完满的展开、解放与拯救,将紧随此罪责之后。"

到目前为止,我们还仅仅站在一般性的科学立场上,这么做只是为了表明,那个由法则所要求的统一体并没有一蹴而就,因此是更优的。倘若我们现在要从我们自己特有的属人视角出发,那么能在者进入存在的过渡则会必然地对我们而言呈现为自明的。因为倘若那个由法则所要求的统一体从一开始就存在,那么也就既不存在受造实存的空间,也不存在创造者的空间。倘若我们想从这个探究的眼下环节观入未来,考察受造物如何首先踏入实存,进而考量,能在如何走出之前的状态踏入属于创造者最初创造活动的存在,乃至进一步考量创造者进行创造的深远动机,那我们一定会获得一个原为宏大的概念,即"生命的扩张",我们也会愈发认为,能在者的这一越渡乃是必然的。倘若要一言以蔽之,那可以说,在那个最初的统一体中，只有一个独一者，也就是能在者，它仅仅是其中唯一的存在者。正因为如此，当它从统一体中绽脱而出，它也就让自身首次得以阶次化①，确切说，是得以无限地阶次化。这种对独一者的复数化折叠就发生在创造过程中；所谓的创造不是其他，正是一种对独一者的复数化折叠。并非在整体意义上理解的"人群"或者"人性"是中心，相反，每一个个别的人都是一个特别的中心。每一个人都是那个曾经是中心的东西，所以也就存在着无数的中心，而这些中心所反映的，正是生命无穷的复数化折叠；所以，一种对生命的无限复数化折叠或者说反应也必然会产生。不过就眼前的讨论来看，还远远不是讨论这一点的时候，这一点目前对我们来说过于遥远，所以我们现在也不可能强行找一个理由去讨论它。

我们现在只能着眼于眼下已然展开的关于优先者和无限者的基本观点，与我们整个时代所具有的那种意味之间的关系。

之后将是有限者的东西，确切说，在其最深的潜能阶次中恰恰是有限者的东西，那个乃是有限者最深潜能阶次的东西，在我们的观点看来，恰恰就是中心，是支配万物的力量，曾经有一个瞬间这个中心就是万物，即便这个瞬间仅仅稍纵即逝，万物也仍以此方式曾在这个中心之中——这个瞬间也就是万物自行运动到之中的"枢点"。在它绽脱出位以前，它就已经是这个枢点了，运动应不应当存在，或者时间应不应当存在，都取决于它。也就是说，这个现在降卑得如此之深的东西，恰恰就是中心。而在这整个运动中，事关宏旨的

---

① 这里的"阶次"一词并非"潜能阶次（Potenz）"，而是指阶数或者乘方，即multiplikabel，但这个意义也包含在"潜能阶次"这个术语中。——译者注

就是对这个中心的再次确立和解救。这个基本观点恰恰刻画了我们时代的转折点和一种欲求，这种欲求不仅在外部，也在内部展示着自己，同时宣告着人类的内在尊严和不可摧毁的自由。在外部，它通过为自由的法所进行的斗争宣告自己；在内部，则是通过在德意志的科学唯心主义中宣告自己。这种欲求诚然一直在运作，在所有的宏大变革中都有它的身影，但它最初并没有完完全全认清自己，并没有清楚把握自己，所以会在途中走上歧路。

倘若正如费希特所说，人类意识就是原初的在此存在者，那么他的这个观点其实就已经误入了歧途。但倘若他说，那个让人类意识是其当下所是的东西，乃是原初的在此存在者，是独一的大全一体者，那他就说对了。"要让最内在的自由去存在起来"恰恰才是实实在在的最初在此存在者，是实实在在把一切都排除在外的最初者，一切唯有通过排斥活动和排出活动才会绽脱登场——人类意识仅仅是对这个最初在此存在者的重建和再次确立。

如此也就能清楚理解，并且根本上来说，单凭这一点就能清楚理解，能在者过渡到存在中，也就是在永恒自由的终极因果关联里过渡到存在中的意义。如果要问，为什么那个统一体并不从一开始就首先存在，那回答就是，它本不该存在，这里的"本不该存在"的意思，跟我们说一个绝对的要求，一个极强的愿望时候的意思是一样的，不管是这个要求还是这个愿望，都是我们尚且不拥有，也不该发生的东西，因为它们指向更高、更深远的目标和理由，除非这个目标实现，否则我们会认为它根本就是不可能达到的。不过，这种"指月"式的说明并不能让我们满意，我们想就能在者自身而言知道，它是如何能现实地过渡到存在中的。在这一点上，我们要再次回

808

头去考察能在者。当法则对能在者说:"不要去欲求存在"的时候,我们之前就在这个环节里离开了这个本原。而当法则对它如此道说之际,它也就因之而意识到了存在,如此一来,它也就成了现实的自由,也就是作为自知着的自由去存在。作为如此这般的自由,它现在不再是一个单一的潜能阶次,因为它现在不再像曾经那样,只能是不自知的自由,而是自由自身,是绝对者。这对我们来说诚然是事实,而非法则。因为如果它真的自以为是永恒自由,那它就会成为纯然偶然的存在。正因为"要去作为现实的自由存在"仅仅是事实,而不是法则,所以法则对能在者的要求,是以自由意志自行去考察自己——是作为自身并非万物的存在者,把自己设定为纯然的能在者,让自己始终停驻在能在者之中,还是把自己视为一个个别的潜能阶次,视为存在的最深最低的潜能阶次?所以法则对能在者的要求,是让它自行把自己设定为必然存在者,也就是必在者,还是说把自己设定为"非己",或者或许也可以用费希特的话说,设定为非-我,也就是在自己之外把自己设定为A^2,都取决于能在者的自由意志。法则也同时要求能在者,把应在者在自己之外设定为A^3,进而最终成为现实的自由。当能在者是现实的自由的瞬间,能在者也就把自己设定在了自己之外和之上,进而也把自己设定为超越一切潜能阶次的彻底的无潜能阶次者。这就是能在者被要求进行的排除分离活动,不仅更高的各潜能阶次被排除分离出来,而且绝对者自身也要自在地被排除分离出来,在其间,能在者应该仅仅把自己视为基础,视为所有这些环节最深和最低的潜能阶次。这种排除分离的活动发生在任何场合,即便能在者没有现实地满足法则的意志,它也会发生。

在不再作为偶然存在者之际,能在者必定也会成为本应不存在者，进而会凭着某种必然性，并且以更高的"使命"把应在者从自己之中排除在外。因此，应在者也一并凭着某种必然性把永恒自由排除在了自己之外。从能在者的立场来看，应在者就是一个"所作所为处处违逆能在者自身意愿的东西"。如此一来，法则的意志也就在任何场合里都得到了满足。能在者当然无法预见到这点，所以正是在这一点上，产生了那些骇人的迷乱。也就是说，能在者在当下这个瞬间，切切实实把自己视为等同于万物的存在者，并且只是想着在存在中重新把自己确立为等同于万物的存在者。然而就是在这里，它又发现了它的这个设想其实是被绝对排斥的东西。所以在任何时候，它其实都在服务于法则，正如万物也必定服务于法则，只要某一物凭法则的意志而在，那另一物也会如此。不管是正义还是不义，善还是恶，都服务于法则。如果说，能在现在确实由于法则的要求和敦促，已经把自己呈现为等同于万物的存在者——当它还没有把其他一切都从自己当中排除出去的时候，他确实也就只能是这样一个存在者——，而法则仍然要求uno eodemque actu[所为一致]，要求能在者不要把自己视为如此这般的东西，所以在这个矛盾里，能在者自然也就在对自己最初的观视中保持不变，进而也就当然仿佛着魔了一般陷在这种自身观视中，因此也自然会忘记法则的要求：不应把自己视为现实地就等同于万物的存在者。所以这也是一个可以让我们把握能在者向存在之内过渡的点。当能在者显现为最纯粹完满的澄澈性，显现为永恒者和绝对者之际，它当然也就牢牢固守在这种观视中。它把自己视为绝对的澄澈性，视为本质和存在的完满统一体，而这恰恰就是精神，也就是绝对者在已得完满之际才有的特质。本质与存在的统一体这个概念，也就是其同一性乃是哲学中的根本核心点，所以也应当在这里讨论。关于神，经院哲学家说Est ipse suum esse[他的存在就是他本己的本质]，这句话可以倒过来说：Suum esse est ipse，意思就是恰恰除了他自身，神不拥有其他任何存在。而存在与本质的这个绝对同一性，也必须完全在能在者中设想。关于这个统一体，我们可以说：它自身就是它的存在，它的存在正是它自身，除此之外它没有其他任何存在。倘若我们也要说，能在者就是意志，就是这个意志的存在，就是自由，那么就凭这一点也仍得不到任何东西；因为澄澈的意志恰恰就这个自由自身，而恰恰就是意志的存在的这一自由，正是澄澈的意志自身。在这里，谓词和主词（主体）再次落入了彼此之中相和为一。所以从根本上来看，我们虽然能在概念上把谓词和主体分剖开，但在实际上还不能把这两个概念分剖开。也就是说，能在曾经就处在这么一种存在与本质彻彻底底的同一性中。而这就是我们进行下面进一步说明的起点。

第二十九讲
1821年3月8日

进行决断之前的能在，就是存在和本质的彻底统一体。本质或者说意志的存在就是自由，但自由自身也复为意志。自由的本质就是意志，但意志也不是其他，正是自由，两者根本上就无从区分，而这就是我们必须从中出发的起点。

当法则对意志说："不要去欲求存在"，或者说"你不可妄称自己为自由，不要自以为自由"之际，它就恰恰以此让自由成了某个不同于意志的东西。也就是说，法则其实才是那个在能在者中做出如此区分的东西；但这个区分是一个纯然假想性的，而不是在现实中持存的区分。但当意志把自由视为某种能拥有的东西，在意志之中也必然会产生如下的看法：自由必然也能作为自身如其所是地为自己所有。意志以为，它能让自己成为存在。这样一来，由于法则的敦促或者说运作，也就产生了两重性的后果：1）意志现在首先把自己视为非存在者，存在的缺乏者，在之前意志并不会把自己视为这种东西，因为在此之前，意志曾经完满地被自身充满，这正是因为它之前无欲无求，所以我们也可以用一位晚近的拉丁诗人的话如此描述这个状态里的意志：vivo, me plenus, nihil appetento[我不假外求，唯凭自身而完满]。唯有当法则说"不要去欲求存在"的时候,能在者才仿佛从存在中被抽离了出来,把自己视为对存在者缺乏者。从另一方面来看,能在者这个时候也就会把存在视为某种有吸引力的东西,某种自己还不是的东西,某种反倒唯有通过吸引活动才能通达获得的东西。在这个时候,自由仅仅作为意志未来的或者可能存在的图景站在能在者面前,在这个想象出来的图景中,自由是意志最初的预先筹划的蓝图(在"诱饵"这个意义上理解)。而这个作为图景的存在,也就是这个在意志面前作为图景而呈现着自己的存在,无疑是已然与意志分离的女性形象,也就是意志最初的追求者,它把意志从深渊中引诱出来,并试图把它吸引到自己身上。也就是说,直到目前为止,正因为存在还没有被吸引,所以它在自身中还是无限的。但是当它主动在意志面前把自己呈现为从某个无底深渊而来的景象,让自己在意志面前搔首弄姿的时候,让意志以为自己能够凭着这个无限的可能性成为全能的,即一个独一的、绝对的、无物能在自己之外续存的本质。然而存在也处在意志的强力下,意志的强力能从这幅图景中把它撕扯出来,从而以此方式否定它。但随着越来越深地在这个存在的图景中不可自拔,意志最终会被引入一个无度的状态:它去欲求存在,并因此点燃自己,要让自己去成为存在活生生的对立面,去成为现实的非存在者。但这就产生了一个亟待解释的新概念,即"非存在者",而且这种急迫性会越来越强,因为这个概念是一个普罗透斯①,它已经把大多数思想者引入了歧途。到目前为止,我们对"非存在者"的认识,已经远远超出了一般认为的

---

① 指的是变化无常、无可捉摸的海神,也是谢林当时的绰号。——译者注

那种它仅仅表达出了对存在的纯然缺失的观点。相反，我们是把能在者设定为非存在者。借由这一点，我们并不是想说，能在者是存在的对立物，因为倘若如此，那能在者或许接着就必定要么是存在的吸引者，要么是存在的拒斥者了。但能在者并非两者中的任何一个，相反，它是处在对存在无差别状态（漠然无殊状态）中的非存在者。所以我们也并不是要说2)，非存在者并非像那些普通人对这个词所理解的那样，是彻彻底底的无，因为它毕竟仍是能够是且不是永恒自由的东西，相反，真正的无乃其所是即无，且其所是只能为无的东西。我们并不否认，非存在者有存在的可能性，我们只是否认它的现实性。比如当我们说某个孩子没教养的时候，我们并不因此就否认了他之后可能会有教养，我们只是否认了这个孩子眼下的有教养状态。把诸如"没有教养"这样的概念排斥在外，或者拒斥掉，也不会设定任何东西；因为这并不会把谓词排斥在外，也绝不会把主体，也就是可能性彻底扬弃。所以在非存在者的第一个概念中所包含的那个"非（无）"，就要以此方式在纯然剥夺的意义上理解。在这种意义上，它跟我们说的"不是个东西（Unseiende）"的意思并无差别。甚至"不是个东西"这个概念，也只是一个纯然表示剥夺的概念；因为当我们说，这不是个东西的时候，我们实际上已经把它认作和设定为非存在者。"不是个东西"所道出的，仅仅是断然明确的剥夺状态，而非存在者则是对存在的自身弃绝。当人们对于一个孩子不可以说他没教养的时候，跟对于一个成年人也不能这么说大抵是同一种情况，因为在这两种情况中，概念都是具有明确决然的相同的意思。现在，非存在者的另一个概念也把自己呈现了出来，也就是"现实的非存在者"这个概念，它是存在的对立者，但仍非虚无。但

813 这里有一个矛盾：如何可能有一个本原，它既是一切存在的对立者，但也并非因此就是虚无呢？可这恰恰就是因为，存在的对立者仍是"某物（Etwas）"。也恰恰因为这个概念过于艰难，所以所有肤浅的哲学都在尝试绕过它，这也是一切时代的智术师的做法。人类无一例外地反感否定性的东西，正如人类总是对肯定性有所偏爱。间接地把自己传达出来的东西也好，直接启明给人类的东西也好，转而朝向人内心的东西也好，拒绝自己被人心所知的也好，都不是人类仅凭自己就能如此轻易去把握的。每个人都感觉到，是与否、光与暗、直与曲是对立的，但没有人能明白说出为什么，遑论把这些概念一并提升为科学了。但唯有在否定中才蕴含开端，一切力量莫不如是。纯然的扩张是赢弱的，因为它会不断流散，只有当它与一个对它进行着否定的东西对立之际，它才会强大稳固。所以与之相应也可以说：否定性的活动，也就是吸引性的活动，才是真正意义上自然的根本性力量，而自然的强大稳固也在于此。从人生和现实中可以举出许多例子，来让这个难解的概念得到直观。一切有形存在物最内在的东西正是一种吸引性的、收缩性的力量。我们不可以只在纯然机械意义上理解这种力量——在对物质进行建构的时候，康德就是在机械意义上理解的——，相反，我们要说：一切时间性的存在物都是在一种对存在的持续不断的吸引中被把握。一切时间性的存在物都囿于自己对其存在的渴望中，倘若把它们所有的存在脱弃掉，那么它们马上就会沉入虚无。如此一来，一切力量自以为强大稳固的凭依在那里呢？一切时间性的存在物囿于自身实存的凭依又在哪里呢？但倘若我们说，它们所囿于的这个东西就是它们自以为强大稳固的力量自身，或许会更正确。而这反倒是受造物内在的空洞，是它们意图持续不断去填满的空洞。所以正如一部古书所言，从这种欲求出发就导致，太阳底下的一切都充满劳碌。这是一团不断吞噬着的火焰，会在持续不断的危险中不经意喷发，而生命就苟且在这团火焰时不时的熄灭和减弱中。倘若这团火焰喷发而出，比如在有机体中喷发，那就会产生疾病，产生"发烧"（这个词就是从"火焰"而来的，古希腊语 πυρετός[发烧]就源自πυρ[火]）。

所以古代人把疾病解释为一种反自然的状态，不过一些赶时髦的理论家也试着反对这个说法，他们的手段是强行宣称，自然中不存在任何非自然的东西。但无论如何都必须接受，自然中存在一种有敌意的欲求活动。正是在这种力量不断绽脱而出的持续危险中，在这团火焰衰减中，自然才能够登场；倘若没有这个本原，即这个不断为自然赋予精神，进而也要把自然作为自然扬弃的本原，那或许一切都会陷入松散无力的状态，陷入缺乏生机的不作为状态里。倘若生命不该疲软迟滞，那这个本原可以说就是那应当持续紧绷的生命弓弦的拉动者。以这种方式也能反驳那种在哲学里认为"不存在任何错误"的谬论，因为人们通常所说的错误，就是与真理相对立的东西，真理是有实在性的，那这样一来，错误作为真理的否定性对立物，大抵就是没有实在性的了。但错误不可能纯然只是真理的否定性对立物。柏拉图尤其就这种谬论和当时人的概念特别强调说，智术师的本性就是逃避虚无的幽暗，以便去证明错误并非疾病。

不过在这里也需要捎带一提柏拉图在《智者》中的一些首要的根本哲学概念，正是在这部对话里，非存在者存在的必然性得到了最普遍的呈现，若无非存在者，真理与错误也就无从分离。在这部对话里，柏拉图讨论了非存在者的第三种概念，在我们接下来的探究里,我们也会走向这个概念。

倘若我们不得不普遍接受"现实的非存在者"这个概念,那伴随着它愈发必要,下面的问题也会愈发急迫:非存在者是从哪里产生的呢?它的起源是什么呢?我们现在正站在这个问题上!为了让这个问题更清晰,我们可以把这个问题表达得更一般化一些:根本上来说,任何一个东西,比如X,究竟是如何能不是另一个东西,比如A的?这只能通过"意愿"概念来说明。一切意愿成为"某物"的东西,都是某种明确决然地并非**现实**的东西,所以正因为如此,这些东西自身才是"某物"。所以照此而言,前面的那个命题倒转过来也是有效的:凡是无所意愿的东西,也并非现实地就是无,它们自在地就是一切。也就是说,那个彻彻底底无所意愿的意志,正是因为它无所意愿,所以它才是一切。任何一个"某物"要从这个等同于一切的存在中绽脱而出,都只能通过去意愿某物才能绽脱而出;我们现在恰恰就要对这个"某物"做专题考察。综上所述,我们要说的是,那个否定性的、与存在对立的本原不是其他,正是空洞的意志,正因其空洞,它才试图去吸引存在,所以这种意志才是欲求着存在的意志。而这里所说的"欲求"正是"非存在的某物"的概念。但如果说,最初的"某物"是通过意志把自己与存在对立起来,进而去欲求存在而产生的,那么很明显,这一与存在的对立唯有在现实的欲求活动,即在现实的吸引活动,也就是欲求和吸引的现实中才会发生。这种吸引活动自身乃是某种必然发生的东西,因此,这一对立也就是最初发生的东西。这个进行着否定性运作的活动,也就是对存在进行的吸引活动自在地看乃是无,只有在吸引活动中它才是否定性的东西,这种活动是一种绝不会成为存在者的活动,相反,它是一种永恒持续的生成和产生的活动。但这样一来,现在在对我们而言事关宏旨的恰恰就是,这个仅仅进行着产生活动的东西,即并非已经先行存在着的存在者究竟是什么。并非先行存在着的存在者,而仅仅是那个曾经预先就不以任何方式和样态存在的东西,只有这个东西才始终构造着全部宏大的运动与事件的开端。能够从某个先行之物中推衍的东西,仅仅是作为链条中的环节,所以不能构造开端。开端之所以能被设定,始终唯有在于它能让某种全新的东西通过它全新地产生。不过我们也需要从另一方面考察,这个开端的意志绝非自在地存在,而是唯有作为吸引者和产生者才存在。但在进行这种吸引活动之前,这个意志曾经又是什么呢?它是无所意愿的意志,等同于存在,就是存在,唯有伴随着存在,意志才会作为吸引者绽脱登场,作为对存在的吸引者的意志,和作为被意志所吸引之物的存在,只能在一种彼此的交互共在中同时绽脱登场,两者乃是彼此共属一体的。两者中没有任何一个是某种自在之物,两者只有在彼此的对立中才据有实在性,两者乃是相伴共生。撇开意志不看的话,意志和存在这两者就是同一个东西。正因为如此,纯然显现活动的世界,纯然假想闪现的世界才会在这一点上开启,在这样的世界中没有任何自在存在的东西,相反,在这样的世界里,一切都仅仅相对而在。在这种对存在的抽离活动中的意志,正是精神性的东西,在这种相对意义上理解的意志,比澄澈的自由自身更具精神特质,因为后者仍在自身中拥有存在,进而意志作为吸引者就这种相对的关系来看,乃是一切之中最富精神性的东西。——现在,伴随着这些讨论,我们也就获得了一些最终的前提,这样一来,我们也就能够完备地去说明进入存在的过渡了。

816

第三十讲

1821年3月9日

　　直接先行于越渡入存在这一活动而发生的事情，乃是在澄澈意志的内核里发生的二重化活动，在这个活动里，意志首先看到了自己，把自己视为自由，进而以为，它也能够在现实的存在中拥有自由。但对这一越渡活动的直接规定者，乃是把自己视为绝对者，视为等同于一切的存在者的意志，当意志如此看待自己之际，它也就以为它能够作为一切存在。然而只有当它不如此误认自己能够是一切的时候，它才是一切，一旦它误认自己能够是一切，那它就会失去原初的荣耀。这里所说的这种关系，若用之前已经讨论过的关系来解释会更加清晰。在这里刚刚讨论的这种关系，其实是对之前讨论过的那种关系的重复，而它们也是解开关系带来的困难的钥匙。比如倘若对我们来说，从基督教来看还有许多东西一直晦暗不明，那只是因为我们只知道新的关系，不知道旧的关系。根据《圣经》的叙述，最初的人类实实在在地 instar Dei[等同于神]，但最初的人类的这种存在状态，仅仅只能算得上是一种质朴状态，因为人类原本就并不真的意愿如此存在。所以从这一点出发也就可以解释神所说的话"看哪！亚当已经变得如同我们一样了"，很明显，这里的"如同"一词已经做出了一个区分，并且明确表达出：亚当不再纯然直接地等同于神，而是如同神一般，"如同"在这里就表达出，亚当不再实实在在地直接等同于神。亚当的存在现在是某个彻底不同的异在，它不同于某种处在质朴性中的存在，而是一种具有自身性的如自身所是的存在。这样一来，在澄澈的意志，或者说在它的自我妄断产生的自欺中，也就产生了一种必定不可避免的迷乱：意志以为自己可以作为自身如其所是地存在。但倘若没有这种自我妄断的自欺，那这样一种越渡就会是不可能的。因为根本上来说，一切开端唯有通过迷乱、诱唆才是可能的。但如果进入存在的过渡的最后一步是不可避免的，那么保持住这一疑难，或许比某个使徒所做的要更加适宜，这位使徒曾经最为深入地进入哲学的概念，并且用哲学概念来解释《创世记》中的原罪问题，具体来说，他是用意志由于某种突然产生的意趣（Lust）而堕入或者说卷入的沉迷状态来解释《创世记》中的原罪问题。也就是说，我们可以把纯然的被吸引状态，以及由之产生的无力状态，都称为纯然的"意趣"。这种意趣若无意志就是无，它原本就是意志的身外之物，但这个身外之物之所以存在，也不过是意志允让的产物。它纠缠着意志，请求意志把它启示开显出来，但也恰恰由于这一点，意志就自行把自身与它在外部对立了起来。这样一来决定性的点就在于，意志被存在引诱抽离了出来，进而成为外在的，而存在反倒成了内在的。

817

当上面的情况发生之际，下面的事情也会以此方式发生：作为引诱者或者说可欲图景的存在，始终在愈演愈烈地把意志吸引到它自身之外，把意志拉到自己身上，把它拉出无所意愿的漠然无殊状态，进而最终由于某种惊讶、闪耀和痴迷，意志被现实地引向了意愿存在的境地（参见 Jac[《新约·雅各书》] I: 13 里的 πειραζεσϑαι[诱唆]一词，在其中包含了前面说的所有东西，即一种摇摆在有自由意志和无自由意志之间的存在状态）。就这一点而言，我们也可以援引古代的寓言故事，如果这些故事没有承担什么更大的政治含义，那它们就会在古人私下的秘密流传里得到原汁原味的保存，不会有太多让它们被改得几难辨认的工饰的痕迹。解释意志进入存在的这种过渡以及意志的这种沉降，乃是古人在他们的"秘传学说"里的任务。所以在罗马人那里，秘传学说也首先被称为 initia①，因为这就是秘传中的本质性要素；如果说在公开的祭仪中，那些仿佛源自高天的潜能阶次，比如荷马所谓的奥林匹斯诸神构成了首要的事情，那么在秘仪中则与之相反，那些幽暗的原初潜能阶次才是首要的事情。也就是说，原初潜能阶次是无所知地在行动，仿佛无所意愿地在意愿它们所意愿的东西，进而引发了让自己得到外在化、在外部呈现的后果，只有在这种情况下，最初的意志也仿佛被这些潜能阶次推动着出现了。——反正不管怎么说，另一个使徒用来讨论罪责的话在这里也是适用的，他说："我并不知道我所做的事情；我也并不意愿我所意愿的，我意愿我所厌弃的"，也就是说，我意愿我并不意愿的东西。——在意志的这种情况里就是如此。这个意志无法预见到自己能得到满足；而恰恰是那个它所不意愿的东西，即它所厌弃的东西——毕竟法则曾经劝慰过它，要它把自己设定为永恒自由的最深潜能阶次，但意志现在反倒无自己意志地在任凭存在的引诱和摆布

---

① 这个词也有"本原""开端"的意思，这个文本的标题也是 *Initia philosophiae universae*，应注意这些联系。——译者注

行事。也就是说，意志无所知地在行事，也无所愿地意愿它本不意愿的东西，如此一来，它也就到了要主动去吸引存在的地步，进而以此方式，它也就不得不过渡到现实的存在中了。但倘若我们还想在眼下进行的说明中往前更进一步，并且把握为什么在这种情况里，意志根本不可能不绽脱而出，那我们唯一能说的就是，在意志无所意愿之际，它就超越于一切自然之上。但根本上来说，仅凭这一点，除了把我们之前已经知道的东西又说一遍，其实根本就没有解释什么。可恰恰就在这种自身不去意愿的状态里，蕴含着一切超越自然的状态，而根本上来说，一切自然的开端就蕴含在自身欲求的活动中。所以这个意志乃是超越一切自然之上、必须让自己一无所有地保持在无所意愿状态中的意志。正如人类不能主动脱弃自己的存在，也不能主动放弃自身，这种状态里的意志也不可能不把自己交付给存在。尽管这个最初的意志眼下还是超越自然的东西，——毕竟只要它还是永恒自由，它就会超越一切自然——，但它并非作为自身如其所是存在着的超自然的东西，正因为它并非这样的东西，所以这样的意志在根本上仍仅仅是一个自然性的东西，所以它过渡到存在这件事情的发生，不过是据其作为意志的自然本性罢了。甚至就这一点而言，我们完全可以又从与人类意志的类比出发，来考察这个最初的意志；下面这点对人类来说其实完全是一样的：在其他人的视角看来最轻而易举的事，也可能是自己看来最难的，这就是每一个人自发产生的"公正无私"。比如对孩子来说，大人超越于自然之上就是自然而然的。万物以及一切区分都蕴含在意志中。人们习惯说：对人类而言，意志就是他身上属天的东西。然而人们至少还得说：静息的、无意愿的意志，或者说已得静息的意志才是人身上属天的东西。但在这种意义上其实反倒不如说，意志这个对人来说属天的东西其实也是人的地狱；这正是因为属天的东西翻转过来就成了地狱，地狱不是其他，正是对属天的东西的永恒寻求而终不可得。如果人类注定要始终保持为在万物的肇端中被翻转显露出来的中心，从而以此维系万物的持存，进而成为永恒者，并且如果人类也同时要让这个中心运动起来，那么物理性的死亡现象恰恰反倒是一条道路。通过它，人类把那个被翻转显露出来的中心再度移置到内在的状态中。在这个状态里，除了以内在性的方式存在，中心再无其他存在方式，因为所有外在性的东西都被它扬弃了。所以并没有任何可以拒斥的理由，让种种精神性的东西不从这种内在状态中断裂并走出，因为对这些东西来说，无所意愿的意志的那种静息状态，也就是那种属天的东西自身已经转变为地狱，因为它们不能保持在这种内在性状态中，所以要再次让自己成为在外显露的。古人关于塔尔塔罗斯地狱的种种观点，诚然比许多今人认可的关于意志的观点要更接近我们上面讨论的情况。现在回到讨论上——让人类得到静息的意志就是他身上属天的东西。每个人都在寻求这种意志，不仅那种受无所意愿的意志在心中燃起的吞噬一切烈火所煎熬的人在寻求它，甚至那种盲目投入并放任自己欲求一切的人也在寻求它；因为即便是后一种人所不断寻求的，也不过是自己在其中不再需要去意愿欲求的状态，只不过这种人与前一种人的区别在于，他在这种为无所求而不断进行寻求的路上，终究与无所求渐行渐远。

　　古代人把那个从统一体中绽脱出现的最初存在者称为不幸之物，它就是不幸本身。一种最高的满足只存在于瞬间里，这些瞬间就仿佛永恒一般临于我们面前，我们希望它们能就这样停下来继续下去。但恰恰就是在这些瞬间里，在没有我们主动参与的情况下，心也就主动对欲念敞开了自己。当我们意愿去把瞬间地满足变成持存的对象，心就会被欲念侵扰；而当我们如果愿意在这种满足中审视自己，那欲念会恰恰因此而直接在此被消解。这些欲念性的法则和本原并不远人，反倒就环伺着人；只消人在心中看它们一眼，打开这个最初的存在者封印的钥匙，就会在自己之中找到。总的来说，那个澄澈的意志不可能有所意愿，而当它无所意愿之际，它就是超自然的，可当它有所意愿之际则是自然的；所以我们可以说，越渡入存在是自然的，不过要是还想用一个更精确的概念来表达，那我们可以说，这种越渡在某种意义上并非任意的，也就是说，是有某种意义的。如果有人说，他做这件事或那件事并非任意的，那他借此也并不是要说，他是在对自己的行为有所支配和了解的情况下，仍没能去克服相对立的意志，而是仅仅想说，意志并没有得到深思熟虑，进而行动产生的事实先行于意志，让意志感到惊讶。所以这样的说辞在任何一种行为里都只能算作一种坏的道歉，一种对自己行为并不充分的脱责，这种说辞跟某个人说自己做这件事或那件事并没有深思熟虑并无区别。这就是我们在此需要明确道出的概念。在最初的意志中也是一样，行动的事实也无疑先行于意志，所以其产生的行为，也就是越渡并不是任意的。就这一点来说，我们也要在一般意义上注意，谁若要在哲学中寻得真正具有说明效力的概念，那中间性的概念就必须要一并寻得。那种只根据矛盾律这样的基本规律来判定一切的人，或许是聪明机巧的，但充其量不过是个智术师，只会为自己支持或反对的一切信口雌黄，而不去寻求真理。我们怎样已经在存在和非存在之间找到了中间概念，这里的情形就是怎样；诚然，在最严格意义上的自由和必然之间存在一个中间性概念，这概念就是"非任意性"这个概念。而进入存在的越渡诚然并非自由的，而是由纯然的必然性产生的；在这一点上无论如何要看到，既然这个行动的后果并非一个在最高和最终意义上的自由行动的后果，那么必定就有某种厄运，盘旋在这个意志上空并支配着它。也就是说在自由的存在物之上还存在某种命运。我们把自由的命运称作那种作为自由之前提预设的必然性，但这种必然性仍处在与自由的纠缠中，因为它从自由存在物的行为中，产生出了一个并非这些行为的意图、意愿，甚至这些行为根本没有预料到的后果。即便在这种意义上，在这一行动的后果之上，仍有一种厄运在支配，因为更高的意志根本无法呈现出什么会从这个后果中涌现出来。然而在另一种更明确的意义上，我们也必须把这个厄运理解为尽管悬临于这个后果之上，但也福祸未决的厄运，因为在此不断进行着生产的乃是最初的存在者，是一切存在的开端，也是最初现实的开端本身。但在真正意义上来看，没有任何东西能够以自己的意志去意愿成为开端，但倘若没有自己的意志，也没有任何东西能够去意愿成为开端。开端始终是非正义的东西，是应不存在的东西；但没有任何东西意愿以自己的意志成为非正义的东西，相反，每一个存在物都意愿，尽可能去成为真正意义上的存在者。开端之为开端，唯有通过在它之后的某个他者得到设定，而开端也由此成为根据，即成为某个他者实存的根据。某物要成为一切他者的根据，就要为了一切他者之故而实存。但世界上没有任何东西，愿意仅仅为了某个他者之故而存在，相反，每一个突入存在的存在者，都至少必然会显得仿佛仅仅是为了自身之故而实存。但倘若某物在没有自己意志的情况下，就成了某个他者实存的开端或者根据，那反倒是更不可设想的。所以就这一点而言，某物若无自己的意志诚然不可能成为开端。从这一点出发就能明白，在某个是开端的东西之上，必然盘旋支配着某种厄运，某种致命的必然性，根本上来说，若无一种自欺、自身被蛊惑和巧妙的蒙骗，就不会有开端。所以在被自己的特别兴趣勾引和蒙骗到了自己之外以后，意志就把自己张开给了存在，进而真正意义上支配存在的力量，也就是意志，就成了外在的东西；它会一直持续不断地、一浪接着一浪地朝向这个存在，想要对它产生直接的影响，因此那个之前无物可以填满的位置，现在就以这种方式得到了充实，并且通过意志的收缩而变得致密。所以就如同《圣经》上说的，现在意志感受到自己已经为自身接纳了属于它的本己存在，如此一来，这个意志不再是被假定的自由意志，而是无所拘束的自由意志。正是通过它把自己先前允让不顾的存在转变为自己内在的，才让自己成为最初的存在者。它之所以能让自己首先成为一个存在者，正是因为它先前就是那个唯一的存在者；正如人们所说的"美"或者"真"等等意义上的统一体，都建立在一种"归一"的活动上，也就是建立在一种吸引活动上，凭着这种吸引活动，一种把其他东西都内包在自身之中而产生的统一体也就同时与之必然联结起来了。一切吸引和分有着某个存在的东西，仅仅是在分有这个存在，正因为如此，所有的这些存在者都不再是存在。在这个意义上，所有在这一存在中的统一体也都建立在这同一种关系上。比如说，纯然把"美"吸引到自己身上的存在者，正因此把自己设定为非美，所以反倒只可以把自己设定为一个对美的分有者。这大抵就是那个首先并且先于一切他者的最初存在者的概念。正如它在我们面前产生的那样，在这个存在者面前，首先有两重对立性的东西：

1)在第一种意义上的非存在者,在这个意义上,作为存在者去存在只是被它所否认而已,它仍保持了允许自己去作为存在者存在的可能性。在我们现在的意义上,这种非存在者是偶然存在者,或者说,是能够不如此存在的东西,因此它也是它自身的对立物,毕竟它能够是永恒自由。2)甚至还能跟第一种意义上的非存在者相对立的非存在者,也就是彻彻底底的不存在者,即真正意义上的虚无,Non ens,从未有过存在的力量的东西,压根谈不上有一个Potentia essendi[潜在的本质]的东西;这个东西正是真正意义上的虚无,它压根从未是某个存在物,也根本没有存在的力量,它是一个Non-ens[不-存在者],这个概念一定要与Non-existens[不-实存者]相区分。非存在者的另一个概念,也就是"现实的非存在者"所涉及的,乃是那个作为存在之对立物的东西,所以在这个意义上,在这个非存在者面前产生的存在并不与它对立,反倒毋宁是这个现在所生成的存在者的一个要素,因为现在所生成的存在者是通过一种联结活动产生的,或者更确切地说,是通过把某个非现实的存在者归为存在的种属,并与之相联结而产生。如此产生的存在者,就是"能"和存在之间的居间存在物,既分有"能"也分有存在,它既分有潜能,也分有现实;这样的存在者是一个Natura hibrida[衍生的自然],一种居间性的存在物,它是从原初的"无极(Ungeschlechtigen)"中通过二重化的分裂而产生的。此外还存在一种与自然相悖的存在物,它首先是通过自然逐渐展开的进程而存在,它同时是认识者和被认识者,因此它自身就是矛盾;关于这样的一个存在物,必然可以先行预见到,它不可能停驻不变;正因为如此,这样的存在物最终会处在混淆和迷乱中,它现在首先就与自身黏附在一起,让自身成了自己的负累,成了真正意义上的对自己的"惩罚",这个存在物之所以最终会处在混淆和迷乱中,正是在于它相信,自己能够作为自己之前所是的那个绝对统一体,并拥有绝对的澄澈性。但它已经不能再作为这样的一个存在者获得这些了;否则它必然会把自己二重化地分裂开,它以为自己可以作为澄澈的自由,作为不受任何拘束的不偏不倚者,但它现在接纳了自己,并且与自身相黏着;所以与其说自以为是澄澈者自身,不如说它现在反倒会发觉自己是混杂而成的东西。

第三十一讲

1821年3月12日

所以当永恒自由要越渡到存在中的时候，永恒自由仍然自以为能够作为绝对的澄澈者，作为本质与存在的绝对统一体存在。然而这是不可能的，因为为了能找到自己，作为自己所以为的"自己"而存在，它必须首先把自己二重化分裂，这就导致它对待本质和存在之际不会处在一种静息的漠然无殊状态里，反倒会让它们处在对立中，如此一来，永恒自由也就成了自身的主体和客体。既然它现在是自身的主体，那它就不再是澄澈的能在，也就是绝对的主体了，相反，它只是相对的主体，如此一来，它就把自己的"能"和存在——它们先前处在一种巨大的彼此漠然无殊状态里——彼此搅和在一起了。在如此之际，永恒自由竟还自以为能够发现作为澄澈自由的自己并作为此而存在；但这是不可能的，因为当它把自己作为这样的自由去意愿，它也就把这个自由当作了自己的存在，进而仿佛要把它吸引到自身之中，从而正因为如此反倒否定了这个自由。也正因为永恒自由的本质是运动性，并且由于它要把自己吸引到自身之中，所以这种运动性就被阻碍了，进而永恒自由也就终止作为永恒自由存在了。这仿佛是一种只有必然性在其中的轮转，永恒自由在其中不断围着自己打转，在其中，它寻求着自己，但也由于这种寻求而不断地一次次远离自己。在这种关系中，仿佛就像一条古老的谚语所描述的：quaerit se natura, nec se invenit[自然在寻找它自己，但总是找不到]。正是因为如此，在这种寻求中永恒自由总是会成为某个不同于它在自己原初的泰然任之状态里的他者，同样因为如此，它也总是让自己成了对象，让自己仅仅成了自身的假象和阴影。没有任何尚未彻底远离最内在经验的人，会去寻求什么外在的榜样或者偶像，会用这些偶像的活法来代替自己。至于那种已经彻底远离了最内在经验的人，则只会让我们想到那些只会为他们自己、为自己小命而惊惧烦恼的人，这样的人根本就不会获得此生真正的至乐和满足。还有一个例子：倘若我们汲汲名利、为之竭尽智虑，一定要给自己博得一个什么"名号"，那结果就是，正因为我们靠着这种欲望想把这个"名号"仿佛完全"吸纳"到自身之中，在它和我们的智虑之间总是有一种轮转不息的运动——我们的智虑总是要把所求的名利驱赶到自己面前，再让它牵着自己走，以至于总是得不到它。所以在这一点上，有思欲就是一种罪责，但我们几乎不可能让我们停止这种思欲，所以我们其实是以自由意志明白展示出我们所追求的名利。同样，永恒自由最终也会以为自己能为自身奠基，然而现在已然在它面前成为对象的，仅仅是它自身形象的假象，是一个被造作而得、被幻想的自身。作为它现在所知的那个东西的"自身"，其实并非实际上现实存在的，而它真真正正所是的自身，又是它自己所不知道的，所以它就是这样首次打破了本质和存在之间的无差别。永恒自由既是"自在存在"的他者，也是"独立自为存在"的他者。

倘若不管在什么情况下，只要永恒自由过渡为存在，一切都会与它的期待相违，那么甚至它将会在其中显现的形式也是出乎意料的，也就是说，这个形式会在永恒自由面前纯然作为模糊暧昧的东西，作为偶然撞上的东西，并且在双重性的理解中，既作为纯然偶然性的意外事件显现，即1）作为一个已经实现了的现实之物，作为进入偶然存在的降卑；2）又在另一重意义上，正因为这个形式是某种与永恒自由的意图和意志相悖、偶然撞上而得的东西，所以在此也要注意，在那些最古老的对偶然之物的本原性哲思中，对于那些最初的潜能阶次是如何理解的。比如毕达哥拉斯主义者就用第一个从统一体中绽脱登场的数"二"，来称呼偶然之物、意外之物，称呼厄运之物和不幸之物。毕达哥拉斯主义者的这种叫法最具本质性，因为唯有通过这个偶然之物，一个真正的开端才可能得到设定。而这恰恰也是澄澈自由所遭遇的最大的迷乱，也就是它所发现的自己，竟是作为一个被规定和限定的形式，可它之前明明以为，能够作为等同于一切的存在者存在，并能发现如此存在的自己。从一开始，在永恒自由在自己面前把自己呈现为等同于一切的存在者之际，它就在这最初的自我观视中停驻不前，并希望自己也在现实中，在存在中发现如此这般的自己，作为如此这般的东西存在。但当它已经越渡而出，发现自己其实是作为偶然之物存在的时候，后果就与它的期待和自以为是完全对立了。它发现自己处于其中的这个存在的形式，乃是纯然偶然存在的形式；它不再是自己曾在决断之前所是的那个东西，即A^0，我们现在反倒根本也不能用A^1来标识它（因为这个潜能阶次是它之前把自己认作非存在者时之所是），相反，它现在是现实地已被二重化分裂的东西，所以我们只好通过$A=B$来标识它，在其中，A是内在性的东西，是存在，B则是外在性的东西，是进行着否定、吸引，不断向内钻入的力量。作为一个这样的东西,永恒自由现在是偶然的存在者,而作为偶然的存在者,它也必然会把必在者彻彻底底排除在自己之外,而这种排除则是通过一种现实意义上的"诞生"来进行。这个产生过程可以用一个物理上的例子来说明。一切流体在流动状态中都会具有一定量的"热",但这种热只是被用来维持流动的,所以这种热也被称为潜在的热。正如当物质由于冷而收缩之际,也同时会放热,进而让热作为热而可感。在我们这里对潜能阶次的讨论中发生的也是同样一回事。当能在者越渡到现实的存在中,能在者也就以跟上述例子一样的必然性把必在者排除在了自己之外,进而把它在自己之外设定为A^2。如此一来,我们也就在现实意义上把必在者作为必在者首先设定了下来,进而看到,只有一种从偶然存在者出发进行的排斥活动才可能去设定必在者。在这个意义上,偶然存在者是Seipsumexcludens[自发进行排斥者],作为A=B,它诚然是自行设定自身者,是一个自身构造出来的存在物。必在者只能作为由一个他者设定的东西存在,也就是说,它绝不可能是一个自行设定自身的东西。这个设定必在者的东西只可能是能在者,因为只有它才会把自己作为存在收缩起来。尽管能在者确实原本也是必在者,但并不作为必在者,必在者只能作为由偶然存在者排除分离而得的东西单独存在。必在者只能作为被排除出来的第二者存在,依其法则,也就是依其作为Principium exclusi secondi[被排斥出来的第二位的本原]的法则,它不可能是我们一般意义上所谓的Principium rationis sufficientis[充足理由律]。同样的情况也发生在应在者那里,因为倘若能在者始终保持在能在之内,那它曾经就是应在者。但当永恒自由把自己收缩成了偶然存在者,也就必定也会同样把应在者在自己之外设定为A^3。所以若无源自偶然存在者的排斥活动,应在者也不可能得到设定进而存在;因为只要能在者还没有沉降到偶然的存在里,那么它与应在者就不会彼此不同。只有在能在者进入到偶然存在以后,能在者和应在者才彼此分离。应在者只能作为被排斥出来的第三者存在,它的法则乃是作为Principium exclusi tertii[被排斥出来的第三位的本原]而存在。最终,同一个永恒自由现在已经把自己排斥分裂成了A=B,它曾经确确实实是现实的永恒自由自身,但当它进行了这种排斥分裂活动以后,现在也就必定成了这个被永恒自由从自身中排除出来设定的A^0了。作为自身如其所是的永恒自由,也就是作为自身如其所是的绝对者只能作为在对一切潜能阶次进行排斥活动的东西存在。因为之所以永恒自由要靠这样的方式才是永恒自由,正是在于它不可能是任何一个潜能阶次。它只能根据作为Principium exclusi absolute[绝对进行排斥的本原]的法则存在,而这也是矛盾的基本法则。这样一来,以这样的方式,同一种分离活动——曾经劝导能在者要作为观念性的能在的那种分离——,在这里也就成了一种导致实在性的分离。现在人们或许以为,根据这种排斥活动,自然也会突入存之中,但这恰恰与现在这个偶然的存在者相矛盾。这个偶然的存在者起初曾是一切,它不会想到会像现在这样把自己殊异化,想到这样会把自己从等同于一切的存在之中单独分离出来;相反,它之前毋宁只是想让自己即便在现实中也能作为等同于一切的存在者。所以这种有张力的存在关系A=B也适用于现在的情况,这个存在形式也会意愿成为A^2、A^3和A^0,也就是成为一切潜能阶次的总体,进而才能作为无潜能阶次者,即绽脱登场在一切潜能阶次之上和之外的永恒自由。能在者想抵抗这个进程,不愿意它展开为总体,作为这个进程内在核心的能在者想要保持为它之前曾经是的东西;因为倘若潜能阶次的总体达成了,那它就会成为服从于一切后续环节的最底层的东西。也可以说,在它原初的澄澈性中,能在者曾经处在它绝对的精神特性中,在这种状态里,它就是一切潜能阶次,但所有潜能阶次在它之中都是缩聚起来的,而不像现在这样拓展了出来。也就是说,能在者不愿离开中心,而是想停留在其中。能在者就是εξελκομενον[孤家寡人],它不愿把自己认作因被吸引而已经从自己之中被抽出的东西,它想要既是个别的东西,也仍保持为一切。到现在为了在作为这个个别之物的同时也仍保持为一切,它也必定会试图把A^2、A^3和A^0仿佛都保持在唯一的一个点上。尽管它从现在开始就已经成了边缘性的,但能在者必定会试图仍保持为中心,保持为那个在其中,边缘、直径和中心都归合为一的绝对的点。倘若能在者真的可以得逞,那它就会成为得到完满现实展开的永恒自由了,它就会成为最具内在张力、最具精神特质的实体,成为吞噬一切的烈火,成为独一存在着的、不会在自己之外设定和容忍任何东西的存在物。一旦能在者从它本真的存在中绽脱而出,那么在此之后,它也就因之不再有返回曾经的可能性了,或者说对它来说仅剩的可能性在于继续前进,并且自行向边缘运动。但这又与它不意愿全体存在相抵触了。它的这个意志所意愿的,是让一切保持在内在缩聚的状态里,保持在它绝对的精神性中。但是现在,已然等同于偶然存在者的能在者,和必在者与应在者不可能还像先前那样作为同一个东西保持在唯一一个点里了。一方面由于这种不可能,另一方面又由于与把自己认作偶然的存在者相抵触,所以所产生的结果,除了一种漩涡状的运动之外再无其他,在其中,一切形态都与其他形态斗争。因为这三重潜能阶次曾经不可消解地联结在一起,并且彼此都同时相伴诞生,所以只可能同生共死。然而当第一潜能阶次现在还想在中心里停驻不动,在这个中心里,各潜能阶次的斗争也必定会因此产生,在其中任何一个都要镇服其他的,但每一个都仍在不断地因此给其他的制造空间,从而每一个若无其他的也不可能持存。

这个状态乃是一个必然的转折点。因为在原初的澄澈性中,所有三个潜能阶次都是一个东西。所以除了对那种必然想要去消解总体,想要切实离开中心的意志的克服,这一争执不可能通过其他方式平息。这种意志必须内在地由其本己的形态克服,如此方能让它切实地离开中心。也就是说,当这些不同潜能阶次仿佛必须在唯一的一个点里争执,那么这恰恰就以此方式产生了轮转运动,在其中任何一个潜能阶次都在追逐其他的,而每一个也都在打压其他的。

所以这才是真正意义上的关于那种矛盾至极状态的完备概念,最初的存在者就身处这个状态里;但更严格地来看,我们还不能把这个整体,这个被冲突挟裹的自然称为"存在者"。因为在它意愿作为存在者而去存在着的意义上,它不可能如此存在,而在它当下所是的那个东西的意义上,这也并非它所意愿的存在。这是一个处在存在和非存在之间的中间物,它是"某物",但这个某物仿佛只站在现实性的入口处,还没有在真正意义上挤进这道窄门,它没有能力让自己进入其中,也就是说,它没有办法让自己得到静息。所以不可避免的是,这个处在其最初形态的无可名状、不可把握者,只要接纳了这个形态就仍始终在与自己的无可名状的不可把握性相斗争。

这种状态也还不是真正的生命，而是生与死的轮转无息。到目前为止，存在的只是一个不断在自身创生，但也不断在自身吞噬的生命。这就是最初的爆炸点，仿佛是宇宙间仍然在回荡着的心音。在这个整体里，有着持续不断的收缩和舒张，这是一个在自身之中根本找不到静息的生命。

我们在此做的，大抵就是对一个概念的科学建构，这个概念早先起源于那位最深地洞察到这些开端的使徒①，这位使徒也被古代教父称为"哲学家"。关于舌头，他说，舌头自身就是点燃物理机体意义上的一切火焰（也就是炎症）的东西，它点燃着整个创生之轮。②创生或者自然之轮这个概念，已经被转用到了神智学体系里，进而又从神智学被带入了哲学中。这个宏大的自然之轮乃是潜能阶次三重形态的相互角力，在其中，那个踏入了存在的意志不愿意成为本原性的，而是始终想保持为中心，想要把持所有的个别潜能阶次形态，且仍想要成为永恒自由。我们不可以说，这个最初的生命已经现实地有了时间，就算它有，它也想让这个时间成为永恒，它不愿把自己具有的时间认作时间。只有当这个意志愿意把自己认作开端时，时间才可能开启。但这个意志反倒持续地与自身相对抗。所以尽管在此存在一直试图诞生出时间的时间，但它仍不能做到这点，所以这样的时间还是永恒。同样，处在这个环节里的生命也并非真正

---

① 指保罗。——译者注
② 参见《新约·雅各书》III: 6。此外，"创生之轮"也是神智学家，尤其是波墨惯用的一个表达，而熟悉谢林和黑格尔的读者都知道波墨对后康德哲学的重要意义。笔者曾经在多个场合强调过，康德之后的德国古典哲学的"三大理论来源"：康德的批判哲学，斯宾诺莎哲学，埃克哈特–波墨的神智学传统。——译者注

的自然生命。这种状态也非自然状态。三重潜能阶次共同呈现着自然,但自然也处在它们最初的创生之痛里,在这个状态里,三重潜能阶次想要诞出自然,但不能做到,而当能在者的意志与它们对立之际,永恒自由也会以此方式堕入一种身不由己的运动。这样的情况属于那个永恒地生育着自己的身不由己的运动。所以在这里《圣经》上的那句名言颇为适合:"寻求生命的将会失去生命,失去生命的反倒会寻得",也就是说,谁若寻求生命,谁就会堕入不自由的拘束状态里。

第三十二讲

1821年3月16日

　　围绕之前的矛盾，围绕那个与自身不断争执的运动——我们必须在这个运动里才能明白把握最初的存在者——，我们必须注意到，那个最初的存在者仅仅是对我们而言的，并且是在我们的视角里才是存在者，但它现在不再是整体，而仅仅是部分，是一个潜能阶次，确切说，是最深最底层的那个潜能阶次。我们把它仅仅认作部分，但它自身却是整体。它与整体的区别仅仅是就其行动造成的事实而言，而不是就它的意志而言。就它的意志而言，它始终是整体；在它之中，仍有着原初意志的整全力量，但也正因为如此，它就必须通过内在的克服才能够去把自己之所是认作不再是存在自身，不再是整体，而仅仅是一个部分、一个潜能阶次。当它过渡为存在时，它本想的是能在此过渡之后，发现作为等同于一切的存在者的自己，但一旦如此，这个意志也就覆水难收了。它会被结果搞得迷乱，进而也只有谋求改变。所以这就产生一个问题：这种内在的克服是由什么完成的。冲突不可能通过完全禁止它发生而得到平息，否则生命就会彻底消失。已经发生的永远都发生了，开弓就无回头箭。把它推入存在的，和规定它把持住自己、把自己坚守在自身吸引中的，是同一个关系。因此,它仅剩的另一条出路的可能性就只有,把自己认作整体的一个纯然潜能阶次而存在了;倘若它真如此认识自己,那么三重潜能阶次的彼此内在存在、彼此内在的共同实存当然就一定会消解了,进而那个无思无虑的盲目轮转运动,也会恰恰与之一道消解。但这种克服只能内在地发生,只能在意志自身内部发生,因为没有任何外部强力能逼迫意志中止把自己视为整体。所以它必须自行放弃把自己视为存在者自身,也就是说,它必须自行把自己设定为不再作为存在者自身的东西。这种放弃作为存在者的自身的行为唯一的可能性在于,它会为此找到另一个东西来替代自己,让这个东西相对于自己就是存在者。因为一切存在的东西,必定要么是存在者自身,要么让另一个东西相对于自己表现为存在者。所以我们在这里也就走向了之前已经宣告过的非存在者的第三重概念,这个概念的要点在于,某物尽管存在着,但并非存在者自身。比如就能在者之前纯然只是能在者而言,它也是非存在者,但先前在其中也存在过一种能成为存在者的、成为主体的自由;但这种自由也仅仅存在于能在者对自身绝对的非接纳状态里。而当它现在成了跌入存在的堕落者,它也就唯有放弃作为存在者自身而存在才能存在着了。我们这里所说的这个概念,跟古希腊哲学所说的ὀὺκ ὄντως ὄν[作为非存在者而存在着的东西]是同一个东西。这个意义上的非存在者概念我们甚至随处可见,比如我们可以看到许多并非存在者自身,但我们也不能说它们就是无的东西,我们不能否认它们的存在。比如所有纯然是质料、素材的东西,它们都不再是主体,也非存在者自身,而是一个存在着的非存在者,但也还不是无,所以人们在早先就非常诚实地把这里所说的"无"叫作οὐκ ὄν[不存在者],但有一个从普鲁塔克那里就已经为人所了解的区分得注意:他说,必须区分 μη ειναι[不去存在]和 μη ον ειναι[不作为存在者存在]两个概念。因为其所是并非存在者自身的东西,也绝不是压根就不存在者。在庸常的反思哲学里,对所有那些不能算作主体的东西,都做了粗暴简单的处理;这种哲学认为存在一个原初的东西,并且把它当作一个自在的客观之物处理,而这个自在的客观之物根本就不会成为主体。这种哲学认为,一切仅仅通过变化就会成为非存在者。这样的关系,即某个东西纯然就是主体性的存在者,另一个则是纯然客体性的存在者,只是一种纯然相对的关系。因为相对于某个更高的东西而自己表现为非存在者的东西,也能相对于较低的东西表现为存在者。比如光就以此方式是一个相对于物质处在更高层级上的东西,所以也相对于它是一个存在者。也就是说,从它与物质的关系来看,光是存在者,物质是非存在者。与之相反,在与思想的关系中,光可能就会被称为非存在者。在这里,得再次提到柏拉图的《智者》,在其中他讨论了非存在者概念的实在性。

柏拉图的这一讨论,乃是对科学的真正献礼,毕竟存在者和非存在者这两个概念是一切科学的支点。现在让我们回到之前的讨论——要解救能在者在跌为最初存在者之际所遭遇的颠覆,只能让它放弃要去成为存在者自身的意志。但在没有某个比之更高的东西存在的情况下,就要某个东西放弃自己的存在,本身就是不可能的;同样,若没有一个更高的东西来替代,让某个东西放弃它自己的生命本身也是不可能的。正如当人的自私性的欲求由某种更具内在性的东西满足之后,它就会得到安顿,同样,要让最初的存在者不再把自己认作存在者自身,而是仅仅认作纯然存在着的东西,唯一的可能性只有让存在者自身对它启示自己，也就是让它在存在者面前转化为存在。并不存在任何纯粹客体性的、空洞的存在，相反，一切存在自在地都是主体性的，进而唯有通过运动才会获得所谓的纯然客体性。我们现在讨论的这个富有生命力的东西，就是存在者自身，但既然它无法平息这种颠覆，它必须过渡到存在中；因为既然它不可能返回到先前静息的澄澈性中，所以必须向前，进而离开能在者和绝对者的位置，从而为存在者自身构造空间。这个存在者自身——现在能在者只能在它面前把自己降卑为存在——正是那个绝对被排斥在外的东西，是那个绝对的A^0。唯有它才不与迄今所描述的那个运动有任何沾边的地方：它始终外在于一切运动。正是因为那个与自身角力的自然想要成为存在者自身，所以它就把自己对绝对者锁闭了起来，这就也阻碍了自己去成为真实的东西，成为绝对者，这个自然持续不断地把绝对者从自己之中排斥出去，仿佛要把它掩藏并伪装成自己。只要这个自然本身还有去成为存在者的念头，它就不可能建立任何与存在者自身的关系。除非这个自然自行放弃自身，或它对存在者自身敞开自己，否则它绝不可能看到作为它真正自身的存在者。但它所意愿的恰恰不是成为存在，而是成为存在者自身。所以它首先必须放弃想要去成为存在者自身。一切的关键都系于，它如何获得去放弃作为存在者的意志。在什么条件下，它才能放弃这个意愿，并把自己敞开给真正的存在者。而这个问题就相当于：最初的自然如何得到主动放弃自己让自身作为存在者的意志？毫无疑问，这只有通过它内在的急迫，通过它对生命的畏惧，因为除了凭靠这一点，它无从知道什么，也根本不确切知道什么。它无从知道什么，是因为它不愿意放弃不断持续进行那种归一和吸引的活动，一切只有通过这种活动才是生命，否则生命就会终止；它不确切知道什么，因为每一个潜能阶次都在压迫其他潜能阶次，但没有任何一个能绝对否定其他的。倘若任何一个潜能阶次能被否定，那一切都会死去。被封锁在这个运动中的自然不可能放弃它所进行的吸引活动，但它不能始终停留在这个活动里；所以它要么走出这个活动，要么一头扎进这个活动。在这个自然中持存的畏惧持续不断地增长，这让自然最终感到，它必须放弃去成为存在者自身。而在这个时候，它对死亡的渴念也因此开始增长，它更想让这个意志去死，但它自己不能死，因为倘若它把存在绝对排除出去了，整个生命也会因此一并下沉和消失，因为它维系着整体的生命。如果没有处在某个更高者中的统一体在它面前升起，它就不可能放弃眼下由自己所维系的这个统一体；只有在它成为更高统一体的设定者时，它才能放弃眼下的这个统一体。而它对眼下统一体的自身放弃，恰恰也必然是对真正统一体的设定，它不需要放弃去成为澄澈的自由，因为真正的自由并不会通过它的放弃而设定自身。所需要的只有放弃它现在已有的那种倾向，放弃它自己的生命，如此方能缓和相互争执的潜能阶次间的关系，进而把一种"孜孜以求"的状态转化为一种"渴念（Sehnsucht）"。"渴念"总是已经设定了某种东西在自己之外，所以渴念的产生也意味着与僵死的自身性第一次决裂。不同于之前的那种潜能阶次间的彼此锁闭掩藏，以及由此产生的愈演愈烈的逼仄窒息，现在，在这种曾经登场过的、仿佛是唯一准则的自身寻求过去之后，在原初的自然里，一种潜能阶次之间的空间逐步扩张的情形出现了；正是凭着这种扩张，产生了一种与更高者的更高关联，进而在盲目的自然中也产生了更高的意识。唯有到了这个地步，自然才终于能在自由中观视自身，进而才能自行挣脱自身，进而在这种挣脱中，它才得以向更高者敞开自己，从而在更高者面前主动把自己倾献为存在。但更高者也有无力之处，所以它无法直接为能在者赋予意志，而是只能为它呈现可能性。所以更高者从自身出发能给予的帮助只是提供可能性，它只能做到这一点，即向能在者展示一种对立于自己原初自然的必然性而把自己设定在自由中的可能性，只能在给出这种可能性之后，让能在者自己选择是对它敞开自己，还是再次锁闭，进而又让之前的那种轮转运动重新产生。

所以以此方式，就产生了一种寻觅者与被寻觅之间越来越强的切近。这两者的关系不再是漠然无殊的。对能在者来说，倘若应当放弃成为存在者自身，并且应只把自己视为存在，那么除了让另一个东西在自己面前成为存在者，别无他法。但现在，正是这个等同于存在的原初存在者在否定着这个更高者。而这个更高者不是别的，正是意志，即要让能在者作为它真正所是，也就是作为自在地全然无存在的东西以及非存在者存在。当这个更高者就是那个让能在者如其所是存在的意志，换言之，当开端性的自然要主动把自己降卑为存在，这个与自身斗争着的自然就会急切放弃自己去作为存在者自身的意愿，这样一来，就会在它与更高者不断愈发切近的彼此关系之外产生一种新的关系，也就是借由一种突如其来的，但随后就无法消解的联结，那个超越于开端性的、已然在成为存在之际死去的自然的精神，会作为永恒自由自身而升起，在远古洪荒时代，人们对此就有着一种模糊的预感，古人通过"世界之卵"破碎的神话阐述了这个精神升起的瞬间，借由这种破碎，属地和属天的才得以分离。也就是说，以此方式那个最初不断在求死的生命，那个开端性的自然在自在地来看本无自然的精神面前成了生育性的潜能阶次,成了本真意义上的自然,成了属于那个超越于自然的精神的自然。在此之前,它并不是自然,也不愿成为自然,所以现在,这个开端性的自然在它的死亡中呈现为根据自身,即真正的绝对者实存的根据。不过我们不可以认为,那个在成为存在之际死去的、那个已经没落的生命并非就是僵死的东西,而是纯然的质料。因为存在者和非存在者的概念只是纯然相对的概念。正如菲迪亚斯①在他的宙斯神像的脚凳处所呈现出的那个主宰一切人类命运的最高者,尤其是尼俄柏②的孩子们之死,以此来暗示,死亡的东西并不缺少生机,而是在自身中满载本己的命运。拉斐尔所呈现的神圣者也不遑多让,在他的画里神圣者由许多不同的生机勃勃的形象承载③,而这也暗示着,服从于更高者之下的存在也是一个在自身之中具有生机的东西。

---

① 菲迪亚斯(Phidias),号称古希腊最伟大的雕塑家。——译者注
② 尼俄柏(Niobe),古希腊神话人物,对自己有七子七女十分骄傲,因此在阿波罗和阿弗洛狄忒的母亲勒托面前十分不敬,惹怒了勒托女神并遭到了儿女全部夭亡的惩罚,因受不了如此打击而化为了一处泉眼,终日不停流泪。——译者注
③ 这里指的是拉斐尔的作品《以西结的幻象》。——译者注

第三十三讲

1821年3月26日

在其非运作状态或者说潜在状态中曾是一切的那个意志，自以为在它已然越渡到现实运作中之后，仍然能够成为一切。如此也就产生了一种冲突，即正如我们先前已经描述的，那个身不由己的运动在我们面前得到终止的唯一方式在于，这个意志要主动放弃去成为作为自身而如其所是的自己，进而借此再次把自己设定在外在的潜在状态里，而它之前则处在内在的潜在状态里。现在，在从内在状态绽脱而出以后，它就不再可能回转到内在的潜在性中了；如此一来，它现在必定同样会试图成为外在的主体，让自己成为生命的外在根据，就如同它之前曾是内在的主体，曾是生命的内在根据。但是，外在和内在的潜在状态的区别在于下面这点：

之前在内在状态里的时候，这个意志无疑是纯然的能在者和纯然的潜能阶次，但它之前仍有过渡为现实活动的可能性。但是当它过渡到外在潜在状态中时，就不再可能向现实过渡了，相反，它现在反倒成了从现实向潜能还原的潜能阶次。它是一个已经熄灭了的潜能阶次，因此它仍作为对过去生命的纯然铭记保留了下来；它仅仅是曾经出现过的生命的劫灰，这堆余烬还在它之中残留着，它已经向现实进行了过渡，但现在需要重新从现实向潜能过渡。这个潜能阶次现在表现为纯然的材料，而作为纯然的材料，它不再能自发让自身产生效用，不再能由自身提升为现实活动，而是只能由一个更高的东西来提升。这就是对"材料-质料"这个晦暗的概念唯一符合哲学的说明；材料-质料绝非某种原初的东西，而是某种在运动中生成的东西。这个东西产生的唯一可能性在于，存在一个能在者，它又从现实过渡到了潜能，也就是再次返回到了潜在状态。它预设了一种从潜能到现实的过渡，又设立了一种从现实到潜能的返回。但我们也不可以把这里所说的这个材料-质料设想为有形的、躯体性的东西，因为在这里所设想的一切仍是纯精神性的。只有在与某个更高的东西、更高的潜能阶次的关联中，它才是材料-质料。这两个较低-更高的潜能阶次又会共同设定它们的第三个潜能阶次，也就是在本真意义上最富精神生机的东西。所以从这一点看，比第一个层次上的质料更高的东西，也会在相对意义上是质料，所以对质料的说明也恰恰总是相对的。而关于各潜能阶次间的内在关系，要在下面的部分里才能讨论。

  首先在这里需要在一般意义上注意到，那个最初的生命，同时也是由于一种危机分化，或者说一种断裂才从它最初的违逆自然的状态里绽脱而出。以这样一种方式发生的事情就是，最近似澄澈自由的最高潜能阶次接纳了"最高"这个层级，居间调和的接纳了"中间"，最低的则接纳了"最低"。如此一来，那个起初想成为独一者的东西，以此方式也就在与真正独一者的对立中成为全体，如此一来，从不可言说之物中就产生了可言说之物，从排他的关系中也就出现了一种并立关系。如果说现在从之前的次第轮转中出现了共时整体，那么曾经在次第轮转中是最高者的东西，在共时整体中就会是最低的东西；现在从各潜能阶次之前充满压迫和违逆自然的统一体中，出现了一个有自由意志的、自然的统一体，因为现在各潜能阶次形态都把自己视为同一个整体的不同环节，因而也把彼此之间的联结视为不可消解的了。

这就是从原初的统一体向全体或者说总体的过渡。从无可名状的无形体之物中，现在才首次出现了可名状的有形之物，而这个整体也不再作为统一体自身停驻不前，而是作为对之前的统一体的一种比拟、一个形象和一幅图景，而现在这个产生的整体也就是彻彻底底有形象的清晰生命，它就是理念，是原理念，是原型，是ἰδεα κατ᾽ἐξοχην[真正意义上的理念]，是内包一切原型的原型之原型。不过我们也不可以把它设想为一幅僵死的、停驻不变的图景，而是要把它设想为一幅最富生机、最具运动能力和活动性的图景。我们也可以说，它是已经翻转过来了的、把自己转而呈现了出来的独一者。因为那个曾经构成它的生命的最内在力量，现在已经转变成了外在的。维系它的持存最深的潜能阶次，现在则是已经从内在状态中被扔了抛了出来、被设定在外在潜在性中，进而也不再拥有权力的意志。它最深的潜能阶次曾在其内核中所是的东西，现在则是在外部的最低的东西。所以我们也可以把这整个过程设想为一种对独一者，即对Universio的翻转，而它的产物，就可以视作被翻转过来的或者已然转而向外的独一者，也就是Universum。①但因为整体现在已

---

① 谢林在这里玩了一个文字游戏，Universio和Universum都是"宇宙"的意思，但是谢林把Universio理解为进行翻转(versio)的一(Uni)，通过这种翻转，才产生了大全一体意义上的Universum。——译者注

经成了一个这样的整体，它最内在的持存性力量现在已经转变成外在的，所以这个整体在一个更高者面前就会表现为潜在性的、受动性的东西。而总体的特质就是潜在性。一切具有总体性的东西都是潜在性的统一体，而非现实活动的统一体。在这里所讨论的这个关系，或许跟在睡眠状态中的是同一个。所谓的睡眠状态，就是从内部转向外部，并且设定在外部，正因为如此，从外部看，睡眠状态就好像是死了，然而从内部看，生命仍在继续，所以在这个状态里，生命把自身提升到了一种更内在的、更具其本己特性的生命中。在何种程度上对整体而言它的内在持存力量已经成了外在的——正如之前它的绝对内在性完全建立在这样一种实情上，即这个现在出现在外部的潜能阶次曾经是内在性的，眼下这个整体就在何种程度上纯然表现为一个具有生机的存在物，表现为潜在性的东西，或者说整体的材料。所以我们也可以把眼下这个整体视为质料；我们可以说：在面对更高者之际，眼下这个整体表现为材料，表现为质料，但并非表现为有形的、物体意义上的质料，而是表现为纯然精神性的质料。我们甚至也不可以把它视为永恒质料，不能像柏拉图（至于他是否在认为存在"永恒质料"，我们在这个地方无需细究）和其他人那样，确立一种与神同样永恒的质料，即Materiam Deo coaeternam。

但是当这个已经翻转、不再作为自身如其所是的独一者被外在设定之际，真正的、作为自身如其所是的独一者仍始终保持为内在的；以此方式，外部显白的东西也已经越渡到了内在性中。在这个关联里，也可以把这个产生过程叫作Universio；之前居于中心的东西，现在成了边缘性的，进而翻转了过来。

"那个在中心处曾经始终保持为独一者的东西——一切权力的

凭依唯有它——，乃是主宰中的主宰，一切的主宰，也就是神。"

永恒自由之前既非作为自身而如其所是存在着的永恒自由，亦非作为自身如其所是存在着的永恒自由；它之前仅仅是潜在的这两者。尽管现在可以明确，作为自身如其所是存在着的永恒自由不可能**现实**存在，但不作为自身如其所是的永恒自由同样也不行；但很明显，要让永恒自由获得现实，不需要任何在神之中的转变过程，相反，需要的只是在他之外的转变过程。因为并非神之所是的东西必须转变为一个他者，而是在神之外、等同于神、有能力转变得与神不同的东西，必须首先与神不同。所以整个潜能阶次进程的目的在于，把那个从一开始就不得不被阻碍的东西，那个纯然在此存在着的东西，即那个非实存者提升为一个实存者。正因为如此，这个东西必须过渡到存在中，在它必定在其中被消耗殆尽之际，才可能再次纯粹且以等同于神的姿态兴起。如此一来，神就成了一个存在者，如此他才会始终保持为绝对自由。并非神自身成了一个绝对者，神不会由于成了某个东西就因此而成为存在者，相反，神成为存在者是由于某个不同的他者成了某个东西。神之成为神唯有通过下面这点：那个之前曾与他相同的，但也有可能转变得与他不同的东西，在现实中真正变得与他不同，唯有这种不同发生，神才得以在其澄澈性和纯然性中呈现自己。并非神自身成了一个存在者；神始终在自身中保持为永恒自由，始终都作为纯粹的、绝对的精神存在；相反，转变为存在者的，乃是先前恰恰等同于无的东西。并非那个持存不变的东西转变成了某个他者，相反，它始终保持为它曾是的东西，即便在中间环节里也保持为A^0。只有那个之前表面上看起来与神等同，并且从神的原初状态中绽脱登场的东西，才会转变为某个异在的他者。所以，恰恰这个他者才是转变为存在者的东西,而绝对者则始终保持为它向来曾是的东西,在中间环节里也保持为A^0。以此方式,也就是说,如果作为自身如其所是存在着的自由,仅仅只有在与非**现实**存在着的自由的对立中才能是**现实的**,那么神的存在也显然是要通过一个他者的存在,也就是通过质料的存在作为条件,而质料的存在很明显意味着一种"翻转"。

不过针对这一点,我还是要强调:这里所谈论的根本就不是神无条件的本质性的存在,这样的存在是通过下面这句人常说的话得到表达:神就是存在自身,但这句话完全没有涉及那个在等同于神的无条件存在之外被补充给神的存在。所以我们始终要对神进行一个区分:就其是无条件者、绝对者而言的神,以及就其作为无条件者而现实存在的神。在做了这个区分之后,再说神能够作为无条件者就不再合适了。因为神绝非彻彻底底的截然绝对者,而是被相对设定的绝对者,反过来也可以说,并非截然的绝对者是神,相反,被相对设定的绝对者才是神。柏拉图就说过,不可以把神称为截然的无限者,因为截然的无限者也把有限者包含在自身中。神是相对的无限者,并且作为无限者的神也同时是"某物",而这恰恰是因为神并非与自己对立的有限者。一切有限的东西,都不是"某物"。也就是说,恰恰因为神作为无限者,所以他也是有限者,通常所说的那句公式一样的话"神是有限者与无限者的同一性"意思常常被误解了。神是作为有限者的无限者;倘若有限者并不现实存在并且与神对立,那"神并非有限者"这句话就会不知所谓。倘若把神之中的相对性概念拿掉,那唯一剩下的,就是只好把神当作无限实体了,这就导向了斯宾诺莎主义,其实从实际上看,除了斯宾诺莎主义,也根本不存在其他体系。无限者为了能够作为自身如其所是地存在,就恰恰必须在是"某物"的同时作为一个殊异者,也就是有限者存在,倘若斯宾诺莎能够注意到这个矛盾,或者倘若他敢于设想,尽管他把自己所谓的无限实体原初地就设定了,但他没有把神也设定为这个实体的一个样态,否则的话他的体系肯定会以另一种方式展开。斯宾诺莎的体系所假定和采纳的,并非神的相对无限性,而是神的绝对无限性。既然倘若不把自己与一个他者相区分,实体就不可能具有人格性的意识,所以神的人格性意识的基础只可能在于,他的非殊异性在他面前恰恰转变为殊异性,他的无限性恰恰转变为有限性或者说个体性。而这只能在关系中相对地设想,或者说只有从神在自身中进行的一种自身反映中才能设想。但难以理解的是,那些总是极力反对神的人格性意识,并为此翻来覆去寻找借口的人,何以不愿意承认这种相对关系。若要把握和刻画神的概念,核心的要点在于去把握和刻画作为无限者的神如何转化为有限者。我们必须始终区分:直接就是无限者,和作为无限者存在这两种情况。倘若神作为无限者存在,那他恰恰是通过那个并非无限者的东西,也就是殊异者、与无限者对立的有限者而得到独立性和与之不同的地位。但倘若神直接就是无限者,那他就不会是殊异者。比如当人们把神规定为截然的外在之物和超自然之物,情况就会如此。但是很明显,不可能存在外在和超自然的神,除非存在外在和超越于神的自然。一位权威人物,伊萨克·牛顿就说过: Deus est vox relativa; deitas est domination[神是一个相对概念;神性意味者"主宰"],这话的意思是说:唯有是某物的主宰,神性这个概念才有其合法性,唯有是某物的神,神才是现实的神。倘若对神这个概念而言,是某物的神或者说主宰是必不可少的，那么也就存在一种时间，在其中神曾是截然的无限者。人们曾经试过通过流溢说解决这个难题。但近来的哲学家和神学家却极为轻率地通过"永恒创世"学说就把这个难题扔到了一边。所谓永恒创世，指的是一种出自永恒的直接产生。这种意义上的永恒创世，根本上看只可能在斯宾诺莎的意义上发生，正是因为在他那里，才有一种内在的、始终在神自身中持续的创世。一种出自永恒的创世把永恒自身假定为一个起点，进而在这个创世过程中，也假定了某个次第相继的序列。但若无一种抵抗，这是不可设想的。此外，若无一个源自永恒，并且与转变生成活动相对抗的恒常转变生成者，那这也是不可设想的。如果这样一个源自永恒的恒常转变生成者——但它自身想要绝对地保持不变——被接纳了下来，一种永恒的创世才可以设想。而对它所进行的抵抗的克服，则要通过神所是的澄澈意志，让自己在它面前成为存在方可，如此方能使得一种创造活动得以可能，这个创造活动也可以叫作从虚无中创造。之所以可以说"从虚无中"是因为，那个与生成转变活动主动相抵抗者在这个创造的居间状态里，恰恰既非存在者，亦非前面刚刚规定的那个概念意义上的非存在者。它之所以不是存在者，是因为它是纯然偶然的存在者，因而也就是真正意义上的虚无。但既然它既非存在者自身，也并不意愿在与存在者的关联中成为存在者，那么正因为如此，它也就能够成为这样的一个抵抗者，进而在这个意义上，若无神的帮助或者说同工，也不可能设想它会带来创世的居间状态，所以正因为如此，恰恰也可以把这个带来居间状态的活动称作一种从虚无中创造的活动。因此，既然在任何时候都必须设想神的同工，那么人们也可以把这种同工称作"从虚无中创世"。流溢说之所以不可行就是因为，它根据对"流溢"这个活动的庸常表象,把神设定在一种不活动的状态里。但我们或许还没有把握到流溢说的真正意义。神克服了那个在他之中仍始终意图等同于神的抵抗者,进而把自身实现为神,当神把那个意图如神一般存在的抵抗者镇压下去,迫使它把自己认作与神不同的东西之际,神也就把自身实现为神了。所以神的自身实现不可能通过他自己从潜能过渡到现实,而是通过一个在他之外的他者从现实回归到潜能。神乃是纯粹的现实活动。这样一来,我们现在就站在了神与自然第一次得到了外在分立的环节上。然而这还不是整个展开过程,只是它的一个当下性的环节。神被设定在自然之外,这就意味着:自然仍需始终被设想为隶属于神的存在。自然是神的形象,神的拟像,是有形象的、外在的、可见的神。神并非纯然的$+A^0$,而是三重潜能阶次的$+$极。所以有时候会以复数אלהים来称呼神,有时候又会用单数יהוה[①]称呼。在前一个称呼里,神是作为处在他与自然的关联中的神,而在后一个称呼里,神是作为纯粹精神的神。

[①] 这两个希伯来词即为著名的"以罗欣",比如在《创世记》中神看着亚当说"他与我们类似"中的"我们"即用这个词,在希伯来神学中,这个词通常指神的力量与外在呈现的形象,在《启示哲学》中,谢林对此有进一步的阐发。——译者注

第三十四讲

1821年3月27日

生命不能在眼下这个环节里停驻不前。因为那个原初的最内在之物，在现在向外抛出之后，已经成了绝对外在的，它现在是一个潜在受动性的、承载性的存在物；这个原初之物要求被置入运动和运作中。一直要到它如曾经所是的那个样子，被引回到其开端中，并被设定为澄澈的自由，它的要求才会满足。但它现在也不可能从自身出发主动就把自己再次提升为现实活动，因为它已经被设定在这个潜在状态里，在其中不再有从潜能过渡到现实的可能。它现在彻彻底底被撤销和剥夺了全部力量。所以它从自身出发必然只能停留在它当下所处其中的潜在性状态里，除非有一个他者把它提升到现实中，并把它带入其中。而这个他者不可能是其他任何东西，只是那个现在最内在的、中心性的、一切力量依于其上的东西。若要能把自己提升到现实的作用中，那么除了通过某个他者，也就是目前是中心的那个东西，这个原初之物再无他法，从这一点出发就可以看清，倘若那个现在已经转变为外在性的东西，应再次转变为内在性的，那么那个现在是中心的东西，必然得与之对立地成为边缘的，进而在这个关系中再次成为外在性的。但现在就产生了一个问题：这件事情本身如何能一般地设想呢?

现在最内在的那个东西是存在着的,尽管它只是在与那个在它面前是存在或者说非存在者的东西的关系中存在着,但是它并非是作为一个存在者而存在着,相反,它存在着,只是为了作为澄澈的自由存在。但正是由于神只有在作为澄澈的自由存在时才存在着,所以反过来说,如果澄澈自由要作为存在者存在,那就会产生不同于前一种情况的变化;也就是说,那个曾经要以作为自身如其所是的澄澈自由的方式存在着的东西,所表现出来的情况,跟那个曾经本该是澄澈自由,但并不作为自身如其所是存在着的东西不同。后者并没有把自己设定为存在或非存在的选择,也没有是否过渡到现实存在中的选择。但神并非跟那个最初的能在者一样,处在一种要么-要么的状态里,因为不管神是否接纳一个存在,他都仍始终保持为他之所是。正因为如此,能在者并非关联于神自身,而是关联于在神之外的东西才是一个能在。在这个意义上,它才是一个及物的(transitives)能在。就神来看,这仅仅意味着,神是能去接纳或不接纳存在的自由。能在者这个概念与神自身没有任何关联,它反倒只跟在身之外的东西有所关联。因此,神能够主动把这个在自己之外的存在吸引到自己这里,乃是从神出发来看的具有最高自由意志的行为,因为神会发现作为存在的自己,本不需要这个在他之外的存在。就神自身而言,是否接纳这个存在其实是完全无所谓的。因为他在任何情况下都是一个存在者。但如果从外部的自然来看,这种无所谓不可容忍,那它就必须提供越来越充分的原因,推动神性从自身中走出,让神性在自己面前启示;这里的这个"走出"也就是"启示"。在这里,"启示"这个概念首次获得了它的真正位置。许多人以为,只用说"世界是神的启示"就够了。但在这个断言里首先需要证明，神为什么是一个被遮蔽在内者，随后必须去指明存在一个神之外的他者，只有在面对它的时候神才能启示自己，并且让自己成为外在的。那么，在这种从自身走出的活动中，神可能是由什么推动的呢？很显然，这个推动者，只可能是神对未来之物的先行设定性观看①，确切说，倘若神接纳了这个存在，那未来之物就会构成推动他运动的原因。但这个未来之物，必须设想为某种先前未曾存在的东西。在这里，"受造物"这个概念就登场了。最初的受造物不可以在这个词的真正意义上去看待，相反，它毋宁是神和真正意义上受造物之间的居间者。

也就是说，唯有通过对未来受造物的先行设定性观看，神才被推动从自身的内在状态中走出，进而主动去接纳存在。而未来的受造物则作为可能性蕴含在那个潜在性之物中。最初的自然必定会在一幅图景中，向神展示包含在它自身中的受造物的可能性，如此方能推动神走出自身。现在的问题是，这如何可以设想呢？为了回答这个问题，我们必须回到之前已阐发过的各个关系上。我们之前在把其中的种种力量分剖确立之后，就离开了对最初自然的讨论。最初的运动，即最初的危机分化乃是最初自然的各个环节获得自由的独立性或者说运动性。但这种独立性是不可持久的，因为一个新的生命会直接地与过去之物相联结。最初支配性的、吸引着存在的意志现

---

① 这里的"先行设定性观看"其实就是Vorstellung，即表象。但为了区分与先验-主体性哲学意义上作为主体构造物的表象，译者在这里按照这个词的词根进行了拆解式翻译，即先行vor，设定stellung，观看vor-stellen，谢林在这里完全是在这种词根指示的字面意义上描述未来之物，类似的说法也见诸《论人类自由的本质及相关对象》《世界时代》《启示哲学》等。——译者注

844　在降卑了、被设定为第一潜能阶次,它把自身认作曾经能够存在和能够不存在的东西;它现在则会把自身视为已然被二重化者,并且正因为如此而牢牢把持着存在。因为倘若没有一个更高的、开解性的潜能阶次,即便这个最初潜能阶次的意志也不可能持存。若没有这个更高的潜能阶次,单独来看,能在者的这个意志本身也会纯然堕入一种轮转运动里。这是一个绝不可以消解的张力,否则生命就会再度返回到虚无中。

倘若没有进行着否定的潜能阶次,也就不会有进行着肯定的潜能阶次,反过来也可以说,进行着否定的潜能阶次也只有通过进行着肯定的才能发挥效用。但现在进行着否定的潜能阶次只能静默无声地运作,因为还存在一个他者,把它释放到了更高的关系中。——如此一来,在这里也就首先产生了"之前"和"之后",进而首先产生了不同关节,即可言说的东西。在无思无虑的运动的轮转中,不可能开启有机生命。正如在连续不断的辅音之流中,词语是无法言说的,只有随后接续元音词语才能道出词语,同样,恰恰是通过作为根据的进行着吸引活动的潜能阶次,运动的开端才得以确定,如此一来,光才会从黑暗中永恒升起。但现在,那个进行着开解的潜能阶次盲目地以必然性在运作,所以若无第三个潜能阶次,就不会有真正的生命,因此这第三个潜能阶次是一个有所思虑且自由的、为一切赋予生机的潜能阶次。这个先道出的内容会产生以下结论:

一旦彼此之间进行着角力的各个形态,也就是各潜能阶次直接被设定到自由中,那就会有一个新的生命、新的运动开启。运动的根据是进行着否定的潜能阶次。"诞生"这个活动的本真性力量,始终仍蕴含在那个原初就不断把存在封闭在自身中的潜能阶次里,这样一来，当这个潜能阶次觉得自己是自由的，它就会愈发明确决然地把存在吸引到自己身上，而这恰恰只是为了自己能被克服。但这个潜能阶次并不是一下子，而是只能在对开解性的潜能阶次持续的抵抗中被克服。它不可能被一下子开解，而是只能一步一步被开解；它仿佛想要嬉笑着、像做游戏一般地得到开解，如此方能仿佛一步步地享受次第展开的乐趣。

　　以此方式，也就产生了一种由爱所充满的争执。之前那个无思无虑的运动已经过去了的各个环节，已经过渡到了对各潜能阶次或者说力量的环节剖分或者说环节分立中。由此一个新的生命也得到了间接设定，而进行着否定和开解的潜能阶次间的争执也被设定了，这个争执要实现的目标并非一次性的，而是要去实现阶段性的、次第展开的目标。因为甚至那个开解性的潜能阶次，也并不想要一劳永逸地，而是一步步地去战胜那个进行着否定和吸引的潜能阶次。但为了能把握这一争执所诞出的成果，我们还需要下面的反思：

　　那个最深、处在最底部的潜能阶次——现在把自己认作已然被二重化了的东西—— 一定要从两重面向出发来考察。就其形式来看，它诚然是已然被二重化的东西；但在这个形式中，即在这种二重性中真正意义上的主体始终是A^0，即纯粹的澄澈意志，它绝不会在这个形式中被否定。所以我们要从第一潜能阶次形式$A=B$和本质之间的区分着眼来考察这个东西。倘若我们把潜能阶次形式和本质有所差别地思考，也就是把形式之为形式单独拎出来把握，那么在这里当然也就存在一种现实的二重性，即主体和客体，意愿者和被意愿者。但倘若我们仍能注意到处在这种二重性中的统一体，$A^0/A=B$，那么就可以看到，在其中仍存在着澄澈的意志。不过这个本质，也就是这个纯粹的纯然意志虽由于形式被覆上了阴影，但毕竟还是在此存在的，$A^0/A=B$。

但正是这个被遮蔽得最深、在一切之中最内在的本质，提举和展开了属天生命的萌芽，所以它的形式会愈发显现为形式，显现为有机组织构架，而纯粹的本质也会愈发在这个结构上逗留和敞开，而这就是一切展开过程的本真意图。那个澄澈的意志，甚至也吸引着神的一切；唯有它才是神所欢欣的对象。正因为如此，整个展开进程的最终指向，就是荣升这个本质，把这个本质从二重化状态里提升起来。但这种荣升只能以次第展开的方式发生，因为那个最初的东西不可以一下子就被扬弃，也因为形式始终都需要依于其上持存。

846 形式的摆荡应始终存在，并且形式中，这个本质的最内在的奥秘也会逐步升起。也正因为如此，在本质和形式不断分离的过程中，始终都会升起一道从本质而来的闪光，这道闪光也必定会呈现为对受造物的一幅边界分明、描绘细致但也富有精神性的图景，这幅图景自身凭其澄澈性将直指最高的东西。当它获得最后的解放，这个本质自身仍会始终在某个形式中得到表达和刻画。所以，在这个展开的整个阶梯序列里，绝不会出现某种毫无限制和边界的东西。本质和形式两者也就以此方式让双方在彼此面前成为可见的。如果本质不在形式中升起和翻转，形式就不可能显现。

为了能把握在这个最初的潜在生命里，一幅关于未来受造物的图景如何可能，就说这么多。那个原初的状态或许可以比作一种"有自由意志的梦游"，而偶然的揭示者对这个状态的突然闯入，也可以称为危机分化，因为即便在这个情况里，那个进行着精神赋予作用、进行着唤醒的潜能阶次尽管从外面来看已经被扬弃了，但它其实是把自身完全返回指向了内部。甚至在现实自然的每一个形态里，也仍始终存在一幅精神性的图景，它在我们面前显现为生机者本身，并且以其生机影响着我们。谁若是能真正用自己的眼睛看看，训练自己适应这种真正的考察，谁就会把握到，在这个生机者自身之中还有某种别样的东西，正是这个别样的、不可触碰的东西才为生机者保存着完满的生命活力。从自然结下的每一种果实，从自然的每一个形态中，都有这个东西闪现，它总是在努力溜走，但仍总能得到把握和刻画。它总是在不断的变化中呈现自己，正因为它只能在持续不断的变化中呈现自己，所以它越是把我们的目光引向它自己，我们就越发会在这个同时既显又隐着的东西中，看到那个内在本质的闪光，它仍以被遮蔽的方式蕴含在自己所有的形态里，并期待着自己的解放。在有形的事物里，这个本质的闪光首先是在金属中被认出，凭着一种本能的直觉，人们预感到它就藏在柔软的、类似肌体的黄金里。黄金由于其颜色和延展性而类似于金属中的这个精神性本质，所以这才让许多人为之疯魔，但这也是人们用"黄金"来描述那个值得颂扬的古老时代的原因。不过，这个本质的闪光对自己的呈现，仍然特别地在有机自然里，特别是在眼睛和五彩缤纷的生机体所发出的光中——之所以如此恰恰是因为，这个本质始终只能自行呈现，绝不能去把握和据有，不过它仍始终以当下不断进行的方式，把爱吸引到自己身上，进而也是持续不断、永不餍足地否定活动的对象。所以，那种渴望着游戏的旨趣也就以此方式贯穿支配着自然的全部层级，直至一切受造物中最首要的那一个。这个受造物的天命就是，成为自然和神之间的居间者，它最终会以人类的可亲形象出现，在这个形象里，那个最内在的本质将超越一切。但在这个关系中，当这个

847

本质在从属于它的自然中展开自己之际，自然会以无法抗拒的魔力把更高的潜能阶次抽剥出去。所以在这个状态里，万物会仿佛在同一个景象里出现在永恒者的眼前。以此方式，那些更高的潜能阶次就成了镜子，在其中未来之物得以呈现。而这些受造物的形象也就会作为景象和愿景，获得理所当然能够实现的可能性。而非存在者所渴求的全部力量，也都存在于这幅景象里。但自然没有独立自为地产生出这些形态的能力。它同样不能把这些形态有所区别地置入共时性中。

既然在产生过程中，每一个形态都会一再消失，所以在最高者来临之际，它们都需再次沉降到最深处，仿佛是贯穿于本质所奏的整个创造之乐中的长音。希腊人留给我们的美丽词语ἰδέα[理念]的意思，正是外观、景象、愿景，这意味着"看"这个官能和人们凭此官能所见的东西。

这个学说的起源已经消失在了荒蛮的太古时代。甚至连柏拉图也只把它当作一个流传下来的古老传说，尽管他试图去理解它的涵义，他也无法在其整体关联脉络中去理解，因为这个学说所起源的东方对他而言过于陌生了。这个流传下来的学说最纯粹地保留在东方。在印度的宇宙起源学说里，万物之母是帕尔瓦蒂女神。①在女神诞生之初，她为世界的实存着迷不已，于是她首先向大天②祈祷，并为他献上赞歌。她向至高的大天展示，他的形象将会反映在不可胜数的万物中。总的来说，东方哲学中起支配作用的是"智慧"这个理

---

① 印度神话中主神湿婆的妻子，关于她和湿婆的爱情故事可以说是非常可歌可泣了。——译者注
② 湿婆神的别称。——译者注

念，而它所刻画的，正是那个最初的、仿佛以嬉戏调笑的方式而引发创世的旨趣。古代的东方哲学并不像后来人那样把它称为精神或者逻各斯，而是把它刻画为一个女性的形象，如此是为了暗示，这是一个承载性的、接受性的本质。

第三十五讲

1821年3月28日

下面这句出自被认为具有神圣性的东方典籍①的话,就像是从世界的清晨吹向我们的清新晨风:"在主宰造化的起头,在太初创造万物之先,就有了我。从亘古,从太初,未有世界以前,我已被立。"在这句话里,智慧和主宰得到了截然的区分。主宰拥有智慧;但智慧自身并非主宰。在主宰从自身中走出登场之前,主宰就拥有着智慧,甚至有一位解释者把这句话翻译为:ante quam ex se ipso praecederat[主宰自身在智慧之先]。所以智慧并不是神,但它也同样不是神的一件作品。在更早的时候,在开端中,智慧就伴随着神而在。在这句话的希伯来原文里,有一个意味深长的概念תישאר[起初],它的词根שאר所构成的词丛,足以在自身中包含一整个具有不同哲学含义的词语体系:根据、根源、起源、源泉、本原、基础、质料,这些都是源自这个词的纯粹哲学概念。这个词也会让人想起《先知书》里的一处文段(因为总的来说,《旧约》是《新约》中所有认识的根据和开端,而《新约》所呈现的毋宁更多的是得到了明朗化

---

① 谢林这里指的是《所罗门箴言》8:22。这一部分的讨论在《世界时代》和《启示哲学》中均有出现。——译者注

的新的关系。《新约》中所闪烁的,不过是从《旧约》这片云团中放出的闪电),这处文段是:"我乃耶和华,唯我撑开高天,唯我延伸大地……"这处文段起码无法证实从虚无中创世。所以有一些神学家针对这一点,把"从虚无中"解释为"从'非某物'中",并且认为这处文段所指的,就是作为创世之起点的那个时间点。在还不曾有任何东西存在的时候,神就已经创造了世界。人们通常对这个解释很满意,毕竟它轻轻松松就把问题打发掉了。但这里存在一种对οὐκ ὄν概念的错误理解。甚至有些教父也讨论过从不存在者中创世,εξ ουκ οντων。我们如此丰富的日耳曼语言在这个方面竟比向来词困意乏的法语还要贫乏,这不得不令人感到惋惜,对"无"这个概念我们德语只有一种表达,可人家法语还知道区分rien和néant。而我们通常都是在rien的意义上思考我们德语里的"无"这个概念。

在《圣经》中,仅仅谈到过已然有现实性的事物,即一般意义上的事物,可见的事物,仅仅在谈到这些事物的时候,说它们出自非存在者("非存在者"这个概念完全没有在《圣经》中出现过,只在一部伪书(《马加比二书》)中出现过),或者说它们被创造的源头是不显现者。有少数神学家对此的解释是: ex eo, quo ne Deo quidem apparebat[出自神未曾显现于其中的东西而造],但这只是画蛇添足。

从迄今的讨论出发可以得出两点:1)既然神走出自身进入创世,显现为一个自由决断的成果,2)那我们完全可以说,世界是在时间中被创造的。这也是有神论体系的真正教义。如果说神是能够启示自己的绝对自由,那么在可能性和事实之间必定有某种东西居间,如此方能让启示的行动作为有自由意志的而显现,处在这个居间状态的东西，只可能是与永恒并存的时间。但在永恒中，并没有时间得以存在的间距和空间。时间仿佛是钟表，钟表上的永恒也并非真正意义上的永恒，而仅仅是对永恒的持续重复，也就是时间的丈量者。所以在启示的可能性和启示的事实之间的东西，正是时间。

时间不是其他，正是对永恒的反复设定。我们也绝不能把永恒设想为与时间并置并共存着的环节，因为永恒在一切环节中都是整体。然而在另一重关系中，从迄今所讨论的内容出发所产生的问题仍然是：对世界的创造究竟如何在时间中可能？因为在迄今的所有环节中，发生的都是一个次第演替的序列。所以在这里，必须对纯然表面上看起来的时间，和真正的时间做出区分。前者存在于一种对真正的或者说唯一时间的纯然持续重复里。若是把时间设定为A，那么那种表面上看起来的时间——既然它不可能马上就被设定为过去，而且从另一方面来看，它也不可能持存不动——除了持续不断地重复自己并设定自己，也就别无他法让自己显得像是时间了。在这样的时间里，生死皆无正义，它自身的生死也无正义。因为对它而言唯一能做的就是设定自身，所以这种表面上看起来的时间的图型就是A+A+A……，而我们就生活在这样一种纯然表面上看起来的时间里。在这种仅仅不断重复的时间里，当然不可能有世界的创造，相反，这种时间是与世界一道产生的。我们通过序列A+A+A……所表达的那种时间，并非真正的时间，相反，它只是真正时间的一个片段，一种Επεχειν，也就是对真正时间的一种迟滞和阻碍。唯有当这样的时间被设定为过去，唯有当它终止，唯有当我们从这个序列中走出并进入另一个序列，真正的时间才会产生。从这一点出发就可以看清，真正的时间存在于彼此不同且殊异的各个时间的次第演替中，而表面上看起来的时间则存在于同一个时间的重复中。真正时间的要素是整个时间，而它的每一个环节都可以视为一个永恒，即 Αιων。从其自身自在地看，作为永恒的A自身不会踏入这些时间。这个A关联于任何时间自身都是永恒。就此而言我们也可以说：真正的时间存在于时代的次第演替中。所以当我们说，创世发生在时间中的时候，是就这个真正的时间而言的。许多人认为，世界的彼岸除了永恒再无其他。但正如天穹的高处对肉眼来说只会显得一片模糊，可若是用上设备，就可以把深空分解为一个个具体的光点，对前世界（vor-weltliche）的永恒的考察也是如此。

851

倘若确实有某个东西在阻碍着科学的自由运动，那无非就是种种对于时间错误和摇摆不定的概念。科学中的所有障碍首先就出自种种对时间和永恒的晦暗和摇摆不定的概念，除非时间的脉搏能够再次充满生机地跳动，否则这些阻碍就不会消失。伴随着创世，一个全新的时间序列开启了。眼下的这个开端乃是一个彻底自由的开端。在此之前，运动根本无从静息；从第一个直到最后一个环节，它都是必然且迫不得已的。但是现在，在眼下的这个点上，这个运动终于能够静息了。在那个一切力量依于其存在的东西中，存在着能够启示或者锁闭自己的最高自由。在这种与最初的能在者的关系中，情况是完全不同的。最初的能在者并非能够开启或不开启运动的完满自由，因为它之前还处在一种"或者……或者……"的状态里。所以创世并非对之前所发生的运动的纯然推进，相反，它是一个全新的运动，一个真正意义上的第二开端。

在这个环节里最重要的点可以在下面的几个主导命题里得到刻画：

1.创世的最终目的是内在之物重新返回内部,是把已然二重化的东西重建到统一体中,把非精神的东西重建为精神性的,把偶然的重建为本质。神从一种自由决断出发而产生的效用,绝对不可能处在一种持续不断的自行缩减中。就其自然本性而言,神只可能是不断进行着提升和带来跃升的潜能阶次。创造就是提升,创世更是提升。整个创世就是一种从深渊中的提升,是从二重性出发把一切提升到统一体中。

2.正因为如此,创世的开端只能被设想为一种吸引和收缩。神的力量应被设想为一种进行着收缩-吸引,并进行着精神赋予活动的力量。在这种吸引活动中,神始终保持为纯粹的精神,因为他吸引着自己之外的存在,正因为这样,这种力量就是纯粹的实现活动。在最初的吸引活动中,曾经产生出那种潜在性,因为能在者之前就已经把自己设定在了这个受动-接受性的潜在状态里。但唯有神才始终保持为纯粹的实现活动。

3.这个吸引性的力量,只能作为吸引力或者进行着否定的力量之样态运作,所以它=B。抛开其运作来看,它是神之中最纯粹的、不可示人的东西,也就是澄澈的"能",即澄澈的强力。这个力量乃是真正意义上原初的、纯然内核性-内在性的不及物的神之意志,它始终对抗着启示。但恰恰这个在神之中对抗着一切启示的东西必须作为开端设定,如此方能克服它。

4.这个意志会由于自由的决断而开始运作。神之所以是澄澈的自由,是自由的精神,并超越于一切潜能阶次,正是因为他对一切都有其"能",因为他是他所意愿的一切。可一旦被设定去运作,那这个力量就会成为全然盲目的;它所意愿的并非自然,而是把一切引回到那种内在性的潜在状态里，在这个状态里，一切都被吞没在神之中。所以这个力量在表面上看起来就在与一切偶然性相对抗。

5.但在这个时候，有某种先前不曾存在的东西踏入了中心，也就是受造物；在精神化活动的每一瞬间，都会在吸引性的力量中产生出某种东西，它会让这种力量所进行的精神化活动变得更加广大并且更进一步。但这种精神化活动只能在不同层级里一步步产生。甚至已然被提升到现实中的东西，也在与精神化活动的本原相抵抗。这样一来，在此也就产生了一种进行着精神化活动的本原，和精神化活动产生的坚硬产物之间的斗争。

6.所以这里产生的斗争，也是内在性和外在性之间的斗争，这个斗争既不会导向一方结束，也不会导向另一方结束。第一次创世只可能是一种混沌的创世，唯有通过后续的环节，创世才能稳定并有秩序，进而塑造出真正意义上的Κοςμος[宇宙]。

所以首要的事情在于呈现出这些环节的必要性。创世一直以来都被视为神的外化产生的结果。但永恒者并不会让那个自在的卑小之物，而是会让他凭着自己意志视为卑小的那个东西，也就是真正意义上在一切之中最坚硬和内在的力量，即神的自身性的力量成为开端。因为这个作为无法克服者本身的力量，只要它保持在内在状态里就是不可克服的，但当它突入存在之中时，就可以克服了。创世之前的原时间状态的特质就是晦暗和锁闭。而一切展开都要以神的自由意志的同工产生的影响为前提。在吸引活动中存在的乃是原初的力量。所以否定性的、锁闭性的意志必定在启示中先行，坚硬者也需先行，以便爱能够紧随其后，正如在使徒夜里所见的异象中，在神显现之前出现的乃是陡然而起、摧山裂海的暴风，紧接着有地震和火焰；但主宰仍不在所有这些中。随后吹来的温煦柔风，才是主宰的所在之处。所以同样，强力、权力和坚硬者应当先行，随后主宰才能把自己启示为爱。在宁静和正义紧随其后出现以前，首先必须有严苛的存在。正因为如此，那个在神之中作为个体持存的本原的最内在之物，必须首先被设定在外成为开端。

我们第二项要考察的，则是进行着精神化活动的本原和在再次提升过程中的吸引活动所构造出来的坚固之物之间的对峙：

在这一对峙所引发的这场斗争中，首先产生的是有形体的质料，这种质料一直在被内在地增强。当这种质料显现为有形体的，就此而言就会显现为非精神的，而它之所以会如此显现，正是因为它处在精神化活动及其所构造的坚固之物之间，正因为它横亘在精神化活动的道路上。恰恰是精神化活动所构造的坚固之物与精神性之物对立，前者并不处在所谓的"原初质料"中，它只是构造着有形体的东西，从而在这个意义上是非精神之物。但我们不能因此就让自己被误导，以为非形体的东西处在一个较低的层次上，甚至比之前无形体的东西层次还要低。有形体的质料不是其他，正是那个原本在自身中进行着吸引、耗尽着一切的力量所耗尽和排出的东西。地球演化中的氧化进程就能说明这一点。谁真的会以为，有形事物的产生是充满平和的呢？比如说，即便有形事物的产生是通过某种出自自由意志的行为，可谁不曾见万物所出的海水的苦涩，硫磺燃烧的刺鼻浓烟呢？难道这不就是自然最古老的产物——甚至海洋也算在其中——，有形事物不正是乏味、畏惧和绝望所诞出的子嗣吗？正如生育出那些可怕生物的材料，对人类而言是致死的毒药。正如总的来看，在运动的每一环节里都会生育出某种东西，而这些在先前环节里不曾存在的东西,也正是对当下环节的真正意义上的刻画者,同样,天体也应视为第一次的这种混沌创世过程的产物,在这个意义上,它们就可被视为世界的标尺。所以天体乃是一切中最古老的时间的产物,是一切中最坚硬的力量的产物。谁若是能恰当地考察第一次的混沌创世所产生的这个莫名其妙、不可测度的整体,谁难道就不会觉得产生出它的那些力量,远胜在现在这个时间里的那些力量吗?只有一种更温柔、已经缓和下来的意志才可能产生出植物和动物。但那些最古老的产物要超出自然的力量,因为它们是神最卓越的产物。

"起初神创造天地;但大地荒凉空虚地环绕着创始者,并且需要再度创造。"这里的词"荒凉空虚"所刻画的,无论如何都是大地的那种混沌状态。弗里德里希·冯·施莱格尔曾经对此做过一种相当古板的解释,他把这两个词关联到在自然中由于精神生物(天使)的堕落而产生的撕裂上。不过他或许其实是在跟神学家一样在胡闹,毕竟不管是创世的时间问题也好,还是有罪的精神生物的堕落问题也好,那些神学家自己也不曾达成过一致。不过接下来还是需要对在这处文段里表达"创造"的那个词做一些补充性说明。

毫无疑问,尽管非常罕见,但"创造"这个词与那些格局更小的词,比如"制作、摹仿"是同义的;不过在通常的用法里还是有所区分,比如说《圣经》上就区分了"神创造了黑夜并塑造了光"。所以这个上下文的对观也就证明了,在"创造"这个词里有一种盲目的力量被暗示,通过这种力量,神只能纯然产生出恶的东西。当人们说"神是恶在质料上的肇始者,而非它形式上的肇始者"时,就可以听到这个古老区分的回响。在《圣经》的另一处文段里,也就是摩西说"当神创造某些新的东西并创造大地……",也可以看到这个区分。如果摩西在这里用"创造"这个词确有深意,那么每个人都可以明白,这个词的意思不是其他,正是指"推动力,一切持存之物的原初力量"。如果说这种力量由于神的善良意志曾经得到过克服,并且现在被封印起来成了万物持存的推动力,那么人类一旦想起曾经的那个由它支配的可怕时代,还是会战栗不已。无论如何,"创造"这个词的基本意思就是吸引、收缩,并进一步衍生为吞噬、摧毁。

第三十六讲

1821年3月30日

眼下的这个寰宇系统，并不是由其他力量，而是恰恰由那些现在仍在维系着它的力量塑造的，反过来也可以说，这个系统并不由其他力量，而是由那些塑造它的力量维系着。为了能在细节上表明这点，我们接下来要考察维系天体轮转的各种力量。

轮转当然是一种运动，通过这种运动，某一个别之物才首次原初地得以让自己获得殊异化。在当下的环节里，必然也会产生出轮转运动。因为想要去扬弃二重性的吸引性力量在收缩-吸引和扩张的两重趋向之间，又唤起了一个新的张力，而正是这个新的张力设定了轮转运动。但一种对轮转运动的解脱也一并得到了设定。因为一切围绕着它自己的轴心运动的东西，都是某种具有自立性的东西。如此说来，轮转运动也就是真正意义上进行着分离活动的个体性本原，同样也正因为如此，一切生命的开端都能在一种轮转运动中找到，而这或许也能表明，何以一切生命都伴随着这种围绕它自己轴心的运动而发生。收缩-吸引性的力量在运作中会作为一种提升性的、跃升性的力量。而这个力量在其中运作的方向，也就构造出了一种真正意义上的"上"，而其产生的坚硬之物，则构造出了真正意义上的"下"。

空间并非沿着一切方向被充满的空洞；空间真正意义上的实在性，空间的真正本质，或者说对空间进行着设定的力量，正是这种普遍地把一切进行着聚合的力量。在前创世的状态里，曾经只存在一种精神性的在-彼此-之外的关系。所以真正的空间首先是通过对整体的聚合而产生，若无这种聚合活动，根本也就不会存在空间。也就是说，真正的空间是通过聚合活动产生，随后通过与此聚合活动同时设定的οργασμος[激越]，或者说"膨胀"产生，因为个别之物不仅同时与归一性的、吸引性的力量持续对抗，还与跃升性的、提升性的力量持续对抗，如此方能维系自己在空间中的位置。因为某个个别之物自身和它的位置就是一，所以空间不可能是一个匀质、漠然无殊的东西。

谁若能断言，在空间中无上无下，无左无右，无前无后，谁必定也就不会注意到有机体中的奇迹——在其中竟然存在一种不断赋予秩序的力量！这种人必定也不会注意到，诸如在动物王国的每一个层级上，有机总体的每一个部分竟都有意在整体中维系着自己的位置，所以我们无论如何都必须说：这些事物属于这个位置，而这个位置属于这个事物，事物和位置乃是一。

那这种确立着位置的力量纯然只会存在于躯体中，而不会存在于整体中吗？它当然也存在于整体中。因为空间并非匀质和漠然无殊的；其中存在着真正的上和真正的下；正如太阳和天空切切实实在大地之上，在任何悬而未决的地方都存在着不完满性，与之相对，确然性才会在真正意义上构造出完满性。所以一切事物获得完满的唯一方式在于，它是明确而决然的。此外，通常并非海姆斯特尔惠斯①所断然捍卫的哥白尼体系，而是牛顿的万有引力体系把我们带出了真实的空间，带入了空洞的无限性中。按照这种体系，每一个有形物体都有其重力，但仅仅是在自己之外拥有，比如地上的每一个别物体都在地上有其支撑点，但这并不是因为它们在寻找自己的位置，而是在牛顿的观点看来，在地上的物体中有某种源自大地本身超出这些物体之上的东西，即大地在吸引着这些物体，让它们下落。但这就产生了一个问题：大地，也就是中心，在哪里才有这些物体的支撑点呢？在牛顿看来，这个支撑点在太阳里，而太阳的支撑点又在寰宇系统的另一个物体里，如此以往，这样一来，根本就没有任何东西具有自立性。这就是曾经引起大众普遍惊奇、被康德和朗伯②吹得天花乱坠的所谓"万有引力体系"！

更确切地看，从这个体系出发只有一种无限的"下"，而没有真正的"上"。倘若地球就以这种方式朝太阳施加重力，那么太阳也仍会以同样的方式朝地球施加重力，如此一来，仅存的只有一种普遍的"朝下"的欲求，一种普遍的"下流"了。这个体系是非自然的；因为从自然出发，不会有任何一个存在物朝着另一个存在物施加重力，也不会有任何一个存在物在自己之外存在着，相反，每一个存在物毋宁都在进入自身，进而倘若没有某个在自己之外、阻碍着把自己封闭在自身中、把这个存在物开解并提升的潜能阶次被设定，那一

---

① 弗朗斯·海姆斯特尔惠斯（Frans Hemsterhuis, 1721—1790），荷兰哲学家和科学家。——译者注

② 约翰·海因里希·朗伯（Johann Heinrich Lambert, 1728—1777），德国科学家和物理学家。——译者注

切存在物都会把自身封闭在自己之中。所谓的重力不是其他，正是与提升活动相对立的致密化凝结活动。正是由于这一活动使天体与星系处在斗争中，星系的活动趋向是"跃升"，而天体则是凭着与之对立的"凝结"力量宣告和坚守自身。这也是天体坚守自身位置的力量，天体已借由这种力量让自身成为一个中心。地球诚然持续不断地在被吸引到太阳的领域里，但这并不是通过重力，而是通过那种把太阳提升到这个境地里的同一种力量。这种力量让太阳努力去成为太阳，因此，这个力量就是那种跃升性的力量，是它把一切从虚无中吸引出来，这就是那个普遍地进行着跃升的力量。若无它，万物都会沉睡在永恒的懊恼中，并且都会转而沉入混沌中，正是这种力量曾经在普世的大洪水中埋葬了赋予万物生机的创世活动——它自身就是这一创世活动的产物——，这个力量现在既然不再无条件地运作，而是始终在运作中的产物中持续被克服，因此只能作为一种持续在溶解的力量而苟延。也就是说，在之后的第二次创世里，这个力量会在运作的产物中被一个后起的潜能阶次克服。所以最终这个收缩-吸引性的力量或许——它曾经从潜在状态中绽脱登场，并构造和维系了这个整体——会再次摧毁这个整体。这个持续溶解的力量在进行着持续的推动，让天体能够在整个星系里坚守自己的位置，因为从另一方面来看，天体不能一劳永逸地在一个位置上保持不变，它们自行进行圆周运动，从这一点出发就能得出，星系的有限性和决然性是朝向外部表达的。朝向外部表达的有限性当然并不会把内在的无限性排除在外；自在地看，整个星系是无限的，只有对永恒者而言它才是有限的。

眼下这个环节的状态是难以为继的，因为正在运作着的吸引力所意愿的乃是绝对的内在性，进而想去否定一切启示。这个吸引力在这里自身也仍是绝对内在的；这个力量的运作也不过是力量的登场和创世的开端罢了。到目前为止，这个吸引性的力量一直表现为绝对的中心和绝对的内在性，它意图把自己宣告并固守为绝对的内在性，甚至也想把一切外在的东西都引入这个绝对的内在性中，但这是不可能的。理由恰恰在于，到现在为止这个力量都等同于中心，而吸引活动的庞然至大、不可逃避，收缩活动的强硬都建立在这点上，除非这个进行着吸引的力量感到自己无力把存在保持在内在性中。但既然它不应当如此把持着这种吸引活动，那对它来说，唯一的可能就是放弃绝对的内在性，并主动让自身成为外在的。如果我们把本质设定为A^0，把吸引性的力量设定为B，那么到目前为止的关系就是，本质被遮蔽在内在性状态中，被设定为潜在的（A）=B，而吸引性的力量则是外在的。在这个瞬间，本质除了吸引和否定外在性，再无其他意志。只要A^0在自然面前仍表现为吸引性的力量，那么这个潜能阶次就会表现为绝对的中心。A^0和B之间的统一体不可能被扬弃，本质也不可能扬弃进行着吸引的潜能阶次或者说力量；然而，这个统一体继续持存也是不可能的；倘若生命应当出现，那这个统一体就必须裂开。消解这个矛盾的唯一方法在于，保留这个统一体，但这种保留是为了一个他者，为了另一个潜能阶次设定的，如此一来，这个统一体也就以此方式被扬弃或者说分离了，这个统一体也就仅仅作为先行设定的东西保留，而作为为后续环节设定的东西则被扬弃，以此方式，统一体也就作为二重性被设定了。也就是说，自在地看A^0是一个盲目的统一体，就此而言才需要设定另一个不断对统一体进行着分离的潜能阶次，如此一来，统一体和二重性就能同时存在，也就是说，现在这个统一体是为了二重性之故被设定。但既然这个最初的统一体在此间仍保留着其整体性、自主性和自成一体的封闭性，这种在它之外的对另一潜能阶次的设定，只能被称为"化育（Zeugung）"。而一个在自己之外设定另一个存在物，并在此间仍保持着自身整全性的存在物，必定就是这个他者的化育者。因此，从之前的环节向现在环节过渡的唯一可能的条件在于，这个统一体主动把自身认作本质的一个纯然潜能阶次而存在着，而不再把自己认作本质自身。当它把自己认作这样的一个潜能阶次，进而把第二潜能阶次设定在自己之外，这种过渡就能够发生。而只要第一潜能阶次还把自己视为绝对的统一体，那第二潜能阶次就仍是潜在的。这个第二潜能阶次正是纯粹的爱，正如第一潜能阶次是吞噬、消耗性的力量。第一潜能阶次与B的对立设定，完全是由于张力，但是也唯有凭着这一张力，它才能化育出B，并能把它作为第二潜能阶次设定在自己之外，甚至纯然的中心A^0也不可能仅靠自身独立自为地把这个第二潜能阶次化育出来。正是在这一点上，本质把自己设定为吞噬−消耗性的、否定性的力量的最初决断也就得到了说明，因为只有作为这样的东西，它才能把它始终保持在爱中的最内在之物现实地启示出来，设定在自己之外。而这种化育活动的必要性的基础就在于，最初的统一体不可以彻底被扬弃，不能彻底死掉，但也不能继续持存，所以它必须在自己之外设定一个对它进行着分离的另一个潜能阶次。也就是说，凭着第二潜能阶次也就开启了一个新的环节，一个新的时间；只要本质表现为吞噬−消耗性的盲目力量，那么在这个意义上，第二潜能阶次就要克服它，或者说克服第一潜能阶次，进而让这个当下进行着运作的力量与个别之物，即与受造物相和解。这个第二重的和解性力量，即这个第二位的带来解放的潜能阶次，在与对受造物进行着否定的力量的关联中，把自己呈现为和解性的力量，它让这种否定性的力量得以可能从一种时间形式前进到另一种里，进而让之前那种牢固不破、无法拆解的时间现在能得到分解和转化。这才是创世过程中真正最具有奇迹性的事件，盲目的活动被分解了，过渡成了另一种活动，而这另一种活动又与前一种完全吻合、相得益彰。但根本上来说，表明受造物如何得到保持，如何如它们产生地那样得到保持，是一个更困难的论题。在塑造着受造物的过程中得到把握的那个东西，不仅保持着同一，而且也会把自己进展到无限中，这是奇迹中的奇迹。在第一个环节那个让一切都牢固无法拆解的目的里，一切先行的东西都把后起的取消了，混沌正是以此方式产生。但在当下的环节里，创造性的力量通过第二个进行着和解的潜能阶次，从之前那个唯一的层级被带入了另一个并获得了自由，所以现在开始的进程不是其他，正是一个对创造性力量进行不断增强的净化与神圣化的进程，所以它现在也就不可能还从某个层级进展到另一个里，并且再次从头开始进行创造了。在每一个创造的层次上，这种力量会伴随着自己的成长而扬弃存在，直到它最终看到自己处在彻底与存在相对峙的自由中。

在之前的环节里，那个进行着吸引的力量始终都是当下在场的，它是受造物不可得见的神之面孔，否则受造物就会被消灭。但在眼下这个环节里，创造性的精神反倒会不断离开个别之物，不再去压迫它；它会不断离开个别之物，以便它们能获得生命。受造物仿佛仅仅只在分离之际看到它，而这种创造性的精神离开受造物，就仿佛是东方语言里所说的，以离开它们的方式为它们留下安宁和平。

不仅在那些所谓的"野蛮族群",甚至也在那些"有教养的"族群中,比如埃及人那里,动物崇拜和拜物教都具有统治性地位,所以不可以认为,这种崇拜只是在纯然崇拜受造物;相反,他们在其中所崇拜的,乃是已经离开了的、曾经创造过它们的那同一种进行着创造的精神,这跟晚近出现的巨木崇拜其实是同一回事,它们其实都是在崇拜那曾经停留其中,但已离开它们的神圣者。所以进行着和解的潜能阶次的作用,就是凭着曾经成了自然的创造性精神,在某个层级上把自然设定在自由中,所以创造性的精神同时既盲目地在运作,同时也自由和有所思虑地在运作。这个创造性的精神自在地看,即作为纯然的力量来看,是盲目地在运作,因为它必须运作,不能不运作,但它的运作也是有意识的,在这个意义上它也是自由和解脱了盲目性的。这种盲目运作与有所思虑,必然与自由的联结尤其在有机创造过程中表现得极为明显,在其中,一种显然盲目且无思无虑的力量同时也具有合目的性,并且仿佛在深思熟虑地进行塑造。而这种盲目运作和有所思虑力量的联结只能通过下面这点说明:进行着创造的潜能阶次盲目运作,但创造活动会由另一个潜能阶次照亮并赋予它思虑。把有机过程所塑造的产物和艺术家塑造的作品进行类比仿佛看起来是不可能的。谁若是想在其整全的深度上把握"有机产物"这个概念,谁就不妨去读一读康德对目的论判断力的批判§.76。看待有机物不能像看待某件艺术品那样,艺术品的概念在它自己之外,仅仅存在于艺术家中;相反,有机存在物是与塑造它的"艺术家"共同生长的。在这里,"艺术家"与他的素材,即创造者与受造物自身是一种共同成长的关系——"艺术家"就寓居在他的作品里。一切在这里都从内在出发得到生长和塑造,质料和形式都是彼此相伴同地产生。倘若人想要真的在现实中忽视纯粹的自然，那自然的目的论解释就会被误用。正是自然中潜能阶次的二元性，才在真正意义上产生了机械论和有机论的那种奇迹般的联合。这种若合符节只能同时通过一种机械论和技艺论来说明。

进行着创造的精神就以此方式不断澄明和神圣化，并且以越来越强的澄明和神圣化程度提升自己，直到那个最终的受造物，在这个受造物里，创造性的精神实现了让外在之物进入内在性的完满翻转，在其中，澄澈的自由得到了重建，从运作的劳碌中解放了出来，得到了静息，成了对自身有所认识和知识的自由。它现在不再是之前那个纯然不运作的自由，现在甚至神也在它之中静息着，得到了安宁。因为只要神还处在运作中，那么在这个意义上，神也就不会像阻碍性、否定性的力量（=B）那样回转到内在性中。因为只有当本质得到外在化和启示，否定性的力量成为内在和潜在的，即潜能阶次关系翻转为$A^0=(B)$，神才会从他的劳作中得到静息，从自然中得到彻底的解放。甚至在神中，这种反转也要通过第二潜能阶次才能发生，而这种翻转就存在于神性的澄明和神圣化，以及精神化活动里。所以第二潜能阶次的运作就是一种义无反顾的持续翻转，借由这种翻转，否定性的力量进入内部，本质进入外部。否定性的力量会在每一个层级上得到克服，如此方能使受造物得到持存和保持；即便否定性的力量得到了静息，它也会不断从头开始自己的运作，只要它的工作还没完成，它就会不断重新开启，因此需要不断被克服，这就是神所进行的持续不断的澄明和神圣化过程，凭着这个过程，神才会让自己最内在的本质成为自然，并能持续不断地把自然再次唤回到精神中。所以在这整个运动过程里神都临在着，在这整个宏大的环节里,神都处在一种持续不断的提升、荣耀和精神化的活动中。甚至那种否定性的力量也在神之中,但它只不过是为了自然和受造物之故才出现,否则它本绝不该运作。所以对创世的最初决断,正是对神性最高的弃绝和脱弃外化,因为神让他最内在的力量成了自然,所以这种力量在其运作和产物中,一方面在持续塑造自然,同时也在其中不断从自然返回精神,直到在精神中完成自己最后的作品。但这个力量并非从一开始就马上成为自然;只有在眼下的这个环节里,它才首次成为完备的自然;但在这个瞬间,进入精神的翻转又会再次开始,直到这个翻转得到最终完成,也就是神切实地自由于自然、从自然中解脱,直到神、神性的存在物得到彻底的自由并作为最完满的精神得到荣耀。

由此我们也就来到了第三个环节,在其中这种翻转将会完备地发生,进行着否定活动的吸引性力量会彻底静息,而本质也会由此再次成为外在的,如此一来,这个环节也就成了神从自然中得到彻底解放的环节。因为神与自然,即A^3的共属一体关系纯然是通过B产生的。而当神现在从自然中彻底解放获得自由,这个进行着吸引的力量作为吸引性的也就成了过去。之前混沌的环节被取代了,甚至第二潜能阶次的运作,也就是对统一体的分离活动现在也同样得到了完成并成了过去。也就是说在新到来的时间里,在创世的新的时间序列里,曾经有支配地位的否定性潜能阶次跟最初的时间一样成了过去,而第二潜能阶次,A^2的支配也成了过去,它所支配的时间只是通向第三重时间的纯然过渡,而第三重时间则是神与自然之间最完满自由的统一体。最初的统一体是神和自然之间不自由的统一体。它必须首先被扬弃和分离,而只有进行这种分离的时间已经过去,第三重时间才能登场，在其中神与自然的完满统一体会得到建立。

在最后的时间里，支配性的潜能阶次因此就是第三重时间的潜能阶次，或者说最高的自由。

在这个时间的序列里，我们可以看到三大主要体系，泛神论、二元论和自由体系或者说精神体系，切切实实地与展开过程的三个不同环节或者说三重不同时间对应。第一个环节是现实的泛神论意义上的原初时间，也是神与自然的原初统一体。第二个环节是神和自然在其中彼此分裂的时间——这就是二元论的时间，在其中第一潜能阶次被第二个所克服，因此它们都在彼此之外。这种二元论并非通常意义上的那种，它与之完全不同，也不能算是理性的现实产物。我们以此也就证明了，这三个体系乃是作为一切科学必须首先在其中净化自己的必然体系，所以第二个要以第一个为自己的前提，第三个也要以第一个和第二个为自己的前提，所以二元论只可能出自泛神论。泛神论是最初的、最古老的体系，这不仅是就人类精神而言，而且也在事实上有客观性。倘若没有进行着封闭的力量，也就不会有开解性的力量；倘若在神之中没有一种毁灭性的力量，也就不会有和解性的力量。正如封闭性的力量是神的强力和坚硬，在泛神论中存在的真正力量也正是这种意义上的，所以泛神论是一切哲学体系中最坚硬的。

现在我们再对所有内容做一些澄清性的补充讨论：

首先要明确的是，这三重潜能阶次现在所处的情况，跟它们之前属于自然的时候不再是相同的。现在这三重潜能阶次不再能够作为独立自为的、具有本己性的存在物了；因为已经作为自身如其所是设定的绝对精神不再可能转变为总体。现在，三重潜能阶次必须让一切保持为一。每一个在这里展开的潜能阶次都不过是对在不同时间里展开的同一个本质的道出。所以这些潜能阶次作为原初的A的不同潜能阶次,也不过是原初潜能阶次的不同级数。因为那个进行着否定和吸引,即=B的潜能阶次并非本质,而仅仅是神和自然的最初纽带。它是没有任何存在的纯粹精神,即纯粹的实现活动。第二潜能阶次——A^2,同样并非独立自为的本质,而是仅仅作为某种进行着和解和解放的潜能阶次存在。这个A^2,作为对本质进行着道出的潜能阶次,所道出的那个本质和作为其封闭性力量的第一潜能阶次的本质是同一个本质,所以第二潜能阶次恰恰除了第一潜能阶次,再无其他存在;只有在对第一潜能阶次的克服中,第二潜能阶次才能实现自己。同一个本质通过第一潜能阶次与自然相纠缠并共同成长,也通过第二潜能阶次摆脱自然而获得自由。至于第三潜能阶次——A^3,也不是独立自为存在的,相反,它仅仅是神和自然最后的纽带,仅仅是同一个本质的另一个潜能阶次或者说另一重位格。所以正因为这些潜能阶次中的任何一个都不可能是一个独立自为的本质,所以它们不能以共时的方式绽脱凸显,而是只能次第演替地被化育出来。第二潜能阶次只能由第一潜能阶次化育,而倘若没有前两个潜能阶次,第三个也不可能得到启示;它以前两个潜能阶次为前提,所以若无前两个的设定,它就不可能持存,因为第三潜能阶次是神与自然之间的自由统一体的潜能阶次。倘若我们把各潜能阶次作为同一个本质的不同位格考察,那进行着吸引的潜能阶次并非神的位格,因为它排斥着其他潜能阶次,相反,只有在对第二潜能阶次的化育,进而在被第二潜能阶次的克服过程中,第一潜能阶次才恰恰获得位格。所以并非独立自为的纯粹的A,而是由吸引性的力量在与自然对立之际设定入张力中的A^0，才能是进行着化育的潜能阶次，进一步来说A^0并不能独立自为存在，而是要设定在A=B中才存在，所以只有这个从最初统一体中被翻转到另一个统一体里的A^0才能在位格意义上被称为"父亲"，只有在这一点上否定性的潜能阶次才能在独立自为的意义上被称作父亲性质的力量；所以不能马上就认为，从外在的启示来看，父亲先于儿子存在，先于和解性[1]的潜能阶次存在。因为儿子是父亲存在的原因，父亲是儿子存在的原因。父亲只有通过儿子并且与儿子共在才是父亲。

三重位格中的每一个都是某一时间中的支配性潜能阶次。

那个泛神论性质的原初时间对它的黑暗和令人恐惧的回忆仍留有烙印，所以对此有所预感和担忧的各个族群就以形象化的方式塑造了那些颠覆一切的可怖力量。对这个原初时间的回忆体，现在这些族群用铁质的车轮载着"万物之母"进行可怖的游行[2]他们一路上发出恐怖的嚎叫，无思无虑地狂舞，有的族群会用粗劣刺耳的音乐，有的则会用已不成调、让人昏昏欲睡的音乐来献给她，在这种祭祀游行期间，疯狂和暴怒是常见的现象。这个泛神论性质的原初时间由于第二潜能阶次的统治而成了过去，所以第二潜能阶次恰恰就是进行着和解与解放的潜能阶次。

倘若没有进行和解的潜能阶次，之前那个摧毁一切的时间就不可能让受造物得到化育和诞生。只有通过第二潜能阶次，受造物才会与第一潜能阶次和解。

---

[1] 这里的"儿子"（Sohn）和"和解"（versöhnen），都有一个类似的词根sohn。——译者注
[2] 在《启示哲学（上卷）》中谢林会对此有进一步阐发。——译者注

对第三重或者说最后的时间进行支配的,是第三潜能阶次,它会通过神而第一次在真正意义上成为一切中的一切。从我们的目光来看,这个第三重的时间是未来的时间,是在其中不会再有任何时间存在的时间,是已得完满、得到彻彻底底完备实现的永恒的时间。

最后,我们再对整个运动的宏大环节做一番概览。

1. 运动的第一个环节是永恒,绝对的非时间,对我们来说它只是纯然的起点。

2. 第二个时间乃是偶然之物在其中以不断消耗并吞噬自身的方式绽脱登场的时间,它以为自己能够以这种方式转变为本质,但反倒成了轮转运动的动因。第二个时间是纯然的过渡性时间,还不是真正意义上现实的时间,是还在意愿成为永恒的时间。

3. 第三个环节是分化危机的时间,或者说进行分离活动的时间,因为那个曾经想要为自己赢得本质并与之同一的东西,现在必须把自己认作非本质性的东西。只有到了这个环节,永恒才在严格的意义上走出了时间。

4. 第四个环节是居于过去和当下之间的时间点;它仿佛是所谓的"先知时代"。这个环节是整个运动的中间点,我们可以称作对世界进行创造的时间。

5. 伴随着第五个环节,真正意义上的时间开始了。这个环节是神逐步成长的时间,是神被封闭在自然中的时间;它是直接的前时间的时间,是时间必然会在其中展开自己的时间。

6. 最严格意义上的时间伴随着第六个环节开始,即真正意义上时间性的时间,是属人的时间。

若是把我们对时间的划分,套用在古老的瓦罗编年法①对历史时期的划分上,那可以说,前三个环节对应黑暗时代,即"克洛诺斯时代",第四个环节对应神话时代和英雄时代,第五个环节对应混沌的创世时代,而最后的第六个环节对应人类开始有历史的时代,即真正意义上属人的时代。

7. 第七个环节是在其中不再有时间的时间,是后时间的时间,是作为大安息日的第七天,神在这天终于从他的劳作中安息了。

课程结束于1821年3月31日

---

① 古罗马历史学家瓦罗(Varro)进行的一种编年法,根据罗马建城的前后来划分历史的不同阶段。——译者注

自然进程阐述
（关于哲学本原讲座的一份残篇，宣讲于柏林）
（遗稿中摘出）

1843—1844

F. W. J. Schelling, *Darstellung des Naturprocesses*, in ders. *Sämtliche Werke*, Band X, S. 301-390. Stuttgart und Augsburg 1856-1861.

我以眼下这一对自然进程的阐述，作为我之后全部内容的预备基础。

我们每一种特殊的能力，不管是精神性的还是感官的，乃至一切科学，都有它的特殊对象；物理学的特殊对象是普遍自然，化学的是物体的质，天文学的是星系，倘若我们查探一下所有的对象，就会发现每一种对象都有其科学。一切属于某一科学的对象，都是某**种实存者**，而既然一切是某一实存者的东西已然有其科学，那么对最终到来的哲学来说，仅剩的对象恰恰只有**一般意义上的实存者**了，也就是摆脱了一切特殊和偶然规定的实存者，所以哲学的首要问题就是：什么是实存者？对于实存者而言，什么是不可或缺的？当我思考实存者的时候，我思考的究竟是什么？

我不得不思考的第一个东西，无疑是**实存活动的主体**，所以从这一点来看，它还不是存在者，而仅仅是存在的开端，是存在活动最初的吸引点。这一实存活动的主体尚缺乏存在，所以就其自身而言独立来看，乃是纯粹的能。关于它，我们无法道出任何东西，它就是这样始终存在的实情，因为它恰恰是实存活动的主体自身。这个被视为能、被视为存在的潜能阶次的主体，当然也能被设想为"能成为独立自为的存在者"的东西，即从其纯粹的主体性或潜能状态中把自己提升出来的东西（向着现实过渡）。但这样一来，存在者的理念在被设想之前，就会以此方式被取消。存在者的理念乃是，存在的主体仅仅是主体，是不及物的（纯然本质性的）能在。它之所以是能在，并非为了自身能成为存在者之故，而是为了能在者是能在者之故，因为正是通过这种自身对存在的脱弃，它才是存在的吸引点。随后作为必然要被视为从它之中离置的第二个环节的，乃是同样纯粹、在自身中不受任何主体性影响的**客体**，正如作为前一个环节的主体是无限的，没有在自身中包含任何客体性的主体。但恰恰因为其中一个是绝对的无主体者，另一个是绝对的无客体者，所以两者中的任何一个都不可能在无另一个的情况下自为持存。对存在而言，能是主体；对能而言，存在是客体。存在的无限性在后者中，使前者中非-存在的深渊得以存在；反过来看，前者中非-存在的无限性也要求在后者中有一种与之等同的存在无限性，**两者共同**——也就是说既非自为的前者亦非自为的后者——才是存在者。

在笛卡尔"我思故我在"的命题中，甚至在费希特的学说中，自**我的存在**（或者其实可以说，**我在**）总是已经被道出和认识，而自我之**所是**，只可能是主体-客体。但我们不可能直接设定这样的东西。因为在过程的最初，只可能直接设定纯粹的主体，随后才可能在第二顺位上设定纯粹的客体。既然前者只可能是后者的吸引者，后者也只可能是被前者吸引者，在它们的这种彼此吸引中，存在者得到了**呈现**，但真正意义上的存在者还没有在此存在。因为真正意义上的存在者，只有在主体和客体存在于其中的同一者中存在（即直接的主体-客体）。所以真正意义上的存在者只可能是一个第三者，是曾经能够直接不存在的东西，因为主体-客体这个概念把自己分解在了直接的思想中，也就是说，必须从那个唯一的东西出发，也就是从主体出发，因为只有它是无需预设任何前提的东西，而客体反倒必然以主体为前提（为了某物是客体，必须首先有一个主体在此，与之相应,在思想的第二步里我才能面对主体来设定一个客体,在思想中,只可能从**主体**出发。在第三个位置上,我能设定的不可能还是其他,正是存在于同一者中的**主体和客体**)。当然,可能有人会反对说:这样一来,只有第三者是存在者了,而不是像我们目前所假定的,这个整体(a.主体,b.客体,c.主体−客体)才是实存者。然而恰恰因为第三者(c)不可能直接被设定,而是必须要以a和b为前提,因此,a、b和c在实存者的**理念**中(正因为是理念,所以当然首先要通过一种纯然逻辑的必然性确立)不可分地相关联在一起,所以只有a+b+c才可以被称为实存者,或者说一切实存的范型(原型)。我们在这里讨论的还不是现实性,而仅仅是理念中的实存者,如果我们把存在,也就是对象性的存在(因为主体的存在仅仅是原初状态的存在①)设定为肯定意义上的存在,即+A,那么实存者的开端就是非−存在,纯然的能= −A。我直接能设定的只有−A,接下来才能从它出发设定第二者,也就是等同于纯粹存在、被−A所吸引的+A。就其存在方式而言,它与能是同样无限的,因为两者都不包含任何来自对立的东西,能(=主体)不包含任何来自存在(=客体)的东西,存在也不包含任何来自能的东西。但既然实存者既非−A(因为它是实存活动的纯然**主体**),亦非+A(因为它是纯然的实存活动,或者说纯粹的存在),所以为了能设定实存者,我必须前进到第三者上,它**在自身中**就是主体和客体(未分裂的主体−客体),它等于±A。但这个东西只能在第三个位置上(是**第三者**),是一个单独被排除出来的第三

X, 305

---

① 这里关于存在的区分仍然延续本卷前面两个文本的讨论,这也是为何我把它们放到同一卷中。——译者注

者。因为为了能是客体(+A)，主体(−A)必须在第三者之先被设想，但为了能并不**纯然**是客体，而同时是主体，客体(+A)的位置也须被接纳，因为只有那个能既不再(片面地)是−A亦不再是+A的东西，才**必然**是±A。

人们可能会说：在思想中只有两个概念，除了主体和客体，我们没有任何更原初的概念；但我不可能把主体和客体直接(在最初的思想中)设定为一，因为两者把自己表现**为**非−存在和存在，我首先能直接设定的仅仅是主体(−A)，因为我必须遵循矛盾律，但我对−A的设定已经遵循着一个预设，即+A会随之设定(+A从−A中设定表现出了理由律，只有+A和−A的关系才为莱布尼茨的充足理由律赋予其思辨意义)；同样，当我设定−A和+A之际，我必然已经遵循了第三逻辑法则排中律，所以在我设定±A的时候，排中律才获得其形而上学的意义。

因此，在这里存在的是一个纯粹的理性−有机体；实存者并非偶然，而是遵循纯粹的必然是−A、+A和±A。它不可能走出这个范围。实存者是已完成者，在自身中完结者，开端(−A)、中点(+A)和终点(±A)都在它自身中。作为这个一体俱全者，它就是绝对者（quod omnibus numeris absolutum est[在所有这些数中已得完结的东西]），但这个绝对者仅仅是**理念**中的绝对者。

实存者首先仅仅是理性−理念。然而在这个理念中，也蕴含着存在于一切理念之外的存在者的素材和可能性，凡其根基不在实存者中的，都不可能实存。

但一种在理念之外的存在是**如何**能实现的呢？很明显，在理念之外存在的东西，恰恰只可能是这一理念自身的环节；这些环节必然能在其统一体之外独立自为地存在，因为在其统一体中，它们是实存者。

所以问题就是，这些环节，也就是−A、+A和±A如何能转变为独立自为存在着的，它们如何能彼此相排斥呢？因为首要的环节，或者说能够存在者（−A），只要它纯然只是这个东西，或始终都是纯粹的潜能阶次，亦或**依然如此**地是其所是，那就与第二个环节，或者说与能够**不**存在者（+A）无所区分。同样，只要这两者，也就是能够存在者和能够不存在者，与能够存在**且**不存在者（±A）无所区分，那么反过来也可以说，后者也就没有被前两者排除在外；一种排除活动发生的前提是，能够存在者**走入存在**，也就是把自己提升入存在。所以就又清楚了，只要统一体（−A、+A和±A的统一体）的**根据**只可能处在−A中，那么它分裂的根据也同样只能处在−A中。只要作为**统一体**之根据的主体仅仅处在其−A（自身−非−存在）中，那么非统一体的根据，即统一体的取消者也就同样只可能存在于其−A的自身−存在中。但要注意，我们并不是说：为了世界在理念外产生，−A就把自己从其否定性中提升了出来。而是说：**如果**要设想一个理念外的世界，那么它只能以这种方式被设想，进而也只能作为**一个这样的**世界被设想。也就是说，为了能达到一个理念外的世界，我们必须首先把它的第一个环节设定为**独立自为的**存在者，现在的问题是，这如何可能。从一开始我们就已经知道，这个主体尽管就理念来看仅仅朝着更高的客体（+A）而存在，它并非自身的主体或潜能阶次，而仅仅是实存者的主体或潜能阶次，但**据其自然本性**，它仍可以是它自身的潜能阶次，仍能把自身从无限的存在中转离出来，以便能够成为独立自为的自身存在者；从这个角度来看，这个"能"也就把自己呈

X, 307

现为据其自然本性而言的两义性自然。但当我们的思想理念分崩离析时，我们仍需同时把理念视为在下面这种意义上是不可取消的，即尽管统一体被悬置——当然，这种悬置只可能发生在思想中的瞬间——，但这种悬置的目的在于重建自己，然而恰恰在实现这一目标之际，统一体也就把自己**证实为**不可被取消的统一体。

因此，为了能把自己实现为现实实存着的统一体，它唯有进行差异化活动。

那个原初主体——在理念中，它是非存在着的，但并没有**作为**非存在着的，即**作为**$-A$被设定，因此它并不是实存着的$-A$，所以正因如此，当它走出自身之际，就必定会失掉自己的潜能阶次，如此方能被引回到非存在，即全然的主体状态**之中**——，现在一旦作为$-A$，非存在着的以及主体被设定，进而成为存在者，它就会成为实存者理念之轮转的中心点。这一轮转拥有三个环节：1) 原初主体的存在在统一体中的环节，2) 它走出了统一体的环节，3) 它重返到统一体之中的环节。这样一来，关于统一体，也就是理念就可以说：它在最初，或者说在最初的构想中，仅仅是未被道出的仿佛无声的纯然本质性的统一体，但它必须自身差异化，经历自身各个环节的差异，如此方能在作为第三环节的终点，成为已得实现、已被道出的明明确确的统一体。这一运动过程，或者说这个经历三重主要环节的进程，是我们首先要思考阐述的。

如果那个直接的能在者已经过渡到存在中，把存在接纳给了自己，那它现在就已经堕入了存在，已经不再是**本质性的**存在者了。它先前是作为存在的纯粹主体存在，但现在是最初的实存。不过这里"最初的实存"的意思，并不是像我在我最早的哲学阐述中说的那样①，是说物质是最初的实存，也就是说，这里的意思并非"无从把握和言说者"。所以它并不是指，这个东西是最高的实存者，相反，它是第一个从理念中绽脱凸显的存在，即τὸ πρῶτον ἐξιστάμενον。就这一点来说，这个希腊词——它无疑是拉丁词existo的来源——也同样表达出，最初的实存者是被设定在自己之外，但又从自身而来的存在者，这个存在者已经失掉了**自己**（它的潜能阶次），所以是**盲目的**存在者。但它不仅是最初的存在者，它同时——至少首先——也是**排他的**存在者，因为它拒斥着"能够**不**存在者"，拒斥着非实存的潜能（它就是在之前的无差别中，不会受任何"能"影响的客体），它拒斥着"能够不存在者"获得存在。既然恰恰这个排他的存在者曾经就是整体——也就是说，它曾经是整体的**主体**，它曾经一方面是整体的承载者，另一方面正因为如此是整体的权能者——也就是说，**因为**它现在是从自己而得的存在者，进而作为如此这般的东西，同时是其他一切的排斥者，因为它现在并非整体或者说**一切**，也就是说，不再是它曾经是的一切的主体，所以它并不会"忘记"自己曾经作为主体的位置。尽管不再是能在者，但它作为存在者仍始终是主体，始终是排他性的主体，仍要固守曾经处于其中的绝对内在性。但支配整体的法则与这一主体的当下所是相矛盾：存在者的任何一个要素都不允许独立自为地存在。这一法则并不意愿有一个要素是排他的，相反，它所意愿的只有整体的存在。所以一方面来看，这个现在是排他性存在者的东西，不可能回到潜能阶次中去，也不可能回到

---

① 指1801年的《对我的哲学体系的阐述》，已有汉译本（谢林：《对我的哲学体系的阐述》，王丁译，北京大学出版社，2023年）。——译者注

纯净的能在中去，**只有在纯净的能在中**它才曾是它自身（作为一切的主体），而非一切（instar omnium）。另一方面，它现在作为排他性的存在者与更高的潜能阶次处在矛盾中，因为这个更高的潜能阶次在先前的无差别中是存在者，我们又以+A来标识它。就它属于**首先**从存在中被设定出来的紧接着的更高序列，是这一序列的潜能阶次而言，它因此并非直接的非存在者，因而也跟第一潜能阶次一样，不是直接的**能够存在者**。我们在之后——但不是现在——会以A^2来标识它，在这种标识法中，A的意思就是"能够存在者"；但现在那个盲目且排他的存在者不再是能够存在者了，它是与自身不等同的东西，已经成了一个他者，我们可以用B来标识它）。因此，一方面来看，这个现在排他的存在者不可能回到它之前的潜能阶次中，另一方面它与+A处在矛盾里。而在-A（先前纯然的能在者）开始要求去存在的权利以后（仿佛突如其来的），+A不可能一下子就终止为+A。相反，凭着被产生出来的东西，它至少也有与之**等同**的权利要求去存在。但它恰恰也因此会被新产生的存在否定，它自身会被设定为非存在着。所以为了把自己重建在先前曾是的境况中，它**必须**运作。但正如已经说过的，-A会排他地把存在向着自己撕扯。这种情况一旦发生，就会覆水难收。如此一来，第二位的东西，以及±A，都会完全被存在排斥得更远，成为纯然被否定的东西、纯然的非存在者，而绝不可能作为能在者存在。那如此一来，存在的领域是不是就由B接管了呢？——只要B不被允许去分有存在，那它就没有任何去存在的可能性。只有当它被允许，它才能够去分有存在。如此一来，B就需要翻转到-A中，B需要再次否定自身，但-A首先就已经被B彻底且绝对地排斥在外了，没有给它留任何入口。

所以如此看来，必须发生的第一件事，大抵就是让那个排他性的存在者无论如何给+A留一个入口，至少是给**作为能在者**的+A留一个入口。

但最终这个排他性的存在者也必须主动放弃它迄今仍占据的位置，必须放弃它现在仍在牢牢攥着的作为能在者或者**主体**的**位置**，以便能为+A给出空间。它在面对+A时自身反而转变为客体（转变为对+A而言对象性的东西），要把自己屈从降卑为+A的现实化过程的物质，要在+A面前自行物质化。在这一点上我得提醒，在这个地方，一定不能把物质这个概念与通常认为的"物质就是具有物体性质的东西"这种表象联系起来。所以这里所说的整个进入客体的翻转纯然只能在相对意义上理解，因为那个在面对+A之际放弃自己的内在性的东西，仍在自身中始终保持为主体，只不过是在面对+A之际在相对意义上才把自己外在化并让自己成为客体，也就是成为由+A引发的克服活动的对象。唯有借此方式，它才能让那个已然被排斥在外的**非实存**的潜能变得可通达和可克服。但这个潜能也不是被彻底克服，它**在自身中**仍是它之前所是的东西，只不过在更高潜能阶次面前就会表现为被动的，并且准备好了以自己曾经之所是的某种变化了的样态存在。 X, 310

"物质"这个形而上学概念之所以是最疑难的概念，或许正是因为所谓物质，既是某种现实性的东西，也就是必须是现实活动的东西，但它同时在面对应从它之中生成的东西而言，自身又要表现为潜能阶次。正如亚里士多德所说，物质不能被设定为**本原**；物质自身首先就是某种被生成而得的东西，它首先是某种现实性的东西，但这种现实性的东西自身就必须把自己降格为对其他现实性之物而言的潜能阶次。所以正如亚里士多德指出的,物质不可能是原初的东西,它自身只可能在一个生成转化过程的序列中被设定。我们现在正在呈现的这个生成转化过程的最终意图,就是让那个原本曾经是主体,但现在作为某种被生成而得之物存在着的东西,再次转变为-A,转变为真正的主体,因为在作为B存在的时候它是错误的主体,是不能成为主体的主体。为了能被恢复为真正的主体,B必须首先主动让自己成为**客体**,把自己坦白为非-主体,即客体。恰恰通过这种坦白,它现在就是potentia veri subjecti[真正主体的潜能阶次],进而**就此而言**从根本上看,也就再次具有了潜能阶次的意义。它现在并非纯然物质的潜能阶次,而是一个存在者的潜能阶次。它现在是一个现实活动的东西,但作为这样的东西仍是潜能阶次。这个矛盾就蕴含在我们称为"物质"的东西的本质中。

如果我们在这里要一般性地对整个过程考察一番——不管这个过程是必然要求的结果还是仅仅作为可能性得到展示——,这个过程首先就表现为一个不断进行翻转的过程,确切说是对那个独一者、前现实的存在者或一切实存的原型进行翻转的过程,而这种翻转的方式在于,在这个独一者中是主体的东西(-A)转变为客体,而是客体的东西(+A)转变为主体。这个过程可以叫作Universio,它的直接结果就是被翻转颠倒了的独一者,所以也就是Unum-versum[翻转了的一],即Universum[宇宙]。①但这个过程也并不可以真的像我们到目前为止所呈现的那样,被认为是无条件且绝对的。在此所

---

① 关于这一点,参见前一个文本《全部哲学的本原》边码836处脚注及其正文内容。——译者注

要求的是：排他的存在者=B，应当在面对更高者之际自行退让为物质。但这个B无疑也有它的权力和合法性，也就是说，它不会**无条件**就被迫让自己去服从。上面这点只是对潜能阶次关系在观念上的重建，但这种重建所要求的并非一种不断扩张的无限性。倘若这种重建仅仅在**某一个**点上就能实现，那这种无限性对于这种重建而言其实是根本无所谓的。它要让在这个点之外的东西，成为这种重建的现实化过程的外部环境，要把它装饰规整起来，进而以之为此现实化过程的**根基**。这个根基越是广大，它也就越发能让全部可能性得到保留，而不是让某个可能性把其他可能性排除在外。如此一来，即便在其个别环节里，这个根基也能愈发明确地显现为把一切可能性都收摄在自身之下的东西。也就是说倘若在整体中得到表明的，乃是B在面对更高之物的时候自身变得被动，那么这并不意味着，整个B也以完全一样的方式对自己进行物质化，B这个本原必定也仍保留着自己的意志和自由（这一点之所以可能是因为，理念在进行现实化之际并不要求自己在此间**成为**排他的，也就是说它也允许**并不**处于它自身中的东西、它将之排斥在外的东西的可能性）。照此，我们也就不能把B对+A的服从设定为无条件的，毋宁说我们必须**设定**，这两个本原之间发生了一种分有，在它们之间围绕唯一的存在发生了争执。在这个存在里，它们仿佛彼此分有对方，如此一来，每一方都会不断强调自己存在的正当性，进而作为一切存在最高法则的正义也在这种争执中得到了保留。也就是说，整个存在的领域中，**一切**可能性也都得到了保留，而一个彻彻底底不断向前，从B最纯粹、最不具有物质特性的状态——唯有作为如此这般的东西它才能获准在此持存——，逐级发展到最具物质特性、彻彻底底被征服、彻底把自己倾献出去的层级序列也会在此涉及。B的物质化就是接下来的这个进程的条件。但为什么不会存在一个固定的、本质性的存在物,能够持留在这个进程的先行阶次里呢?因为B无论如何都**必须**转变为物质,否则纯然缺乏质的规定的、荒疏的存在将始终进行着支配。而倘若从这样的存在出发直至出现具体的、具有一些本己特质的有形存在,接着从这种有形存在出发进展到有机存在,再从纯然有机存在进展到能够自由自行运动的存在(在这种存在里,原初意义上的能在者已经趋近于恢复了),最后从这种存在进展到已经得到彻底再生的能在者,也就是人,那么B就必须进行这种转变。不过一位早先的人物竟然会幼稚地相信和假设,整个宇宙,我们小小的地球上数不胜数、彼此相距甚远,甚至也独立于地球的点点存在之光,也都是为了人类的福祉被创造的。到了近代,整体以更宏大的规模在人们的面前开启了,人们也对它进行了更大规模的考察。但这种考察的预设却是,在寰宇整体的任何地方所见的,和我们站在地球上所见的都是一样的,宇宙里遍布类似人的存在物,而这样的存在物就是宇宙的终极目的。这也是同样幼稚的。

总之我们的假设是,两个本原以彼此分有的方式而获得支配地位,也可以说,这两个本原的这种分有关系也能**以下面的**方式得到一种对照:在**普遍者**中注定要臣服于更高潜能阶次,注定要成为更高潜能阶次的ὑποκείμενον[主体、载体]的本原,仍然不是无条件臣服的,它仍获准具有在一定程度上保持自立性的权力,它仍然在一定程度上能不受对立潜能阶次干扰地独立自为存在,唯有如此,它才能恰恰在另一程度上彻底服从更高潜能阶次并且全然甘愿被它克服。所以更高潜能阶次的首要作用恰恰就是把自己限制在这种分有活动上，B也并不会因此就发生任何改变或者内在的颠覆（我们把那个注定要服从的本原称为B），相反，其中发生的是一种纯然的量化(Quantitierung)，仿佛它被打碎了。现在，曾经是排他的存在者的东西，成了动词意义上的实存者，它会终止作为**独一的**存在者，进而把自己开解到一个不同存在者的序列、一个无限的实存体系中。独一的存在者和不同存在者的区别仅仅取决于，这个较低的本原在何种程度上能被更高潜能阶次进入和克服。必须设想，迄今为止仍然排他地或者说独一地**存在着**的主体，也就是B起初仍把所有这些可能的实存者作为不可区分的包含在自身中，因为它始终都在试图把自己断言和宣告为一个统一体，而这些实存者自身固有的丰富性，会产生一种因其丰富而具有的"过剩"，这种过剩会不断从内膨胀，进而让这个统一体发生一种"内在的爆破"，当此之际，它就会放弃作为**独一的那个**存在**者**，如此方能让一个无限的实存**者**序列代替自己的位置。**诸位**一定要注意，在讨论个别环节的时候也不可丢弃整体的关联脉络：更高的力量把存在让渡给了B，但这个力量自身仍保持着与存在的分离，保持在存在之外，如此方能在接下来的序列里让存在分有自己；它迄今最大的强力，就在于能够打破处在其排他状态中的那个排他的存在者。**为了**让它放弃自己的排他性，也就是说，为了也承认更高潜能阶次对存在的分有，更高的潜能阶次必定会对这个之前独一的存在者产生一种催逼。在这种催逼中，产生了——但首先仍是在纯然潜能的意义上——不同主体的无限性，而这些不同的主体都具有一种与更高潜能阶次的不同关系，都在不同程度上或多或少可以通达更高潜能阶次。所以上述这个产生不同主体的无限性的环节，必须设想为一个靠后产生的环节，在其中B（它仍始终是以

X, 313

排他的方式**存在着的**主体)**现实地**放弃这种排他活动,进而所有那些可能性——在这个环节现实发生之前,它们都是被纯然的潜在性所把持的主体,都遭受把持着它们的统一体的压迫——,都会现实地被释放出来,彼此自由地比邻而立。与此同时,那个之前把持着这些可能性的主体,也借此从之前那种逼仄的状态里解脱了出来。在此之前,它在这种状态里之所以可以算得上在存在,**不过就是在于**它把自己的存在建立在始终保持为绝对内在性的中心性主体上。伴随着自由释放那些迄今纯然只有可能性的主体,之前的那个排他的主体自身——那些现在获得自由的主体之前在它之中纯然只作为可能性——同时也从自己迄今所处的逼仄状态中解脱了出来,进入自由的广袤之境。而这个自由的广袤之境就是**空间**,空间(这就是在本质意义上必须去设想的空间)从那个自行进行着决断的主体出发,预先已经看到了对这个主体自身而言唯一的出路就是作为空间的自己。与此同时,空间也作为形式让这些主体中的每一个都不受其他主体制约地独立自为存在于其中,也就是在自己的位置上(甚至每个位置都是先行预见到的),获得现实的实存。实际上空间不过是先前处在**概念**中的存在,即被设定在概念**之外**时的样态和方式。我们并不认为,某个在其概念之外,也就是现实在此存在的东西,会先于在空间之中存在而有其实存,空间就是**实存**(在我们这里的意义上),就是概念**之外**此在的纯粹形式。唯有空间才能让两个彼此之间在任何方面看都全然等同的事物,作为在数量上不同,也就是起码就实存而言不同的东西呈现。当然了,这一点的前提是这两个事物在空间上彼此外在。比如当我们设想一个球体A和另一个直径甚至材料与之完全等同的球体B之际,倘若球体A没有处在一个不同于球体B的

X, 314

空间里，那在我们眼前所呈现的，绝不会是有两个不同的球体被设定；在纯然的构想中，我们所有的不过是唯一一个球体，只不过名称不同。所以空间是某种彻底处在概念**之外**的东西（就这一点而言，康德坚持空间的表象乃是一种基于纯然**直观**的说法是完全正确的）。倘若不是如此，倘若空间的表象不建立在直观上而是建立在某个**概念**上，那几何学家就根本不可能呈现出两个不同的点，或者说完全不可能呈现两个完全等同的有空间广延的东西，比如两条等长的线段，或者两个相同的圆；因为几何学家关于某一个点的**概念**和关于另一个点的完全一样，不同的点只能就**实存**而言有所差别。但我之所以能认识这种差别，完全是由于不同的点处在不同的**空间**中。在两条等长的线段，两个相同的圆形或者球体那里，知性并不拥有它能把一个与另一个区分开的最小内在标尺，在其中一个那里知性所能**思维**的，跟它在另一个那里所能思维的是完全一样的东西。所以不同几何图型的区别恰恰就在于，我们是在两个不同的空间位置上呈现它们。但这些位置也需要某个概念才可认识，进而去规定什么处在右边或者左边，不过这根本就不是知性的事情，因为位置建立在直接的感性表象，也就是建立在直观上。所以伴随着空间，某种全然在概念之外的东西也一并被设定了。空间不是别的，它就是形式，也就是概念之外存在普遍且无限的可能性。

空间学说——它尤其在所有古代理论，甚至在其中具有支配性的经院哲学里只有一种从属性的地位——通过康德被提升到了哲学研究的一线，所以从此以后，没有任何无力对空间的自然本性给出开解的哲学能够宣称自己是有意义的。不过也必须承认，在康德自己看来，由他所赢得的东西几乎不用再做考察和补充。可我们对空间的说明仍与康德的必定有着在一般性特质上的不同，康德把纯粹的先天哲学与那种其对象部分源自经验的哲学区分开来（康德坚持空间的纯然主观性，我们则坚持它的客观性，所以他的理论跟我们并不等同）。康德仅仅讨论了空间，因为在经验中他只发现了空间，尽管如此，他还不至于把空间视为某种纯然在经验上被给定的东西，相反，他认为空间是一切外部直观的先天形式。康德说，空间并非经验概念，并非纯然从外部经验中抽象而得。因为正是凭着空间，我得以把某些知觉与某个外在于我的东西关联起来（也就是说，关联到不同于我自己所处的空间位置的另一个位置的东西上），从而也能进一步地把不同知觉与在彼此之外并立而在的对象关联起来。我之所以**能够**如此，之所以有这种能力，必定是因为空间所进行的表象活动已经在我的精神中现成存在了。康德进一步推论说，空间仅仅是**唯有**附着在我们直观活动形式上才存在的某一个规定而已，也就是说，空间作为直观形式不能把握对象自身，也并不独立于我们的直观活动。然而**这一点**并不是从康德的证明里得出的。从康德的证明出发所得出的结论毋宁是，正因为除了在空间中我们**不可能**以其他方法表象外部对象，所以空间与对象自身具有一种先天关系（唯有空间才首先使得这些对象具有客观的可能性），而让我们必须以此方式表象外部对象的那种必然性，与外部对象自带的特质，确切说是作为必然性而自带的特质，也就是说必定在空间中才能被表象的必然性是同一个必然性。

康德进一步证明，空间是一种**必然的**表象，唯有它才为一切外部直观进行先天奠基。康德说，人们绝不可能捏造出一种其中没有空间的直观，就算人们非要这么想，那在这种臆想出来的直观里就不可能碰到任何对象。然而康德的这个说法的正确性范围仅仅限于，我能把某个个别对象，比如我在眼下这个空间里所见的一朵小花、几根柱子从我的思维里挪走，但不能把它们所处的空间挪走。可是我确确实实可以在思维里把有空间广延的事物总体挪走，甚至把宇宙自身挪走，这与所有那些把这个整体设定为某种产生而得的东西的人，也就是把这个整体设定为并不预先拥有一个存在的人，以及那些认为这**整个**外部宇宙可能终有一天会被取消或者消失的人，做的是同一回事。也就是说，我之所以不能把空间设想为非实存着的，仅仅是因为我仍始终在维系着对象，而只要"自我"在维系对象，那作为其先天可能性的空间就不能不实存着。但无论如何，我终究还是能够把所有这样的对象，进而把空间一并在思维中挪走。所以就这一点来说，我不能把空间像事物一样部分地取消，而是要么根本不取消，要么彻底取消。

康德进一步说，空间并非一个推导而得的，并非通过对共相进行总体化或者普遍化而得的概念，也就是说，空间绝非通过对在一定量上的局部表象进行共相结合而构造出的概念。毕竟作为所谓普遍概念之源头的这些共相性要素，本质上又能是什么东西呢？它们不过是对这个或者那个特定空间的表象。但倘若要谈及不同的空间，那么在此所理解的不是其他，正是同一个空间的不同部分。进一步来看，倘若对所有这些部分进行统一能够构成对空间的表象，那我们之所以拥有这些部分不过是因为，我们有对那个唯一空间的表象。这些部分都是我们在那个唯一空间中设定的限制和界限，但这些限制不可能提供从中由以把唯一的空间聚合拼凑起来的要素，因为毋宁说这些要素反倒要把这个唯一空间预设为前提。正因为空间仅仅是唯一的，所以对空间的表象不可能是一个普遍概念（倘若空间概念并非一个诸如"普遍概念"这样的抽象概念，那我们也可以说：它是一个个体性的东西）。空间是直观，而且是先天直观，正是它为所有对空间的进一步规定，比如对空间的划分和限制奠定了根基。即便我们并不承认这个结论，我们也可以承认，空间绝非事物本身中的任何一种，而是纯然作为形式附着在我们的**直观活动**上，至于"在我们的认识活动中空间具有怎样的关系和情况"这个问题，或许只有在康德之后的一种认识理论里才能得到说明。

总之，康德最后总结说，空间是一个被给定的无限的量。尽管作为形式，空间被康德本人放在与物质对立的关系中，但空间仅仅是一种无限的可能性。但空间作为这种无限的可能性的情形，与任何所谓的普遍**概念**是完全不同的。一切普遍概念，比如"树"这个概念，就包含着对各种树的一种无限可能性，不仅包含现在实存的树，也包含未来的某个时间将会实存的树，甚至包含根本就不会实存的树。但没有任何概念作为一个普遍概念，能够被设想仿佛**它在自身中**就把握着上述这种无限的量。但空间并非一个概念，并非仿佛首先可以运用在一切个别的空间上，然后再在所有这些个别的东西中不断复现自己，相反，它确确实实地**包含着**所有这些个别空间；而所有这些个别空间都仅仅存在于这个唯一的空间**之中**，并且切实由它所保持和框定。所以空间并非纯然只是一种概念中的无限可能性，而且是一种实存着的、作为当下无限性的无限可能性，是为我们的一切个别规定进行奠基的当下无限性。我们不能把空间直观为**无限的**，但我们必须把它**设想**为无限的——我们之所以必须把它设想为无限的，并不是通过一种对不同部分的无界限的聚合，而是必须把它设想为先行于一切部分的无限者。所以,我们不可以把我们表象中空间所具有的这种明显的无限性,跟纯然的无规定性相混淆。也就是说,无限性不能跟无规定性相混淆,否则就是重蹈笛卡尔的覆辙,唯有如此,方能避开这种混淆引发的其他难题。一种无规定的量就是那种我们无法为之分派任何界限的量,但这样的量并非现实地就没有任何界限,或者也可以说,倘若我们设想它有界限,并不会引发矛盾。但无限的量是我们在其上把握不到任何限制的东西,是倘若我们在其中设想限制就会自相矛盾的东西。空间的无限性就是这种无限的量,对这种无限性所能产生的表象就是唯一、无所分割和不可分。所以从"在我们的表象活动中空间是无限的"这一点出发,能得到的结论就是,空间不可能从存在于其中的单个有限事物中被提取或抽象出来,毋宁说空间必须被设想为这样的事物的前提。

X, 318

  康德认为空间就是一种纯然的主观表象,从他的这个说法看,为他的空间理论真正奠定基础的是下面这点。空间就其自身而言是某种被动、僵死、绝对没有主体性、没有实际性的东西,但与此同时,它也在同样的程度上是先天的。正如康德已经表明的,空间并非能从事物中抽象出来的东西,它也不可能是某种能独立自为地为自身存在奠基的东西,它**必须**在一个主体中存在。牛顿很有可能就是因为这一点才鬼使神差地在他的《自然哲学的数学原理》中的某处说:空间是神圣者的官能中枢,正如人们总是向来都觉得有必要区分空间和神圣者本身,空间也并不会成为神圣者自身的一种直接形式。牛顿说,所谓官能中枢,就是进行着觉知或者感受的实体当下所处的位置,如此一来,事物的可感形象通过神经被传导至大脑,进而得到直接的觉知。但牛顿接着说,从自然的各种现象出发,并不能说明存在一个当下在场的、无处不在的、无躯体的、活生生的、有理智的存在物。在作为它自己官能中枢的无限空间里，这个东西以最内在和最完满的方式注视着万物本身。它与万物相分但又把握着万物，因为它直接且全然地在自身中当下拥有万物，只不过在我们这种进行着觉知和感受的实体这里，万物所呈现出来的形象都是被我们这个"小官能中枢"所觉知和观察到的，所以如此呈现出来的形象只能与我们"被限制了感性官能"的觉知程度一致。除了少数其他说法，莱布尼茨主要是以牛顿的这个说法，作为他自己著名的对牛顿的反驳的动因。通过书信往来的方式，牛顿的支持者和捍卫者克拉克和莱布尼茨进行了相当长时间的争论。这些往来书信是近代哲学史上最有趣的文献之一（它们最初收在 *Recueil de diverses Pièces sur la Philosophie, la Religion Naturelle etc. par Messieurs Leibniz, Clarke, Newton*[《莱布尼茨、克拉克和牛顿先生关于哲学与自然宗教的通信材料汇编》]里，由Des-Maizeaux编纂出版，现在可以在《莱布尼茨哲学著作集》里找到它的最新版本）。不难料到，牛顿的这种空间观与莱布尼茨的唯心论是无法相容的。

只要我们必然要从处在纯然构想中的存在，仿佛**命中注定**一样过渡到构想之外的存在，或对于**这个**构想之外的存在来说，我们也必然要以空间来表象它，那么这种必然性究竟是哪一种，莱布尼茨之后的一位德意志哲学家——他不仅有许多奇闻异事，而且甚至康德也偶尔要提一提他——克里斯蒂安·奥古斯特·克鲁修斯①在他

---

① 克里斯蒂安·奥古斯特·克鲁修斯（Christian August Crusius, 1715—1775），德国新教神学家、哲学家。——译者注

的形而上学中,也在他同名的解释性著作中,给出了对于种种必然的理性真理进行总体规划的方案。他说,尽管这些不同的理性真理偶尔会对立和有所区分,但这是在它们在被理解时出现的情况,是正常且适宜的,倘若说这种对立和区分就是事物的普遍特性,那是不适宜的,事物的普遍特性只能从一切事物中的那个纯然普遍**本质**出发才能得到认识,也就是说,对事物来说没有必要去预设它们的实存,而那些作为实存之后果的特质就更不用预设了。但他坚持认为,实存乃是事物的谓词,事物也正是由于实存而处在构想**之外**的**某处**或**某时**,也就是说,除了时间他也把空间设定为可能性得以补完[complementum possibile]的必要条件(这跟他以前"实存"概念在沃尔夫学派里面的规定是一样的),这样一来,实存也就跟纯然的可能性相区分了。我们会将之承认为正在实存着的东西,必定是作为处在某处的东西显现给我们的。所以他也就援引内在经验——每个人都可以指明自己的内在经验,每个人都知道,自己不可能把某种东西既设想为实存着的,同时不将之设想为在某处的——说,不可能有某种东西**存在**但又**无处**在。在我们通常的表象活动中,无处 X, 320
在和非存在往往是完全同义的。所以就此而言,他把空间说明为一种对"实存"的抽象表达。既然在他看来,他对实存的解释算得上是一种无条件的普遍解释,那么尽管他确实因此不得不把空间解释为对实存的一种抽象表达,但在他的解释里,空间毕竟是**无所不在的**。不仅现实的事物,也就是不同于内在经验的其他有限事物被空间纳入,而且无限的事物,也被可能的空间充满,不管是否有形、是否具有广延,都被空间充满。但关于神,人们诚然——并且甚至也在通常的宗教教义里常常这么干——必须说,他是无处不在当下在场的,他无一处不在,所以仍然不可把握的是,这样一个形而上学家——他同时还是个神学家——竟会把空间解释为一个甚至对神的实存而言必然的状态(这个人自己就是这么明明白白讲的)。可如果有某种学说,可以被视为与形而上学和神学的传统相一致,那么这种学说必定就会坚持下面这个传统:在神之中,实存也是本质,而空间则只应是实存的形式,就此而言,这一形式应被设想为某种与本质有别的东西。Deo essentia et existential unum idemque sunt[神的本质和实存是同一个东西],这说的是:就神而言,实存并非某种不同于本质的东西,相反,实存自身就是本质;正如法国人说的,神就是Celui qui Est[他所是的那个东西],这就是神的概念。神的实存并非一个另立的存在状态,或者根本上说,也根本不是像其他事物那样,"实存"是一种别样的存在状态。相反,对神来说,实存就是他存在的"事情本身",就是本质自身;神实存着,但并不像其他事物的实存那样要**通过**一种单独的实存状态实存,否则实存就仍是某种殊异的东西,与本质有所分别的东西。神则不同,神根本就不是其他任何东西,就是实存者。①

不过现在我们还是要回到之前提到的与那些历史上的说法相关联的那个表述上:空间是某种被动的、绝无主体性的东西,我们没有可能为它赋予一种本己的实存根据;空间自身不可能存在,因为在它之中没有主体,但它**毕竟**存在,这也是不可否认的。所以这个矛盾该如何设想呢? 这个矛盾之所以产生,并非由于空间作为纯然的表象活动附着在人类的主体上——尽管这确实也可以说明,我

---

① 见全集第XIV卷,第348页,《启示哲学》相关部分。——编者注

们何以对某些缺乏一切实存的最基本预设的东西，比如实体、潜能阶次、力等有所理解（这些东西我们姑且称为"实存的预设"，**诸位想怎么叫都行**），因此仍不得不把这些东西视为存在着的，——**认为空间作为纯然的表象活动附着在人类的主体上**，或许在一定程度上可以把握上面那点，但这也不可能不同时在一切人类自我的认识中，甚至在人类自我的本己意识中带来巨大的迷误和混乱。如果我现在所以为的我在眼下处于其中的空间的那部分，**必须**被设想为独立于我，那我又是怎么让自己进入其中的呢？倘若我不再表象空间，或我站得比**诸位**能够看到我的距离更远，倘若**诸位**各自现在所占据的空间，被你们视为非客观之物，视为独立于我的现实之物，倘若我在所有这些中所看到的，除了一种在我的感官表象中某个特定的空间次序得到呈现的方式外就一无所有，那空间为什么就不会因此终止存在呢？倘若在我们的表象活动之外就根本不存在空间，那我们到底是什么？所有我在空间中所自行表象的事物究竟又是什么？倘若我会把这些事物认作是真的，那我究竟是为什么会不可避免地堕入这种幻想中，被引诱到这种持续不断的自我虚构里呢？倘若如此，那最起码的结论就是，我们自己必定又会逃遁到一个莱布尼茨式的单子世界里，一个纯粹且纯然精神本质的世界里。在哲学还是某种全新的东西的时代里，在哲学的理念还被视为时代宠儿的表演的时代里——在这个时代，哲学尚未起决定性作用，相反，它只被视为深思熟虑的理智——，哲学尽可能地远离一般的公众信仰，不管在这个莱布尼茨——这是德意志土地上第一个有自主意识和哲学创造力的精神——脱颖而出的时代，还是在这之后的康德出现的时代——这是一个平庸和精神变得散漫的时代——，人们都对一般人类知性指望过多、苛求过甚，而在我们当下正在经历的这个时代，人们不会让自己再落入这种不切实际的指望和苛求中，并且不会再像前一个时代那样，偏爱那种只知道通过把本该解释的东西撇到一边来帮助我们进行知识的解释。

X, 322

现在我们再来进一步考察空间自然本性中的这个矛盾。空间不可能自身存在，因为在它之中没有主体，但它毕竟也**存在着**（我们没有其他方式，只能以此方式做这样的判断）。但倘若在它之中没有主体，那么它或许其实是某个主体的幽灵和幻象（霍布斯就已经明确表达过，可以把空间称作实存的幻象——这个观点也被某位"天才"的人物不言自明地预先视为真理，在他的各种说法里这种做法比比皆是，但他自己往往并不真的清楚地对他自己的说法有所认识，他自己常常不能对它们做出辩护和澄清）。**或许**——在我们完全掌握真正奠基性的根本思想以前，即成为掌握它的大师以前，我们必须注意我们的言辞，只能这样来表达——空间只是某个主体的幻象，这个幻象持续不断地在消失、变弱，仿佛主动在把自己往后撤，以便能够给出一个多样性的领域即**空间**，而多样性也就取代了**这个幻象**踏入了现实性中。如此看来，这个我们至少必须得**预设**为空间之**前提**的主体，既非神也非人，相反，这个本原尽管持续不断地在表现为客体性之物这件事上反复横跳，但也并没有终止在自身中作为主体存在。不同实存者如何拥有一种殊异的多样性，并且在空间中获得一种定在，要解决这个问题，不可能认为空间乃是作为某种在一切时间的开端就一劳永逸发生，随后就不再发生的东西。相反，空间自身应被设想为一个永恒的，也就是持续不断存在着的存在者。所以它不应被设想为一个一劳永逸完成的存在者，而是一个在每一个环节里被一再设定，通过一种持续不断自行复返的对独一的绝对主体进行的**否定活动**而得到设定的东西。通过这种对排他性独一主体的否定，也就从中产生了现在囊括着一切的空间，它就仿佛是万物的虚位，因而作为虚位，就留下了那种仿佛绝对的无主体性的状态。空间必定是通过这种不断复返的否定活动发生的。因为那个B，正如我们之前所说，它不能一直停留在自己的那种排他性里，而当更高的力量抬头，取代它而把不同的实存者设定为彼此不同的实存者之际——当此之际，B也就不再能把它们把持在自身之中了——，B并不会因此就被消灭，所以B仍然在每一个环节里被如此克服，成了给予**不同实存者**以空间的东西。绝对的主体给予不同实存者以场所，也就是空间，这种意义上的空间就是它们实存的先天条件。它必定要在每一个环节中，被更高的力量转变为空间的给予者，因为要把自己的主体位置反复夺回来的那种意志和力量，会在普遍的收缩-吸引性活动里表明自己是始终在场的。而这种活动当然仅仅作为绝对主体已然被克服之际的绝望哀求，仿佛作为一种垂死之际的痉挛，在绝望地宣示自己。若用南德意志方言来说，在这种垂死挣扎中，绝对的主体只是模模糊糊地感觉自己尚能走出自己已被设定入其中的过去，并挣扎着运作和蹦跶一下，但它如此为自己挣扎而得的当下，仍不是对自己已成过去的宣告。仅仅通过这种方式就能发生下面这回事情：每一个要素，每一个生成而得的东西，不过是作为一个持续不断的生成者同时借由空间而被设定在时间里才存在的。**诸位**以为所有这些生成而得的东西都落入时间中，其实并非如此，时间并不支配这个不断的生成

X, 323

者。正如那个独一的、正在取消自己排他性的那个主体在垂死之际设定了空间,同样,它在此间进行的收缩-吸引活动——这可以被设想为把自己争夺回来的尝试——设定的则是时间,两者共同构成了持续不断的运动。当任何一个基础的存在要素从它被设定于其上——同时它也通过重力被系缚在这个位置上(我正是在这一点上把重力与收缩-吸引活动相区分)——而被提升出来,被提升出它的位置——收缩-吸引活动正是借由重力来宣示自身——之际,这个要素也就让自己成了时间的支配者,而不像后来出现的个别存在物那样臣服于时间。相反,每一个基础的存在要素毋宁都让时间臣服于自己,正如天体的不停旋转恰恰就见证着在其中并不是以僵死和静止的方式,而是活生生地,**借由**运动本身——所谓的"运动本身"并非一种持续不断向前进展的运动,而是一种在自身中持续回转——来宣告自己的位置。我之前刚刚说过,收缩-吸引活动可以被设想为一种争夺回自己的尝试,也就是取回那些彼此不同和独立的实存者。所以我们也可以说:在每一个这样殊异化的主体中——每一个都取代了之前的独一主体,独一主体仿佛就被打碎在这每一个殊异的主体中——仍回响着那个独一的统一体。这种回响正是普遍的收缩-吸引活动,这种回响之所以仅仅存在于这种活动中正因为它仅仅是**回响**,而不会产生任何实际效应。正是由于吸引-收缩活动,也就是说,倘若它真的具有了现实效应,那么一切又会重新一并进入曾经的那个独一的统一体中,进而一切区别也就被取消了。

借此得到证明的就是,通过原初本原B在其中主动让自己成为更高潜能阶次之**根据和质料**的那种"降解"活动——更高的潜能阶次正是在其中自身得到实现——，通过这种"降解"世界的最初根据，之后全部生成活动的根据也就得到了奠定，这个降解的环节本身就是寰宇和恒星系统最初产生的那个环节。因为这个系统在其产生过程中，恰恰只能被视为向着真正意义上的自然的最初过渡，而不能把这个过渡本身视为自然。寰宇系统的产生只能被视为原初本原首先转变为ὑποκείμενον[主体、基体]，也就是原初本质在逐渐的服从过程中产生的现象，不能被视为它现实的转变和翻转。只有在那个B——我们一直以此代称那个原初本原——已经发生了改变，起码已经开始被带回到A中之际，自然才会产生。只有在A和B之间已经产生了一个居间者之际（我们把A仅仅理解为对潜能阶次的一般性表达），才会有自然存在。但处在这个宏大的去-成为-根据的降解过程中的B，仍未发生改变。它仅仅为更高的本原给出了可能性，仅仅允许它也能分享存在——但在这种情况下，存在也仍始终在B的掌控下——，所以尽管A已经让B在一般意义上变得可通达了，但仍没有对B的**内核**产生任何影响。通过下面这点，每个人必定会明白A的这种限制为什么是切实的：我们不可能在我们用以描述现实自然存在物之产生的随便某个范畴下，为寰宇系统的实存进行奠基。对于地球或者另一个星球，我们既不能说它是无机的，也不能说它是有机的。有机物和无机物都只是**某种**从中产生的**东西**，而星球则是这两者的承载者，但究竟是什么让它作为这个承载者存在，我们并不知道。但显然这个东西**既不**是有机物**也不**是无机物，而是两者之上的东西。我们不能说，这个承载者是动物，也不能说是植物或石头，因为所有这些都不过是对在地球上碰到的不同事物的规定，可地球自身并非这些事物的总和。所有这些都要晚于星体自身的形成。在星球朝向自己的本质，朝向在它们之中真正意义上的恒星（朝向它们之中真正意义上的"阿斯特拉（Astrale）"[①]——对这个词我想还是不用复数的好），朝向它们之中真正的星星之际，我们难道觉察不到一种对抗活动吗？这些在朝向自己的本质之际而遭遇抵抗的存在物，才是自然的产物，我也是在相同意义上不假思索地把不同的矿物、植物、动物等称作自然的产物。所以我们在此需要注意的是，在那个仍然以排他的方式要求着主体性的地位、摧毁且不容忍任何具体存在的潜能阶次环节，和真正意义上的自然进程之间——唯有通过它才产生具体的存在，也就是从A和B，第一和第二潜能阶次中共同化育出的存在，因此才是"具体的"——，还存在一个居间的环节。这个环节不可能是其他，正是寰宇系统的产生。在那个本原B——在自然的创造过程中，我们把它设想为处在一个连续、逐级提升的内在化过程的本原——成为通过一个更高的意愿而得到**现实**克服的对象以前（因为每个潜能阶次都是一个意志，潜能阶次的每一种运作都是一个意愿），本原B必须首先一般性地成为某个意愿的对象，并且**在一般意义上**已经被它所镇服。真正的科学不可以略过任何一个环节，在一切前进的步骤中必须始终澄清其必然性，一旦某个环节被跳过了，这种必然性就马上被摧毁了。但前面说的这种最初的镇服活动的现象——正是通过这种镇服，开端性的本原才会在一般意义上屈尊在更高的本原面前，进而在任何情况下在它面前都成为相对意义上的质料——正是寰宇系统的产生。

[①] 谢林在这里用源自古希腊天文学的"阿斯特拉"一词描述使某个星体作为如自身如其所是存在的那个本原，以区分于星体在外部考察中的物质构成之类的本原，下文中出现的"阿斯特拉"一词都取这个意思。——译者注

我在前面已经区分了吸引-收缩活动和重力。实际上重力不是别的，正是物质化活动的环节本身；相反，在吸引-收缩活动中，那个在外部已经被物质化（已经成为基体-主体①）的东西仍始终把自己表现为非物质的，表现为有主体性的。而就这一点来说，重力只有在对这个主体性的持续消灭，在对那个之前已经转变为物质的东西进行持续不断的再次-客体化-设定中，才能证实自己具有事实性，所以吸引-收缩和重力是一对交互性的概念。若无另一方，任何一方都不可设想，这一点本来也就跟数学建构是完全一样的：重力作为固守并宣告着位置的力量，所起的作用相当于通常所谓的离心力或者切向力，而吸引-收缩则与之相反，相当于所谓的向心力。所以，作为自然之根据的本原作为根据得到**奠定**，作为根据得到沉降并非一个稍纵即逝的活动，而是一个持续不断的活动。在与更高潜能阶次的矛盾中，注定要被镇服的本原没有其他出路，唯有恰恰纯然在外部并且相对地物质化，即唯有如此它才能保持为内在性的、非物质的纯粹本原。

正因为如此，在这个环节里具有多重样态的复多性存在还没有得到设定，相反，在这里设定的只有样式单一、千篇一律、单调荒凉的存在，这就好比根据《摩西五经》的叙事，首先设定的乃是天与地，也就是让恒星首先生成，在此基础上才有后面的：所以说在这个时候，"大地荒凉空虚"。这话的意思并不像通常的解释那样，说的是大地荒杂，仿佛存在着一种荒杂的多样性，相反，这话的意思

---

① 谢林在使用主体概念的时候，通常都是在其希腊词源ὑποκείμενον的意义上使用，其意思为"处在底部的东西"，"为某个更高之物奠基的东西"。——译者注

是说，根本不存在任何这种多样性。存在着一种普遍的感觉，根据这种感觉人们假定，在恒星中有一种不同于在通常自然存在物中的精神在支配着。人自己甚至在一切都在始终复返的人类世界里，也区分了那种在一切秩序之外的超凡性情——在其中起支配作用的，仿佛是某种来自星界的东西——，和那种更为庸常、由那种更可把握的动机所驱使的性情。人们甚至还说一类人"站立在自己的星空下"，或者说，"这样的人只为他自己的星球所驱动"。而这里不管是所谓的"星空"还是"星球"，说的都是那种在这类人之中坚固且有力的意愿。通过它，在人类之中再次挺立、再次把自己交还给自身、重新把自己带回到自己的开端中的意志，也就获得了某种仿佛来自阿斯特拉的东西。人们注意到，大多数具有强大意愿的人都是宿命论者，而这正是因为他们的意志就是他们的命运，这些人借以驶入自己人生轨道的那种必然性，与恒星得以从其星团中闪耀的是同一种。

X, 327   我现在回到空间概念上，我们已经把它定义为"取代了绝对主体的位置、仿佛绝对主体的假象和幻影的绝对无主体者"。由此得出的直接结论是a）对一切实存的内容而言，在空间的自然本性中所做的任何单一—主导性规定都是无所谓-漠然无殊的。其原因正在于，空间是纯然的实存活动本身的形式，此外它不触及其他任何东西，尤其是不触及质。但恰恰在这种等同于普遍性的漠然无殊状态中，b）空间既非一个普遍概念，也不是某种具有原初性的能在者。它并非可能性意义上的普遍范畴，而是原初的可能性。在其作为可能性的样态中，它只具有一种唯一的可能。**就此而言**，它作为可能性乃是个体的可能性，所以也被称为"个体"。而这种意义上的个体，就不再可能作为实存者了。康德曾经迈出过意义重大的一步,即把空间从自亚里士多德以来就得到承认的各范畴中挪了出来,在亚里士多德那里,空间是与"何时""处所"并列的范畴之一;在此当然要注意的是,无论如何,亚里士多德那里作为谓词的范畴,根本上是某种在含义上不同于康德那里所谓范畴的东西。从我们所遵从的康德的展开谱系出发,除了空间的绝对唯一性之外,同样可以明确的是c)空间的绝对性或者说优先性,乃是就一切在它之中存在的东西而言。仅仅存在于空间中的东西,不会显现为一个直接且原初的东西,而是显现为一个唯有通过扬弃在先者才可能存在的东西,或者说一个可能被生成而得的东西,而空间对这样的东西来说才是已被给定的。当迄今作为单一存在者的绝对主体,主动让自己作为如此这般的东西成为过去之际,它也就给予了不同实存者以场所,也就是空间。空间就是这种否定活动,就是某个先行之物的不再-存在,仿佛眼下在空间**中**存在着的存在者,在过去之物中并不具有去存在的能力。就此而言,空间自身是无限的可能性,但这种可能性并非潜能阶次,它不再具有"未来"。这种可能性并非为了自身存在的独立自为的可能性,而是仅仅为了其他可能性而在的可能性,**所以**对一切现实都漠然无殊。空间并非质朴直接的可能性,它之所以被设定为可能性,不过在于它是一种已然仿佛"瘫痪"了一般的可能性。唯有以此方式,空间才能为那种殊异的或者说具有本己特质的科学奠基。这种科学一方面是哲学,就哲学是一种理性科学而言,它与这种殊异的科学有亲缘性,但从另一方面看,又与之有根本上的不同。我认为真正能代表这种科学的是几何学,因为它的材料就是纯粹的空间。而哲学作为理性科学与几何学相同的地方恰恰在于,两者都与纯然的可能之物打交道。①

  空间并非相对于某个别的东西而言是外在的，它**在自身中**就是绝对外在的，也就是说，绝对无主体；即便是通过把它分割至无限，在空间那里也不可能获得任何主体性，因为空间的每一部分又是可分的，也就是说，每一部分都是纯然的客体。至于数学家所假定的"点"，则并非任何现实意义上的实存者，甚至我们也远不可以认为，数学家之所以把"点"假定为不可分割的量乃是为了方便建构之故。相反，数学家必须这么做，否则在对某条线段进行分割的时候，由此产生的"一半"，或者说在多次分割之际所产生的"部分"的总和与整体就不可能相等了。在空间的无限可分性中所道出的，不过是空间的绝对客体性，或者说无限的非主体性，正如物质的无限可分性所道出的不是其他，正是不论人们怎么分割它，也不可能触碰到它真正意义上的主体这一实情。

  我们已经把空间中第一位的本质刻画为了主体。但这个本质有两重面向，这两重面向可以这样来考察：其一乃是就它们**在自身中**的情形而言，其二则是就它们相对于更高的力量表现为物质而言。当

---

① 只有粗鄙的无知者才会叫嚣——而不是去断言——，哲学作为理性科学只能认识可能的事物，而不能认识现实的事物。这些从不反躬自省、喋喋不休的叫嚣者，跟一位刚刚死去不久的哲学家所想的是完全一致的，这位哲学家当然从另一个角度来看也是永垂不朽的，尤其是以他的方式从事哲学的时候尤其如此，这就好比普拉滕对戈特舍德〔(Johann Christoph Gottsched, 1700—1766)，德国哲学家，德国启蒙运动的代表人物。——译者注〕的假发所说的：它们总是现成的，不过是从一个脑袋换到另一个脑袋上罢了。这位哲学家，或者说哲学著作家在他的时代呼求一种先验唯心主义，但他本人所做的，不过是在这种时代呼求之下微不足道的"正确"的事情，他所做的唯一正确的事情就是字迹工整、墨水色号选择得是对的，而且居然还能把自己的想法誊到纸张上！这可真是太棒了！——作者原注

它们在空间中作为物质存在（也就是当它们还没以物体的方式充实空间的时候，物质仅仅是物质，也就是说，物质仅仅是物体的根基，所以在这个意义上物质恰恰并非物体性的）——也就是作为物质存在于空间（本质）中的时候，它们是在**下面这种**视角下存在的：在空间中它们彼此外在，在这个时候，它们不再是主体，如果作为主体，它们会彼此内在，就像普遍的收缩-吸引活动所表明的那样，从这个角度出发来看，如果把收缩-吸引活动视为物质产生的一种效应，那就是完全错误的；尽管它的显现程度总是与物质成某种比例，但如果因此就认为，收缩-吸引活动是物质性的有形物体的某些个别部分所产生的效应，那就是错误的。因为比如说，地球既是物质，也是主体，但这只是在物质中的主体相对于更高的东西会转变为客体的意义上说的，但地球并非在作为物质之际就是主体，它并非**作为**主体是物质。地球所产生的收缩-吸引活动源自存在于其中的"阿斯特拉"，而这个阿斯特拉就来自主体。倘若它来自物质本身，那在每个物体里必定都会存在某种诸如"阿斯特拉"这样的东西。但所谓的**物体仅仅**是以有重量的方式存在，并且只能下落，而所谓的寰宇系统不仅在下落，即在寻找自己的位置，而且也在旋转，也就是通过自由的运动在事实上捍卫和宣示自己的位置，所以通过旋转，寰宇系统实际上并不在时间中，相反，是时间在它之中。但倘若在寰宇系统中，唯一本质的不同面向注定会由于主体在其中相对于更高潜能阶次，而主动让自己去主体化的关系，而主动去进行"去自身化"，进而把自己降卑为物质，那么那些仍在大多数时候坚守着自己的主体性，并且几乎不在空间中显现，也就是几乎并不彼此分离，并且只有相对于另一个潜能阶次才会以有具体位置的方式显现为在空间中存在着

X, 329

的潜能阶次,自在地就会转变为超空间的。根据赫歇尔①对所谓"光雾"的观测,在天空中存在着许多闪光的位置,在其中无法再区分任何个别的闪光点,而在那些收缩-吸引点彼此接近之际,大多数情况下没有星体存在的位置也会同时相互接触在一起。此外,正如我们已经表明的,倘若本原之间的矛盾无论如何只有通过一种与更高本原的比较才能得到消解——倘若正如我从一开始就指明的,这种对本原的平衡或许还允许一种较之于之前已经宣讲的更特殊的视角来考察——,那么结论就是:很遗憾,赫歇尔的这些观察无法提供任何更加确切的结论。

我们假定,那个原本仅仅依于B而在的存在(B把它视为独属自己的),这个存在由于依于B而同时被B和更高的潜能阶次共有,在一个持续下降的层级序列中,在它的一个端点上,仍有这样一些主体持存:它们绝没有服从在空间和物质之下,而是仍凭着来自B的纯粹的、所剩无几的火焰在闪耀;而在另一个端点上存在的,则是那些自身已经被最大程度物质化了的主体,B在其中已经彻底被克服,这意味着,让进程得到完满延伸的根据或者说基体在这个端点中已经伴随着B的克服被给予了,这个进程反过来会拒斥那些仍持守在自身中的主体。因为正如我已经提示的,那个在自身中最终会演进至人类出现的进程,其实根本上没有任何必然性,当然,总的来看,这个进程的最终目的**仅仅**在人类中,倘若在这个意义上认为这个进程是普遍且必然的,那它在整体上,在每一个点上都必定是先行于

---

① 威廉·赫歇尔(William Heschel, 1738—1822),德国近代重要的天文学家和物理学家。——译者注

自己被给定了的,或者说准备好了的。但这种观点恰恰是狭隘的。倘若许多人认为,在另一个星球上不会有人类存在这个想法仿佛是根本不可能的,那么我想提醒这些人的唯一一点就是,在一切展开过程的漫长道路中,难道有比下面这些实情更令人惊讶的吗?——比如离太阳最近的行星只会产生一种植物性的展开,次近的则只会产生一种动物灵魂世界的展开,只有在这个序列的第三颗行星上,才会产生人类。① 人们一方面知道,所谓的"宇宙在空间上无限"这个说法并非经过充分推导得出的,反而只关注,我们的地球——注意我说的是什么,是"我们的地球",而不是"地球"——如何让整个太阳系完全缩聚成了一个微不足道的点,然后居然还一脸真诚地要从这个最小的点出发,得到并理解整体,人们居然还天真以为,在我们这里有效的,必定也对较之于我们而言无可估量的整体有效,可这个推论在等同的环节上根本就不会奏效呀!所幸在近代,这种对于寰宇系统无聊僵死的千篇一律的推论已经被打破了,尤其是通过"双星理论"的发展被彻底打破了。② 彻底依照"翻转"这个普遍概念,也就是依照universio,宇宙得以在我们面前产生,此外,依照那种贯穿一切的反讽——在这种反讽看来,最后的将成为最初的,最初的也将成为最后的,进而最内在的也会以同样的方式注定会成为最外在的,最外在的则会与之相应成为最内在的。进而在各个以已经基本上臣服于更高潜能阶次的方式而显现的天体中,尤其是在地球中,B最内在的对抗点也会得到克服,如此一来,地球的独一性——它

X, 331

---

① 关乎这一点,可参见1802年的《基于哲学体系的进一步阐述》,已有中译本(见《对我的哲学体系的阐述》,王丁译,北京大学出版社,2023年)。——译者注
② 详见《神话哲学之哲学导论》,XI卷第495页。——编者注

必定被认为是专属人类的家园——也能从这一点出发自发得到说明了，因为B在其中所进行着巨大抵抗的那个点，在其他任何的地方只可能是一个单一的点。但我们完全有理由认为，甚至必须认为，一种抵抗只有在一个具有自立性的、被生成的本原中才可设想，而这个本原也要求让自己臣服于某个更高的本原。倘若还有某个什么其他本原，那寰宇系统也就只能通过各个本原之间的一种宏大的释放-决断活动产生了。倘若我们采纳了这个观点，那么从最外在的天体（但也正因为如此，它们源自最内在之物）——在其中，B所进行的巨大抵抗已经被克服了——出发，通过一条原本就更倾向于更高潜能阶次的链条，就会逐步演进到那些现在最内在的天体。确切说，这个演进伴随着与更高潜能阶次越来越小的差别，而这个更高的潜能阶次作为在真正意义上设定着空间的活动，在空间自身中只能作为**光**而显现。我并不是说（这里一定要注意！），光就是更高的潜能阶次，而是说，在这个更高潜能阶次只能在空间中存在的情况下，光就是它的显现；光并不充实空间，它只是描绘空间。同样，光乃是那个唯有通过它，原初就在进行着区分的认识活动才会得到中介的要素，唯有它才把彼此外在的存在提升为认识的客体。至于这个观点是否能解决那个难以解决的光雾问题，解决它的构造和形成，我们在这里就不管了。如果赫歇尔对这些问题仅仅诉诸用一种几乎不会遭到抵抗、无限接近非物体性质的以太物质来认识，并且特别想证实情况就是如此，那他的进展当然也只能停留在这个层次上了。毕竟这种经验现象并没有那么确定，所以也并不一定就能以此出发建立什么了不起的东西。哲学在这种情况下只能确立起一些可能性。不过这些现象起码也足够指明，那些从"地球渺小"出发的观点和讨论，不仅无疑相悖于真理,甚至也在一定程度上相悖于哲学。因为这些观点和讨论仅仅是在笼统的意义上理解人类,并且也让这种理解成了一种普遍有效的观点,甚至可以说,这些讨论的源头不过是一种极为狭隘的观点,这种观点所能决定的就是一件事,那就是除非我们处在一种深切的无知中,否则这种观点怎么会有脸提的出来呢?

不过从迄今讨论的内容出发,我还想再引申出一些进一步的推论。在迄今的讨论中,当然还留下了许多尚未讨论的论题,其中首要的无疑是这样一个问题:就空间来看,宇宙究竟是有界限的还是没有界限的?康德就曾经想在这个问题中揭示出理性与自身的矛盾。他分别确立了两个命题:就空间来看,世界是有界限的;以及:就空间来看,世界是无界限的,作为彼此对立的命题和反命题,正题和反题,以此试图表明,命题和反命题两者都能以同等的强度得到证明。在康德的做法中,最值得注意的在于这一证明所触及的东西:不管是正题还是反题,任何时候都唯有通过其对立面的不可能才是可能的,也就是说,真正看来,不管是正题还是反题都不能就其自身而言得到证明。

就空间来看,世界被锁闭在各种界限中,对这个命题康德是这么证明的:倘若采纳其对立情况,那么世界就会成为一个同时实存的不同事物的无限被给定的整体。他接着说,那既然如此,倘若一般来说,所谓的"量"都是封闭在界限中的,那么即便对这个无限被给定的整体之总体不进行一种丈量,也就是进行一种对其部分的逐步综合,即便不去建构这个总体,一种无规定的量也不是不能被直观到。即便我们并不能切实描述出一个被假定的统一体何以把如此多的东西囊括在自身中,我们也能把这个总体视为一个整体。但对于某个有量的,但并非在被直观给予的某个整体内部的物体的大小,除了通过对这个有量的物体的各部分进行逐步综合,除了通过它的**总体性**——(这就是作为整体的量)——,也就是除了通过对其部分进行**完满**的综合,我们不可能以其他方式设想它。所以康德接着说,为了能把充实着一切空间的世界设想为一个整体,对某个无限世界的各部分的逐步综合必须视为已完成的,也就是说(康德就凭着这样一个简单的过渡离开了对空间的讨论,转而去讨论一些别的东西了,比如时间),为了能把世界表象为一个整体,在万物的共同实存产生的数列中,一种无限的时间必须被视为飞驰流逝的。也就是说,如此一来,正因由于对我们而言,不可能有一种飞驰流逝且无限的时间,所以在空间中一种无限的直观也是不可能的。所以在真正意义上来看,康德的这个说法仅仅证明了,在一个就空间来看无限制的世界里,**我们**绝不可能完成我们的综合,但光凭这一点或许并不会妨碍,抛开我们的视角不谈,世界或许仍是无限或者说无限制的。但**康德**那里的结论却是:正因为一种现实事物的无限堆叠绝不可能作为一个被给定的整体,进而**同时**也不能视为被给定的,所以就空间中的直观而言,世界不仅**不是**无限的,而且是封闭在界限中的。人们或许也能以完全类似的方式表明,在一个众所周知的数列 1/2+1/4+1/8+1/16……中,绝不可能有一个整全的1存在,即便这个数列无限延伸下去,也不可能达到1。我们只能设想,在它无限趋于终点的地方肯定存在一个最后的环节1/x,在这个时候,整个数列就会=1,否则就只能要求存在一种无限的时间,如此方能达到对1的各部分的完满综合。但对我们来说,数字1既非通过对某个数列的完满呈现出现,因为这种完满呈现根本就是不可能的,同样,世界的理念也不是通过一种对它各个部分的逐步聚合在我们面前产生的。毋宁说，世界的理念是我们预设为其一切部分之前提的东西。实际上很难理解，康德何以竟在这个问题上没能注意到，所谓的**理性**二律背反证明显然是不充分的。

对前一个命题的对立命题的证明是：世界在空间上没有界限，进而就空间而言是无限的。此外，从这个命题的对立命题的前提出发，也能间接得出这个结论。康德说，假如认为，世界就空间而言是有限进而有界限的，那么世界就会处在一个空虚、没有得到进一步充实的空间里，这个空间自身并没有受限制，而世界仿佛就是对这种空间进行限定的唯一要素。但空间并非一个现实意义上的对象，相反它只是外部现象的纯然形式。因此空间不可能单单独立自为地作为某种进行着规定活动的东西出现在事物的定在中，因为空间绝非对象，反倒仅仅是**可能的**对象的形式。空间的大小和关系，乃至空间本身都是通过物体得到规定的，但不能反过来说，空间在大小或者形态上规定了事物的现实性，因为空间就其自身而言绝非独立自为的持存者，也绝非独立自为的现实之物。因此，一个空间当然能由种种现象限定，但是种种现象不可能由一个在它们之外的空洞空间限定。这样一来，世界与一个空洞空间的关系——世界限定着空间，这种关系就仿佛世界与无的关系——就如同世界与某个并非对象的东西的关系。这样一来，就空间来看世界就是绝不受限制的，因而在广延来看，世界就是无限的。

如此来看，这个证明的整个核心都建立在下面这点上：倘若世界是被限定的，那么一个空洞的空间对于世界的界限而言就是不可或缺的，因为在康德看来，世界是一个**绝对的**整体，在它之外没有对象存在,进而也不可能为它找到任何相关项(在这一点上,康德明确把世界理解为感官世界,也就是理解为有广延的物质世界)。但是正是这个假定(即物质世界是一个在康德所给出的这种意义上的**绝对**整体),是一个纯然的、没有得到任何证明的预设。所以或许也正是如此,在这里所产生的整个表面看上去的冲突,并非建立在理性与其自身的矛盾上,反倒毋宁建立在对世界内容的不完备的认识上。而一种对此内容的更深洞见,也会自然而然消解所谓的"二律背反"。

X, 335 我们先要问,**康德**是如何消解这个臆造出来的矛盾的?这个我们可以在他对此进行说明、以"作为消解宇宙论辩证法之钥匙的先验唯心论"为题的章节结尾看到。康德说,"我们必须做出更进一步的说明,我们在先验美学中已经充分证明了,在空间或时间中被直观到的一切,进而还有一切对我们可能的经验对象,除了是现象,也就是除了是**纯然的表象**,就根本不再是别的什么了,正因为它们**就是如此被表象的**,所以它们作为有广延的存在物,或者说作为**我们思想之外**的流变者序列,并不拥有任何自在地得到奠基的实存。这种类型的学说我称之为先验唯心论。而具有先验(形而上学)意义的实在论,则出自那些自在地为自己的实存奠基的事物在我们的感官上产生的那些**样态**,所以纯然也不过是自在的事情本身的表象。"——康德想把他这里所说的先验唯心论跟另一种他称之为经验唯心论的区分开,后者尽管也承认空间的独立现实性(但这种唯心论承认的,很可能只是一种空间的独立自为持存的现实性),但否认有广延的存在物在空间中的实存,或者至少对此是怀疑的。实际上我也并不知道,康德所说的这种经验唯心论究竟指的是哪一种体系,起码莱布尼茨体系并不符合他的这种描述。康德接着说,"**我们的**先验唯心论与那种经验唯心论相反,我们**认为**,对象如何在空间中被直观,它们也如何现实地存在。因为既然空间已经是那种我们称为外部直观的那种直观的形式,而且倘若没有对象在空间中存在,也根本不会存在经验表象,所以我们可以且必须把在空间中存在的有广延的存在物假定为**现实的**",这就是说——这一点康德马上自己就会说——不再作为"我们必须假定的",因为我们就是现实地在空间中表象着它们,而不是纯然被它们所迷惑。如此一来,对"我们**在现实地**表象着我们之外有广延的存在物"这一点也就不再有人会怀疑了。但恰恰因为"假定为现实的",所以事物的现实性也就不再系于自身了。从康德紧接下来说的话出发就能明白这点,他说:"不仅空间自身,而且同时所有伴随着它的现象,都仍就其自身而言本身并非**事物**,相反,**没有任何东西**自在地就作为表象存在,所以表象根本不可能在我们的心灵**之外**实存……所以经验对象绝非自在的对象自身,它们不过是在我们的经验活动中被给予的,进而在经验活动之外根本就不实存。倘若在月球上可能有居民,那不管有没有人类真的亲眼见过这些月球人,这种期望当然是必然的,但这仅仅意味着, X, 336
我们只能在经验的可能进展中碰到月球人……当他们在某个现实的意识中处在一种经验性的关联脉络中之际,月球人的存在马上就成了**现实的**"。康德接着补充说,"至于对月球人的经验,是否因此就并非自在地,也就是在我的经验进展之外(换句话说,根本就在我的经验**之外**)是现实的,那都无所谓。"我不认为基于这一点就可以表明,康德如何在这里无视了范畴性的经验说明,反倒竟试图去为我们表象的一种非感官原因去辩护。因为确切地说,我们根本不可能知道这种原因,我们也不可能把这种原因视为客观的,因为作为非感官的(康德在这里还不敢说"超感官的")的原因,它既不可能被表象在空间中,也不可能被表象在时间中,因为这两者不过是我们感官表象的纯然条件。我同样也不认为,康德在这里是想证成下面这点:正如他自己说的,不能仅仅为了我们能拥有某种作为我们一切感官活动之关联项的东西,就把这种现象的理智性原因——康德也允许把它称为超验客体——跟作为接受性的感官活动对立设定。也就是说康德其实想要证成的乃是下面这点:我们完全可以把这种所谓的超验客体归到我们感官觉知的范围和关联内,也就是说,所谓的"理智性原因"能够在感官的范围和关联中被视为有根有据的。在这我们首先要讨论的仅仅是,康德如何能凭着这种所谓的先验唯心论,解决所谓的理性的二律背反。康德说:"似乎表面上看来,**没有什么**比下面两种断言更清楚了,其一为'世界在空间上是有所限制的',其二为'世界在空间上是没有限制的',但两者中的每一个都肯定是有道理的。但不幸的是,因为从这两个方面来看,清晰性都是等同的,所以根本就无法真切查明,到底哪个方面才是对的。"① 但在这里还有一个中间项存留,它能够从根本上调停这对二律背反,并让双方都能满意,我们接下来就来讨论这点。既然我们已经得见,这两者会以此方式而彼此驳斥对方(康德在这里也已经承认,从根本上来看没有任何一个命题可以证明自己,相反,每一个命题仅仅只能驳斥对立的命题),也就是说,既然每一方都在如此驳斥另一方面,那么事关宏旨的一点或许就在于同时超出双方。因为它们根本就

---

① 此处引用作者有改动,参见《康德著作集》,哈滕施泰因版,卷II,第396页。——编者注

没有围绕任何相同的东西进行争论,在这里,有某种先验的假象在欺骗着这双方,把自己表演成了一种现实性,但没有触及双方中的任何一方。根据这种得到了更进一步指引的解决这一二律背反的可能性,为了能进一步解决这个问题,康德还诉诸一种逻辑上的阐述,这种阐述建立在他对肯定性、否定性以及无限性的三种判断的区分上。"要我说,世界在空间上来看既是无限的也不是无限的(我在这里只是说,它不是无限的,但没有因此就说它是有限的),所以后一个命题就是与前一个命题相矛盾的对立面,所以倘若一个是假的,那另一个**必然**就是真的。但也并不能因此就断言,世界就是有限的,我只是说,世界不是无限的。关于这一点(不是**无限**的)我也可以这样说——倘若我这么说确实有意义——,这句话所说的是一个**实情**,即世界**根本**不实存。因为不实存的东西,也不会是无限的,但从这一点出发也不能得出'是有限的'。但倘若我说:世界就各空间来看要么无限要么有限,那么这两个命题都有可能是假的。因为我在这里不仅取消了世界的无限性,与之一道,我或许也能一并取消世界本己的实存本身,可我要是反过来,为作为一个现实事物的世界补充一个规定(这个规定就是:有限的),那我可能就会因此让第二个命题(世界是有限的)跟第一个命题(世界是无限的)同样成为假的,因为世界绝不会作为一个自在之物,一个完全在我的表象活动**之外**的实存者,进而大抵也谈不上就其体量来看说它是有限的还是无限的……"倘若把这两个命题,"世界就广延来看是无限的","世界就其广延来看是有限的"视为彼此矛盾的对立命题,那就得假定,世界是一个自在之物,这样一来,即便我在其中断言一种无限或有限的回溯过程,比如从一颗星星回溯到另一个颗,世界也仍会始终

X, 338

保持为一个自在之物而与之无关。但倘若我把这个前提预设——这个预设仅仅是个先验幻象——抛开不管（也就是世界本身是某种在我的表象之外的东西），那么这两种断言之间矛盾性的冲突也就会转变为一种纯然的思辨性冲突，因为世界根本就不自在地实存（根本就不独立于我表象中的回溯过程实存），所以世界既不作为一个自在的无限整体，也不作为一个自在的有限整体。世界无非是我的表象的一个回溯过程，而这个回溯过程绝不会完结。如此一来，世界也就绝不会**整全地**被给予了。世界并非无条件的整体，因此也不会作为整体而实存，进而也不会以无限的或有限的体量实存——之所以不会以无限的体量，是因为这个回溯过程绝不会完结，之所以不会以有限的体量，是因为空间能够延伸至无限。所以如此一来，以这种方式来看，这两个部分难道不该羞愧地找个地缝钻进去吗？因为这样一来两者都能看到，自己所争执的东西其实乃是无。

我们无论如何都不可能采纳康德的解决方式，因为我们不会承认他所谓的先验唯心论。也就是说，我们不会认为，世界外的东西作为如其所是的那个东西，就是一个全然不可规定、绝对不可认识的超验客体，或者如它通常被称呼地那样，是被设定在彼端的自在之物，这样的东西根本就不实存于我们的表象之外。所以我们现在要反过来通过上面强调的这点，要往前再进一步，踏碎这个徒有其表的冲突的幻象。根据这一点，这个冲突已经不再可能是**理性**的二律背反了，因为理性所断言的物质广延的无限性，及其所要求的限制这种无限性的有限性，**并非同一种意义上的**无限–有限性。而要形成所谓的"冲突"，则需要一方和另一方（也就是其对立面）**在同一种意义上被断言**。根本上讲完全徒有其表的二律背反，就建立在对宇宙的偏狭的物质性表象上。所以这里的问题仅仅在于，**物质**会把自己延伸到何种程度。但从物质宇宙的真正无限性或者有限性来看，这个根本上纯然只有经验意义的问题其实是完全无关痛痒的。因为即便物质可以按照自己的意愿不断延伸，不断超过我们给它施加的界限，它也绝不因此就是无限的，因为即便在一步步向前的延伸中，物质也绝不可能支配那个预先就被设定给它的先天限制，所以在此延伸中的无限性不过是一种徒有其表的无限性。而这种无限性在真正意义上其实就存在于"不可能成为无限"的事实中，这跟之前已经提过的数列1=1/2+1/4+1/8……如此以至于无穷的情况相同。就像这个数列，即便也能被设想为无限的，但它绝不可能超过1，也就是说，它不可能在真正意义上成为无限的。倘若真要成为无限的，那唯有通过超过1，但这反倒是这个数列自身绝不可能实现的。从另一方面看，当我们把物质诚然设想为有所限制的之际，它也并不会因此就是有限的，因为它在自身之中总是具有一种当下的无限制性，它**本己的**无限性并没有被扬弃，因为让它由以受到限制的那个东西，在更高的秩序中处在完全不同的序列里。理性并不要求物质宇宙是绝对有限的，它仅仅要求，物质宇宙在面对一种更高的秩序之际是有限的。宇宙并不纯然由物质构成，或者不如说，宇宙并不纯然存在于物质中，真正的宇宙——我们要在与纯然物质的和感性可直观的宇宙对立的意义上，把它称为理智宇宙——，也就是唯有凭着理智才能认识的宇宙，只有它才是更高潜能阶次所属的宇宙。而物质也就是被这个潜能阶次在每一个点上，进而在整体上限制的，甚至同属这个理智性宇宙的，还有一个比之前那个更高的潜能阶次还要高的潜能阶次（我们把它称作第三位次上的能在者，用$A^3=\pm A$来标识），

X, 339

对于它，我们也必须指明它在寰宇系统产生之际发挥的作用。物质宇宙的边界并不像一般所以为的，在天狼星的彼方，或者在某个无法穿透并且无法按常规物理学理解的星云的彼方。它的边界无处不在，这个边界并非一个相对的、设定在无限空间的某个特定点处的边界，相反，这是一个绝对的边界。对物质宇宙有效的东西，必定也对空间有效。空间——我们现在笼统地来看——也就是有形物体身处其中、星辰运行其中的这个空间，仅仅是真正空间的一个部分、一个区域。我们可以把前面那种空间称为相对的或者感性的空间，而绝对的或者说理智性的空间超出前者之上，但也并不因此就阻碍前者**在自身中**是无限的。并不仅仅存在一个唯一的无限者，而是存在处在不同层级序列中的无限者，在不同的层级中，较低一个层级里的无限者较之于更高的层级就会转变为有限者。正如在数学中，第一个层次上的无限者会在面对第二个层次的无限者之际再次表现为有限的量。

根据刚刚给出的解释，现在我们大抵已经可以把握，康德对于他所谓的正题和反题——对这两者只能给出一种间接的证明。但需要注意的是，康德是把那个断言世界乃是作为一个封闭在界限之内的世界的命题确立为正题，而把那个与之对立的命题，也就是假定世界拥有一种无边界的广延的命题，确立为反题。

无论如何，认为世界封闭在界限之内（康德始终都只把世界理解为物质性的、在空间中广延的），需要一个肯定性的原因，这个原因则在世界之外，在世界自身中并不存在对它进行限制的根据。倘若缺乏对这个肯定性原因的认识，那么那个断言着有限性的命题，就只有通过否斥他的对立面才能得到论证。而即便是这种否斥无限性的做法，也并不是且也不可能通过引证有限性的真正原因而实现，所以它必定是诉诸了一种话题转移的伎俩，它闯入了某种**完全异在**的东西里，进而悄悄援引了来自时间的东西。世界不可能是没有界限的，因为时间并不能达到一种完备的综合，这一点其实是康德已经悄悄预设的前提，但他只是在后来才被明确断言出来，也就是世界仅仅存在于我们的表象中，进而作为整体也只可能在一种由我们统合完成的综合中才实存。但下面这点在反题中也是完完全全明白无误的：正因为无法给出进行限定的肯定性原因，所以空间既不能被设想为以独立自为的方式得到如此限定的（空间的边界仿佛就是它的开端或终止，但根据空间的延续性，对它某一部分的终止就是另一部分的开端，空间的每一处边界因此也同时是紧接下来的空间的边界，因此一个绝对的边界是不可能的，对一切有所限定的空间的表象，始终以对整个空间的表象为其预设的前提，因此在这种意义上空间必然是无限的）；——也就是说，空间不可能被自身限定，物质也不可能由纯然空洞的空间限定，因此物质性的广延本身根本也就是不可能被限定的。这里的这个结论的基础在于，唯有空间才可能是界限，但这里的错误恰恰也在于，康德认为在物质世界之外不可能设想和意识到任何其他东西，所以物质广延也就被认为是一个绝对的整体，在它之外不再可能触碰到任何实在之物。但为了在这种物质性广延中，不仅无所限制之物，而且彼此相互限制、相互分离之物（也就是在现实意义上彼此殊异的存在物，比如之前提到的天体）能够产生，在之前已经讨论过的寰宇系统的诸要素中，一个更高的潜能阶次也是必要的。若无一个界限的**设定者**，从纯然的物质（所谓物质，就是限制的纯然需求者，限制的纯然要求者）不可能产

X, 341

生出寰宇系统。而这种"界限设定"跟我之前讨论的那种"假定世界具有无限的物质广延，那么理性就要求对它进行一种限定"并非同一个意思——因为前一种无限性仅仅意味着，**在物质自身中并不包含任何进行限制的原因**，——倘若物质需要一种对自己的限制，那么它所需要的其实是一个处在自己**之外**（在物质之外）的限制活动。所以在世界的有限性和无限性问题上，根本就不存在理性的矛盾，根本不存在所谓理性的二律背反。毋宁说，不管是在物质是无所限制的（也就是就其独立自为的自身存在而言无所限制）断言上，还是在物质是有所限制的（也就是由处在它之外、之上的东西限制，被一个自身并不属于物质的原因限制）断言上，理性都是正确的。因为倘若没有另一个存在者被存在排除在外，物质之中**存在着的存在者**就不可能**存在**，所以存在者就已经由此得到了限制。进而倘若那个被排除在外的东西也对存在具有一种与现在存在着的存在者相等同的，甚至更古老的权力，那么那个进行排斥活动的东西自身，也是不可能在没有进行一种平衡的前提下就可以持存的。所以可以说，在存在中必然先行发生的乃是这个或那个先在者的厄运（如此产生了最初的实存）。所以排斥活动不可能是绝对的；即便现在处在第一位的东西，在转瞬之际会允许那个被排除在外的东西去存在，排斥活动也必然不会是绝对的。由于这样的一种在先者被排除的分离，在宇宙中可以设想两个极值点，一个是排斥活动在其中达到最高值的点，这样一来在其中会产生最高的张力，凭着这个张力，最富生机、最根本且剧烈的进程发生了。另一个则是排斥性力量在其中跌至最低的点，这样一来，对立也就伴随着更高的潜能阶次消失了。倘若就这两重本原来说，就它们自身的自然本性来看，每一个都只能基于自身而持存，也就是一个要基于自己的排斥性，另一个要基于对这种排斥性进行否定才能持存，那么为了能获得一种平衡，一个第三者——仿佛是作为裁判——也是必须存在的，它让两者都服从在自己之下。而这个第三者作为应在者，并没有由于自己有限的存在而一定要去实现自己的急迫，也不作为<u>直接的</u>运作性，反倒是作为最终原因（目的因）。它并不是有意识地是目的因，而是据其自然本性引发和产生着最合目的的东西。所以倘若我们在宇宙里，只看到了纯然机械力或者动态力的纯然表演，那就是不恰当的，相反，我们应该去认识到一个以合目的的方式获得的整体。以此方式去看待宇宙，就是形而上学的立场，我们只有从这一立场出发，才能考察寰宇系统的起源。我们并不反对那些有意把自己放在另一种更深刻考察立场上的人。我们视为平衡之产物，或者正如我们之前已经明确说出的，视为一种**协调**之产物的，或许跟这些人视为一种纯粹机械性运作或者静态力之平衡产物的，是同一个东西。在一种纯然通过概率进行的对力的计算中，当然也可以得到同样的结论。这种机械静力学或者概率计算的讨论宇宙起源的意图，并不是不真的，它是外在的、显白的，但我们的这种从潜能阶次关系出发进行讨论的意图，则是内在的、隐微的。我们并不**拒斥**这种立场，它的合理性在于，自在地是主体或者本原的东西，或在相对的意义上把自己表现为物质，或者能让自己作为物质被考察。

综上所述可以看到，在康德看来，理性总是处在与自身的冲突中，而康德本人除了取消独立于我们表象的世界的实存之外，再无别的办法解决这个问题。如果说对于这个问题，承认一个理智性的、超出纯然物质世界的宇宙——进而也同时承认一个超出纯然感官和 X, 343

物质空间的理智性空间——的办法可以令人满意地解决它，也就是说，我们的本原学说最终可以解决这个问题，那么我们也就有了新的理由返回到我们的本原学说上。如此方能看清，它是否会足够兼顾，是否能够承载下面的一些推论的重量。

在此我还要强调，有的人预设了一个确切说并非纯然相对、反而绝对的先天科学概念，认为除了回溯到绝对无差别，这种科学不可能回溯到更深的东西上。绝对无差别不是别的，正是对理性的直接表达，从而自明地就是能在者及其对立面，也就是能**不**存在者，进而也在自身中包含着能够存在**且**能够不存在者。如果说，绝对无差别就是对理性自身的直接表达，那么对一种理性科学进行着引导的本原就不可能是其他，正是这个在一切之中存在，同时也牢牢掌控着一切的无差别，也就是说，这个无差别也能被视为那个应通过科学得到实现的东西，应通过科学得到现实呈现的东西。唯有从这个无差别中——只有它才能仅凭自己让一切包含在它之中的潜能阶次得到同等的满足——我们才可以去尝试把握宇宙；我们称为整个宇宙的最高正义和最高法则的不是别的，正是这个无差别，而寰宇系统恰恰就是对这个无差别最初且最纯粹的表达。正因为如此，寰宇系统因此也就是理性最初且最纯粹的拟像，这样的纯粹拟像独此一例。所以比如说，甚至那个由开普勒所揭示的始终令人惊讶的定律——它所指证的并非行星的直接公转时间与直接距离之间的比例关系，而是公转时间的平方与距离的立方之间的比例关系——我要说的是，即便是这个定律——这个黑格尔在他的博士论文《论行星轨道》中仍求诸经验观察数据的定律（黑格尔自己后来也放弃了求诸经验）——也可以作为一个纯粹理性的定律得到阐明。

但**诸位**现在或许会问，为什么我只关联于空间去强调康德所谓 X, 344
的宇宙论二律背反，而没有一并把它关联于时间去强调。毕竟从时
间来看，也可以给出一个正题，即断言世界有一个时间中的开端，反
题则是断言，世界并无在时间中的开端，以此形成严格的对立。我回
应这个问题的方式，就是首先抛出另一个问题："世界**有**一个时间
中的开端"这个命题的意义是什么呢？同样，它的对立命题中的"没
有"又是什么意思呢？莫非它的意思**是这样的**：一个东西或另一个
东西，拥有一个开端或没有开端。因此这就意味着，世界有一个**本
质性的**，因此有现实意义上的先天规定，或者是，倘若以正题，世界
已经有了一个开端要作为一个事实被道出，那么以反题作为事实被
道出的，就是世界并不曾有过一个开端。康德很明显在有意避免后
一种情况，这样一来，这个问题也就过渡到了一个根本不同于纯粹
理性的另一个领域中。因为在前一个命题中所讨论的，是某个曾经
已经发生过的东西，而在后一个命题中所讨论的，则是某个持存且
永恒不变的东西。在后一种情况里不存在什么二律背反，因为"没有
开端"就意味着在谈论一个永恒的开端，只要理解了这个表达的意
思的人，我想不会反驳这一点。而在前一种情况里，所讨论的则是一
个稍纵即逝的、时间性的开端。世界就其自然本性而言是有开端的，
因为世界除了作为通过一种从潜能向现实过渡，也就是从非-存在
向存在过渡的东西，不可能以其他方式存在。世界的自然本性就是
有其开端地存在。所以在这里，问题并不在于世界是否**曾几何时**开
端过，而是在于世界是否是永恒的，因为它的自然本性是有开端的。
这里所理解的开端，并非一个稍纵即逝、曾经是开端但之后就不再
是开端的开端，而是一个始终是开端的开端。因为这个开端正是通

过世界的自然本性被设定的。**这种意义上的"具有开端"**并不存在任何矛盾。因为不可能有人脑子抽了筋地去宣称,世界就其本质,就其自然本性而言是无开端的,甚至斯宾诺莎都没有如此宣称过。相反,他只是说Substantia est prior affectionibus suis[实体先行于其样态],他这话的意思当然仅仅是说,实体就其自然本性而言,而非就时间而言先行于其分殊。若是撇开神性自然,实体的分殊也就不会在它面前作为存在着的了,所以分殊只有作为神性自然的后果才存在着。但自在地非存在着的东西,就其自然本性而言是有开端的,不管它是否就时间而言已经开端,它肯定是有开端的;就算它自无限的时间以来就实存着,它也是有开端的。反过来也可以说,**在这个意义上**,它之所以有开端并不是因为它在某个特定的时间已经开始去实存了,相反,不管我们回溯多远,它必定会在任何时间中都有开端,都会开端。世界始终都有开端,所以也在每一个时间里都有开端,这就意味着,从世界就其自然本性而具有开端这一点来看,时间反倒是无所谓的。所以断言世界**在这种意义上**具有开端的命题,在理性中并无矛盾。但如果说,世界不仅就其自然本性而言有开端,而且曾几何时在时间中已然开端了,那么这样一来,凭着这个说法也就过渡到了另一个完全不同于纯粹理性的领域;因为在理性的领域中,一切仅仅以其永恒地出自理念的方式被看待,而没有就其如何在时间中产生被看待。①而另一种哲学——这种哲学让世界现实地产生,确切说,是让世界现实地通过一个先行于它的实存者的绝对自由行动而产生——所要断言的,当然不仅是世界有一个开端(因

---

① 参见《著作全集》第XIII卷,第306页。——编者注

为这个表达有歧义性，它也有可能只意味着那种**本质意义上的**具有开端)，它要断言的，毋宁是世界在时间中**已然**开端，**这一**断言或许跟康德作为反题确立的那个命题相矛盾。因为甚至在这里(也就是就**时间**来看)，康德那里的正题也还在断言着**一个界限**，也就是说，断言着一个开端，而反题则在断言，时间**没有**界限，没有开端。甚至在这里，康德为这**两个**命题也进行了一种他自以为的理性证明，而且他证明反题的方式，跟他在空间问题上证明其反题的方式如出一辙。也就是正如就空间来看，世界不可能通过空间——这里所说的空间，肯定又是一个空洞且未得充实的空间(因为一切能充实空间的东西都属于世界)——限制，正如它(世界)也不可能就时间来看通过一种空洞无内容的时间限制。但这种证明，正如从它自身出发就能明白看到的，跟就空间而言做出的对**有限性**的证明完全一样，根本上就建立在对进行限制的肯定性概念的彻底无知上。因为正如我们只能把物质世界设想为就空间而言得到了限制进而有限的，而倘若我们把物质世界自身，同时把关联于**它**的空间，仅仅设想为一个更高秩序(一个理智性宇宙以及一种理智性空间)的一个部分或者环节，那么也可以说，就时间来看，世界已经在现实上开端了。同样，倘若属于这个世界的**那个**时间，仍可被设想仅仅作为一个超越于这个世界之上的绝对时间的环节，那处理方法当然可以一样。所以我们现在要返回到目前为止的展开过程里，而我们的当务之急，是尝试再次把这个展开可以进一步向前推进的出发点确立下来。

　　这个出发点的位置，就在之前讨论的那个排他性的存在者那里，这个存在者仍始终意愿自己是主体=A，在面对更高潜能阶次

X, 346

(+A)之际，会主动让自己成为物质，所以也就会现实地把自己倾献给最高潜能阶次，而这种倾献首先就在于，它现实地=B（也就是作为主体的A的对立物）。就这一点来说，它只是在面对这个更高者之际，从外部来看在相对意义上是物质，在**自身**中它仍始终是主体，但它并不作为主体而与后续进程发生关系；它是那个仅仅作为根据而把自己献身给后续进程的东西。而它献身的方式在于，在后续进程**里**让自己在面对更高者之际成为客体，通过一桩永恒的、持续不断的现实行动，让自己服从在这个更高者之下，进而主动让自己被它克服。一桩**永恒的**，也就是持续不断的，始终**一再**发生的现实活动其实指的**就是**这样一种：寰宇系统永不止息的运动就在证明着它，而寰宇系统不是别的，正是宇宙持续向前、持续不断的运动，即 καταβολὴ τοῦ κόσμου。它自己相对于后续的生成活动会表现为一种持续不断的奠基活动，所以也就表现出一种仿佛具有永恒性的特质。从这里开始，我们不需要再去讨论宇宙了，相反，我们要设定宇宙的一个特殊点，整个宇宙的进程会由这个点来承系。而这个进程的**可能性**的获得方式在于，即便将之视为物质，B也仍始终是进行着排斥的存在，但即便如此，在面对更高者之际它也仍会允许并去支撑一个**可能的**实现过程。我们也可以说，B仍是进行着排斥活动的现实活动，但它不再是潜能了，相反，在对更高潜能阶次的迎候中它已经分有了存在。但这个更高潜能阶次不是其他，正是那个由最初的实存者（最初的实存）排斥在外、作为非实存者的潜能。作为潜能，它当然不可能实现自己，除非它把那个最初绽脱入存在的本原再次带入，或者按柏拉图的优美表达，仿佛"劝说"它再次回退进入纯粹的能在者状态，进入潜能阶次中。这种效用之所以能被视为一种"劝说",是因为我们不能假定那个进行着抵抗的本原能够一下子仿佛一劳永逸般被克服。在进行着激烈的对抗的点,和B得到全然克服或者翻转的点之间,仍横亘着无限的环节,也就是无限的可能性。这些环节中的每一个都会成为一个注定要获得实存的东西,也就是说都会成为一个实存者,这个无限的环节对应于实存者的序列。在这些实存者中的每一个里,那个由于前面说过的那种克服活动而要让自己成为物质,也就是让自己完全去自身化,进而成为纯粹客体的本原,恰恰会成为克服活动或者说翻转过程的对象。这个本原B在这些实存者的每一个里会不断被带回,直至被带到另一个完全存在于自身之中的特定点上,被带回到自己的潜能阶次中。这样一来,这些实存者里的每一个都会以某种方式成为自行据有自身者,成为具有自立性的东西,进而越来越接近那个能够**且**能够不存在者;因为在本原B的自身弃绝状态中,它所缺乏的恰恰就是非存在,B曾经是纯然的存在,而纯然的存在绝非这种能够自行把握自身的存在,且绝非能够处在对自己的支配中的存在。所以在前述克服进程中所产生的东西,是一种有自身性的东西,因为就实存而言,这种被产生的东西,具有一种必须与实存相区分——这种区分甚至在那些古代哲学家那里已经出现了——的自存(Subsistenz)。亚里士多德主义者就说,获得自存就是最终的圆成,或者说,这是最终的形式,是最终的实现,一个存在物在何种程度上获得自存,它就在何种程度上获得完满,或者说把自己给予自身(sui ipsius redditur),因此也就在其实存上不再需要任何其他东西了。就此而言,实存乃是跟独立-自为-存在或者说自存有所区别的,所以我们不得不承认,实存只是偶性,因为所谓偶性,就是缺乏独立-自为-存在的东西，也就是需要把一个他者预设为前提，让自己由它承载，即quod substat accidentiis[以某个东西为基体的偶性]，正因为如此，这个作为偶性之前提的他者就叫作实体。在我们做的这个演绎中，需要注意的或许正是下面这点：唯有"非存在"存在，自立性、独立-自为-存在才能得到设定。我们切不可把这里的这种情况，跟源自斯宾诺莎、在近代常常被重复，但只是在形式上被理解的命题determinatio est negation[规定就是否定]混淆。毋宁说，对我们这里的这种情况更深刻的说明在于，不能不存在的东西，就只能意味着没有自立性。因为自由并不基于能在（至少基于能在的自由是有欺骗性的），而是基于能不-在。精神之所以是精神，也就是**自由**，正是因为它并不必然地要外化自己，它甚至完全能够**不**外化自己。纯然的存在者——对于它可以说，之前提到的天体就是由它规定如何去存在的——乃是在其中没有主体的存在者，它是彻彻底底的不自持者。所以天体的自然本性就是下落，这是因为天体恰恰仅仅由收缩-吸引活动支配，所以天体也正是在收缩-吸引活动的支配下，才不得不固守自己的位置。而"**非存在**"这个潜能阶次，以及伴随着它才产生的自立性，只有在随后产生的进程中才会分派给纯然的存在者，也就是B。在物质由以得到内在化，被设定回潜能阶次中的进程里——这一进程就是"非存在"产生的后果——，实存的不再是纯然的物质，或者说，根本上不会有=B的独一者实存。相反，现在实存的乃是一个居间者，一个仿佛由存在和非存在，B和A（若用潜能阶次来标识）共同培育出的东西，一个具体之物。伴随着这个具体之物——它是一个自立者，是从B之中绽脱和升起的东西，就此而言在这个自立者中设定着它的自立性的原因，既独立于B也独立于A——，一个全新的、之前尚未被设定、也不曾存在过的全新之物也就存在了。这个全新之物现在有权力要求自己作为独立自为的存在者,也有一个独属自己的世界,这个世界在与其他一切世界的对抗中完结着自己,并且要在自身中抵抗一切陌生异在者的入侵。唯有凭着这种内在的双重性——在这里仿佛有两个存在物,一个物质性的一个非物质性的,它们仿佛是一道生长而成——,才产生出有形体的东西。而我们正是在那种有形之物借以宣告自身、坚守自身的力量上认识到何谓有形之物,正是凭着这种力量,有形之物也就显现为一个主动据有着自身、对自身有支配力量的东西,进而通过一种不可穿透性让自己能得到认识。 X, 349
此外,这种不可穿透性本身也会产生层级,进而也绝非某种绝对的特性,比如在某一种特定的情况下,具体之物也能脱离这种不可穿透性,因为某物经常会被另一物穿透。不可穿透性的基础是内聚活动,它绝非一种对有形物质个别部分的聚合,就像人们以为的像一根根柴禾紧挨着堆起来一样,内聚活动绝非对**纯然**部分的外在聚合。在内聚活动中得到表达的,乃是两重存在物——非物质的和物质的——的那种内在互生关系,由于这种内在互生,立于这两者之间而生的有形存在物的离析、撕裂或者说分裂也就被阻止了。自然哲学第一个把内聚活动认作有形之物凭之得以超越一般物质、以具有自立性的姿态绽脱而出的形式,同时也把它认作让不同有形之物彼此区分的质和活动形式得以设定的形式。有形之物,作为对立物之间的纽带,切不可设想为僵死的、纯然只有惰性-惯性的东西,倘若两个对立物之间的自由运动应由有形之物接纳,那么恰恰在这种可运动性中,有形之物反倒会证实自己**为能够存在且**不存在者,也是在两者之间拥有等同权重者。有形之物的自存不单单是B,也不单单是

A，而是两者之间的居间者，或两者之间的均衡者，所以不可以认为，有形之物仿佛一部分是A，另一部分是B。相反，有形之物是全然的A且是全然的B，或者不如说，在它的每一个点上同时能既是此也是彼。并非A或B是有形之物，相反，有形之物是同时持有两者的东西。这两者仍**都是**——而且每一个单独来看也是——纯粹的本原或者潜能阶次，并且双方也只会如此呈现自己。众所周知，在磁体上可以区分三个点，两个称为磁极的极点，一个中间点，即无差别点。根据磁针对地磁磁极的指向，在磁体上可以命名一极为北极，另一极为南极。而既然这对立的两极，也就是说，既然北极和南极在接触的时候会相互抵消，它们的差别也会彼此消解，所以用+和-，也就是正和负来对立地设定它们的做法，是完完全全更加科学的。但是有形之物，比如磁体，既然它显现为对立潜能阶次的承载者，那它就绝不是在这两个极点之外存在，绝非纯然是一极或另一极，绝不是纯然的+M或者-M，相反，在它的每一个点上它既是此也是彼。请**诸位**设想一条磁线，在它上面，在无差别点和北极之间，也存在三个点a，b，c，那么在这三个点中，距北极最近的点c当然就与这里的南极相对。**诸位**如能设想，把这块磁体从这个位置完全截断，那这里的南极会仍作为南极保留。但这同一个点c，在与北极相对的同时，也会与每一个比它自己距北极更近的点相对，而相对于这些点，点c就会表现为南极，而相对于每一个在**它**之后的点，尤其是首先相对于点b表现为北极的点，点b也就成了这里的南极。但与之相应，相对于点c是北极的点b，相对于点a，甚至进一步相对于无差别点是北极；所以这条线上的每个点既是北极，也是南极，进而也是无差别点。每个点都要如此考察，因为比如说刚刚提到的点b，在a和c之间就会表现为无差别点。

就磁体而言可得指证的，乃是磁体的每一个**点**都同时是+极、-极和无差别点，这一点也可以在**电学**进程上得到呈现，因为没有任何有形物体是彻彻底底只带正电荷或负电荷**存在的**，相反，每一个**有形物体都能同时具有两种电荷存存**。众所周知，两种不同的金属，比如铜和锌，若不在彼此之中相对于彼此设定不同电荷，确切说是设定对立的电荷，两者就不可能彼此接触，也就是在表面上看起来成为同一个物体。尽管我们确实也可以用一种纯然化学的视角，去取代以纯粹电荷接触的方法，也就是通过在没有任何化学中介的情况下，纯然通过不同物体的接触的方法，来解释新的物体的产生。但伏打的实验却证实了——这些常识根本上并没有基于普遍的根据让人完全信服，这一点也是不可否认的——，两个不同物体能够接触，不需要像化学那样设定一种彼此之间的相互转化。在不同金属的接触中，最引人注意的一点在于，它们在自身中设定了彼此相对、确切说对立的电荷，所以一个就会充当另一个的补充，相接触的两种金属中的每一个都呈现为磁体的一个侧面，进而**两者共同**呈现为一个完整的磁体。物理学家里特尔①认为，能够直接在实验中呈现自然哲学的命题，并且断言，一种由铜或者银与锌制成的磁针可以自行指向磁极。但情况并非**如此**，因为其他物理学家并没有证实这个说法。不过根据奥斯特的发现可以确知，当把一个这样制成的磁针的两端向下弯曲，再把它浸入液体中，并且保持浸没之际，就可以形成微弱的

X, 351

---

① 约翰·威尔海姆·里特尔（Johann Wilhelm Ritter, 1776—1810），德国物理学家，对早期浪漫派也有影响。——译者注

直流电，所以在这个情况里，如此制成的磁针自然就产生出了磁体的特性。当然，这种现象很微弱，总是稍纵即逝。但由此可知，同一种金属，在与某种特定的其他金属的关系中表现为带正电，也会在与另一种金属的接触中表现为带负电，反之亦然。所以从金属中也可以完全构造出一个序列，在这个序列上的某个端点处，同样的东西既会跟每一个其他的东西在接触之际表现为带负电，也会在与此端点对立的另一端点上，在跟每一个其他的东西接触之际表现为带正电。但假设有一种新的、迄今尚不为人知的金属被发现了，就其规定着某个有形物体的电效应的种种特质来看，它也超出了迄今为止所认为的"金属多带负电"的规定。那么在与这个新发现的金属的接触中，迄今认为带有最大量负电荷的金属就会转变为带正电，所以每一处在此序列中的金属，越是在与某一种和另一种被聚合在一起的时候，就一定会表现出带正电或者负电。但电荷现象中的有形物体绝不是在大或者小的程度上，以漠然无殊的方式成为某个异在的，但独独在这些现象中发挥效用的物质的承载者。那些把一切电现象都归为一种带电的、不同于有形物体的、处在电极中的物质来解释人，就假定存在这种物质。这当然只是一种庸常的观点，毕竟一种特殊的带电物质不是别的，正是有形物体的一种效用。所以我们倒不如说，在正电荷和负电荷中所道出的，正是某种金属本己的内在生命，比如某种注定要与另一种金属产生仿佛斗争的激烈反应的金属就是如此。富兰克林曾经说过，有形物体上电荷的来源并非有形物体，所以必须设想，有形物体自身除了就是电荷再也不是其他。我们的结论也是如此。只有当有形物体自在地看既非正电荷也非负电荷，而是两者的居间者，它才能够同时是两者。唯有在此基础上，它才能被规定带正电荷或负电荷。就此而言，**有形物体**乃是真正意义上的存在者，也就是自存者。至于**能够且能够不**如此存在的那种无差别——这里说的当然是最深层次上的——甚至也在化学关系中道出自己。因为同一个实体在面对另一个特定的实体时会表现为碱性的，但在面对另一个时也会接受酸的作用。众所周知，碱与酸的化学对立本身可以回溯到电荷对立上，碱对应于正电荷，酸对应于负电荷。

自行坚持着自身的有形物体——它就是以这种方式而拥有自身——以及它的统一性都是在面对一切陌生异在之物的侵入之际彰显的，有形物体乃是现实的主-客体，因此它同时是主体和客体。但是——从这里开始我们要回顾一个更早的区分——有形物体自在地看，作为本质，作为真正意义上的实体，作为统一体自身乃是某种非物质的东西；以物质的方式来看，它不过是这个统一体的**现象**。我们称作主体和客体的，跟康德那里的引力和斥力对应。正如人们惯于说的，康德从这两种力出发**建构**了物质，而对于物质，康德把它理解为对空间进行着充实的东西。但在我们的展开过程中情况有所不同。在我们看来，物质首先不过是纯然**相对的东西**，只有在相对于一个更高者的时候它才是物质，在自身中则是本原，这个本原存在于空间中，并且不需要在真正意义上去充实空间。也就是说，这个本原不需要让空间不可穿透，正如光存在于空间中，但也并没有去充实空间。这个本原同时作为在-自己-之外的存在者，作为对自己没有支配力量者而存在，但作为一个原初地就从潜能阶次中绽脱的东西，它注定要作为能够返回到自身中的东西。这种返回是按照不同阶次逐步在自身中进行的，也就是说，它是逐步把自身再次交还给自己

X, 353

的,而现在在它自身中有一个双重性的东西,+和-产生了,而这个双重性的东西的现象,首先就是充实着空间的有形物体。康德所认识的,仅仅作为**产物**的物质;但在他看来,引力和斥力又是如何原初统合在一起的? 为了能创生出产物,它们需如何存在呢? 与这个问题恰恰关联在一起的(这是康德所谓"建构"的另一个缺陷)点在于,康德只知道把对立表达为不同力之间的对立。但力总是得已经把一个事物预设为前提,所以如此一来,引力和斥力就仿佛仍只能说是内植于物质的力。力并非某种一个事物由之能够产生的东西,毋宁说,这个作为事物能够产生之缘由的东西,始终只能由已经产生的东西或者说存在者来谓述。比如我当然可以为刚体赋予一种内聚力,但刚体之所以拥有这种力,乃是**因为**刚体已经内聚而成了,但它已经内聚而成这件事情本身并没有由"它有内聚力"得到说明。倘若紧紧站在这种"具有某种力"的立场上,那只能设想两种力之间外在、机械的彼此影响。康德说,"倘若只有斥力,那它就会把物质的广延增长为无限的,这样一来物质就会跟空虚且无限的空间等同了;倘若只有引力在运作,那它就会把物质收缩在一个纯然的点上,这样一来空间就又无法充实了"。所以在引力和斥力之间,还存在一种对彼此之间的外在限制,而这种限制根本上来说只可能是一种量的关系。而一种内在的质的规定——比如通过由我们所预设的在-自己-之外-存在的存在者向自身中的返回,而这种返回本身只能通过一种自身在物质之外的原因(更高潜能阶次)来设想——从康德的预设来看就是不可能的。他本人也承认,仅凭他本人所谓的"建构",特殊的差别,尤其是内聚活动,至少刚体都是无法解释的。在他的《自然科学的形而上学基础》一文中(我接下来引用的都出自这个文本),

除了说内聚活动是一种吸引，因为它只有在接触中（也就是外在的接触）才发挥效用，康德对于内聚活动就不再知道该说什么了。所以康德就仅从表面认为，必须认为确实存在着有形物质的微粒，而这些微粒则是通过一种纯然在接触中才会发生作用的吸引活动被聚合在一起。但倘若·旦预设有微粒存在，那要么假定它们可以被分 X, 354
割至无穷，如此一来一切内聚活动也就被消解了，要么走向原子论，在原子论中或许才可以碰到真正意义上的内聚活动，因为"原子"意味着不可进一步分割。①但这里的根本缺陷恰恰在于，康德把接触（也就是纯然的"毗连"）**本身**视为对内聚活动的充分表达。但伴随着接触，除了"黏附"**不再有任何更多的东西**，而所谓的黏附跟内聚是彻底不同的。在纯然的黏附中，两个彼此相依在一起的部分仍始终是分离的实存。但内聚活动并非纯然的毗连，而是持续不断的相续，在其中不再有任何部分具有一个独立自为的实存，一方相对于另一方的界限毋宁是已经被扬弃而不是被设定了，就像两颗水珠会融为同一颗。与之相应，同一个有形之物的两个部分之间之所以会现实地分裂（比如一个刚体被炸裂或者说扯裂），是因为已然分裂的部分之间不再有毗连了，因此不能再把它们合并为**一个**整体。倘若一个整体要再度产生，那么唯一可能的办法就是，已经分裂的部分服从在一个全新的生成过程之下。比如下面这种情况就是如此：倘若两个已经分裂，并且在这种情况里已经转而只能在流体中相互接触的东西会发生溶解，那就会以此方式产生一个新的东西的内聚活动。纯然的吸引（我在这里说的这些，都是在重复我最早的自然

---

① "原子"这个词的希腊语Atom的意思就是"不可再分"。——译者注

哲学著作,也就是《一种自然哲学的理念》)仅仅是两个已然分裂的部分之间的纯然毗连,所以不论把它设想得程度有多高,甚至就算假定已然分裂的部分之间的接触,拥有一种跟通常所认为的完全不同的吸引法则——比如吸引程度会在与距离的**平方**的反比例关系中增加或降低——,两个分裂部分之间的纯然吸引也仍始终只是一种表面上看起来的内聚活动。因为既然吸引仅仅在两个不同空间的共有边界上运作,那么人们还是可以始终把这个边界设想为一个尽管还可以无穷小,但仍然空洞的空间。所以在收缩-吸引活动中,其运作仍始终是超距的、直至远端的,即actio in distans。这样一来,在其中也就不存在真正的统一性,亦即那种总是在生命中已经存在的内聚活动的统一性。倘若生命的活动不该仅仅只是表面上看起来的统一性,那么它就不可以视为是在已分裂的不同物体之间运作的,这种统一性恰恰是让物体成为物体,让它获得统一性和个体性的东西。①

若在其本质中思考有形物体,那它就不是物质,物质不过是在忽视了本质之际的一种观察视角变更的产物。有形物体的本质乃是精神,也只有在它最深的层次里才能看到其作为精神的本质。人们或许喜欢把物质和精神彼此对立起来,但有形物体和精神并非对立。有形物体在每一次的消解中,仍会始终朝向同一个合规则的立体形态去重塑自己,在这种情况下,有形物体就表现为一个**自行主动**规定着自身形态的东西。人们或许会问,对一个有形物体来说,这种

---

① 参见《全集》第II卷,第244页。——编者注。(这部著作已有中译本[庄振华译,北京大学出版社,2022年]。——译者注)

自行规定又是什么呢？如此回答的人是正确的：这种自行规定就是让这个有形物体是这个有形物体，让它在这一种而不是那一种形态中凝聚结晶。但这个自行规定自身形态的东西本身是什么呢？这个在生成过程中，甚至在生成过程之前就据有着自身形态的东西是什么呢？不论是否拥有必然性，这个东西除了一种**根本上**进行着自身规定的规定者以外，还会是什么呢？并非所有的有形物体都会凝聚结晶，毕竟除此之外还存在流体和气体，在固体中也包括非结晶体。但不光在晶体或者有形物体对机械性的粉碎和撕扯的抵抗现象中，甚至在化学关系中，那个已然把自己提升为个体性要素的有形物体性要素，也在把自己呈现为一个自行持守自身者，所以让这种自身持守得以可能的唯一可能性就在于，一个自身持守者也是一个在自行重建自身者。倘若我们认为，在一切化学的溶解过程中，一些材料的持久不变乃是为一个所臆想出来的更高化学层次服务的，那我们这就不啻于在给原子论招魂了。因为恰恰相反，这种持久不变毋宁是对在任何一个有着特定规定的存在者中，那个不可摧毁的精神性个体性原则的证明。

近代的自然科学有许多极富启发的实验，其中首屈一指的当属人们仿佛可以亲手把握——甚至在少数时候可以说是"触手可得"——如何去发现有形事物真正意义上的**本质**的那些实验，对于这些实验，没有一个原子论者可以视若无睹。所以也可以理解，为什么人们想让这个或者类似的这些尝试不要见诸天日，甚至还希望它们能被遗忘。人们越是这样，我就越发明确地觉得，我有义务把这些实验大大方方昭示出来！为了捍卫其中的真理，我不会给任何怀疑留下空间，因为1) 这个实验的发明者是近代最强力、最勇敢

X, 356

的实验家——戴维。[1]此外我亲眼目睹了这个实验，它完全令我信服——我是在与从柏林去到慕尼黑的化学家盖伦[2]的交往中了解到这个实验的，这位盖伦是我认识的最爱真理的人之一，所有比较熟悉他的人也都有这种观感，甚至对他还有更高的评价——在与他的交往中，我本人完全被这个实验的真理所折服。请**诸位**设想一块伏打电池，它以锌为负极，正极则与一个已经溶解了重晶石的硫酸溶液池相连。从正极出发，还有一个比如由银杆做成的拱桥连通负极，如此一来在短时间内，甚至在电池通电的瞬间，已经溶解了的重晶石即刻就会在对立的一极那里显露出来，而酸液则会滞留在正极处。若是把这个电池的构造颠倒过来，那么当酸液在正极出现的时候，确切说是需要注意，当酸液在回路中不与任何一个它通常会与之形成盐的碱基——不论这种碱基是不是属于那种酸通常都会与之进行剧烈中和的碱基——相反应，那么酸液就会看起来走完了从负极到正极的整条回路。比如如果用石蕊试剂涂抹在导线上，那试剂并不会由于酸而变红——尽管人们肯定会认为，酸液已经在伴随着电池回路流通了；但如果酸液已经到了正极，那它就会开始对石蕊试剂产生作用，让它变红。所以无论如何需要注意的是，在酸表面上看起来到达的那一极的相反方向中才能明确证明，它只有在这一极上才重获自由，才能依其特殊的自然本性再次发挥作用。在正负电荷的居间状态里，酸好像对一切突然变得无感，并且需要一

---

[1] 汉弗莱·戴维（Humphry Davy, 1778—1829），英国化学家，被称为"无机化学之父"。——译者注
[2] 阿道夫·费迪南德·盖伦（Adolph Ferdinand Gehlen, 1775—1815），德国化学家，兼任当时《新化学学报》的主编。——译者注

种方式被"激活",倘若酸并不失去自身作为酸的特质,仍要始终保持自身,那么它所保持的就不再是物质性的自身,而是纯粹精神性的自身。至于在这个实验里,所用的碱基有多少特定的量倒没什么区别。戴维还以同样的方式设计了一种电池,让金可以在正极处溶解并被引导向负极处。在戴维之后,谁若是要再次讨论什么"物质的大发现",实属粗糙和平庸,至于什么"化学材料的大进展"也想都不要去想。不过即便不说这些大话,事实本身也不会因此取消,所以我在这里再重复一下我之前的一篇论这一现象对自然科学观点影响的文章①,也并非不合时宜。"谁要是从这些广为流传的实验性尝试中获得了认识,谁就已经看到,通过伏打电池的效应,绝不只有不同类型的气体,而且还有酸、碱、属地的元素,甚至金属都会从一极被导引向另一极,确切说,这种效应甚至也足以表明,那些阻碍着所有这些物质的居间手段——它们通常都极为迫切地努力去阻碍这些物质——也无法阻滞对这些物质在电池回路的引导,这种效应表明,这些能得到引导的物质仿佛完全遗忘了一切其他的倾向,仅仅在电池回路中去追求更高的特质,它们就像在所有其他的吸引活动面前死去了,让自己能够穿透一切媒介,以便让自己能够在适于自己的酸所在的那一极上,得到纯粹的显现并自由于一切混杂,让自己从中得到解脱。谁要是真真切切地把这个现象视为值得惊讶的东西(此外,那些进行着思想的精神和不思想的精神的区别仅仅在于,前者总是能发现一些值得惊讶的东西,后者则发现不了任何值得反思的东西),谁可能用不了多久就会怀疑,在这个电池效应中,

X, 357

---

① 《论法拉第的最新发现》(《全集》第IX卷,第441页)。——编者注

对那个积极的、活动的唤起一切物质的精神性活动的东西来说，一切所谓的量化方法或许只是一种儿戏，没有任何东西可以抵抗这个东西产生的效应。"这个实验所揭示出的物质特性在于，金属或者某一具有碱性的实体会朝向负极，而酸会朝向正极。而在这个试验以前的相当长一段时间里，人们已经不再一直把**磁**和**电**视为对立的了——当时就有充分的理由认为，它们尽管并非同一回事，但仍具有亲缘性——，而在这个实验**这里**的情况，和在电磁感应实验**那里**的情况是一样的。在这两重情况里其支配作用的是相同的法则，也就是对立物总是想去寻求均衡，而正电和正极，负电和负极一样，都会相互逃逸和排斥。戴维的这个实验对这个法则又给出了更进一步的正当性确证，因此人们在这种关系里所看到的，都是类似和具有亲缘性的现象，所以自然哲学敢于断言，在化学现象中存在的也是跟在电现象和磁现象中一样的对立。在化学材料的吸引和排斥活动中，这个相同的对立仿佛只是被伪装起来了，仿佛是以更加物质化和更加多样化地得到了中介的方式，让自己等着被再次发现。较之于在磁现象中必须系缚在某个特定实体上才能表达出来的同一个法则，这个法则在电现象中表达得会更加自由和独立于其载体。而下面这一点之前也已经明确说过，即贯穿一切化学现象的氢氧对立，既可以视为对作为两者间无差别的水进行分解产生的元素间对立，也涉及出现在电和磁现象中的同一种对立。也就是说，氧与负电荷，氢与正电荷具有亲缘性，而这也正是伏打电池所证实的，在所有的对水的分解活动中，都会遵照这条法则。对立面都会彼此寻求，氧会把自己确立在电池的正极上，而氢也会以同样的法则把自己确立在电池的负极上。在伏打电池发明之前的很长一段时间，下面这条法则就得到了明确道出：磁效应、电效应和化学进程乃是自然的**普遍**生命进程的三大主要形式，确切说，这三种形式在下面这种次序中彼此相续，也就是化学进程直接由电效应，间接由磁效应中介。还需补充的一点是，在这三大形式中，自然进程的总体之所以可见，正是因为这三大形式对应于有形自然的三重维度。但在这三大形式中显现的总体进程不可能还是特殊的磁、电或化学进程了，所以它可以拥有一个普遍性的名称，即**动力学进程**。动力学要素自康德以来都被视为机械要素的对立面，人们自那时起都是在与机械性运动的对立中称呼动力学的运动，所谓机械运动，就是某个自身被推动的物体的运动是由另一个物体所分有。而静止的物体在静止的物体中，作为两者内在对立之结果所产生的那种运动，被称为动力学的运动。

磁、电和化学效应可以规定为物理学的一般性范畴，也可以规定为动力学进程本身的范畴，它们并非作为偶然的活动性形式，而是作为在有形物体自身的本质中进行着奠基的活动形式。伴随着有形物体自身本质的三重维度一并被给予的，具体来说，就是磁效应作为自身根本上来讲乃是显现为"长"这个维度的一种效应，而电效应则是作为纯然"平面"这个维度上的一种效应。而唯有化学进程才首次在全部维度的总体性中把握了有形物体，进而也在其全部深度中把握了有形物体。但不可以认为，仿佛磁体获得磁性不是一步步进行的，相反，磁体始终只在"长"这个维度的方向上存在，而电荷之间的对立——只要把这一对立探究到其深处——会**转变为**化学性的对立，但只要电荷间的对立仍保持不变，那它就仅仅是一种纯然平面间的对立。

X, 359

有许许多多事实可以让人直观地看到磁效应和第一维度,电效应和第二维度的关联脉络,但详尽阐发这些问题或许还不是时候,所以我只好请大家去读一读我早年在《思辨物理学》杂志第一卷上的一篇论文①。不过我还是要提一下,**如其所是的磁效应本身**,恰恰首先是在一切金属中内聚活动最强的金属,也就是铁那里凸显的。也就是说在铁中,所谓的绝对内聚活动,——或者可以说,而且我更喜欢这么说——原初的内聚活动达到了最大程度。这种内聚活动甚至已经到了可以产生力的大小的续数并且已经用在**撕裂**某个有形物体上了,也就是在长这个维度的方向上分裂这个物体。要区分这种绝对的和那种所谓相对的内聚活动,后者运作在宽的方向上,对这种内聚活动程度也可以用力的大小来续数,它能够去撕碎一个有形物体。如果铁**之外**的磁效应,也就是在其他大多数内聚而成的有形物体——金属——那里凸现出来的磁效应,并非如其所是的磁效应本身,那么这不过意味着,这种磁效应并没有在线性的对立中显现。这不过是某种偶然的东西,因此也就不能证明,磁效应**在本质上**就不是一切原初内聚活动的形式。在奥斯特做出那个发现之后,在导电刚体的所有电效应中磁效应的这种**本质性**临在,甚至就已经可以通过伏打电池得到肉眼可见的证明了。也就是说在伏打电池那里,下面这点完全可以得到自发呈现:能做成电池的所有物体——不仅联结一极与另一极的导体,甚至电池中的各个组成要素,

---

① 见《全集》第Ⅳ卷——编者注。(该文即《动力学进程的一般演绎或物理学范畴演绎》,中译本见谢林:《对我的哲学体系的阐述》,王丁译,北京大学出版社,2023年。此外从谢林这里的叙述可以看到,他的"自然哲学"基本框架保持到了晚期,但对"自然"概念仍有不断的拓展性讨论。——译者注)

自身都会在回路接通之际被磁化。正如戴维表明的,只要电池回路接通,其中的铂丝导线就会完完全全跟一般的磁体一样吸引铁屑。然而在这一点上,诚然还有许许多多的东西需要进行更深的探究,尤其是三重维度间的关系本身,因为有形物体恰恰是通过三重维度才能得到完成。众所周知,三重维度的数学必然性,也就是它们恰恰是"三"而不会变得更多或更少的必然性的基础在于,在一个点上只能画出三条垂线,或者说,只能区分出三条垂线。但如果要在有形物体中区分三重维度,那么在其中恐怕既不能设想一种纯粹的"长",也不能设想一种纯粹的"宽",在其中所有的"长"都已经是"宽"和"高"了,否则就不会有任何有形物体存在了。所以三重维度在真正意义上就是三重有形物体,不过它们并没有彼此排斥,而是通过这三重有形物体——在纯粹精神意义上的——的彼此内在存在,才有了坚固性的**显现**,才产生了有形物体对空间的充实。毫无疑问,在对最致密的物体的穿透中,三重维度的关系也在发挥着作用,物理学家中的那些唯物主义者用所谓的"孔洞"来解释这种穿透。但这纯属徒劳,倘若这类物体真的必须由于这些孔洞才会在直线上被穿透,那么从这一点出发或许可以轻易得出的结论就是,除了这些所谓的"孔洞",这类物体不可能由别的东西构成。在某个物体接受了磁的性质的瞬间,它不仅在自己的整个平面上,而且在不断渗透得越来越深的运作本身中,一种双重性的本质会贯穿于它的整个内核,并且运作在它所具有的广延的每一个点上。这个双重性的本质就仿佛共同出生、共同成长、彼此扶持的孪生兄弟。但就其三重维度而言,有形之物乃是一个真正意义上的natura triformis[三重构造的自然物]或者说triceps[三重体]。这就像古人所设想的赫卡忒女神①那样，具有一个三重体的形象，这样一种仿佛一身三态的存在物，也是比较难以清晰言明的。谁要是想亲眼看看这种令人惊讶的东西，那就不妨去看看在晶体那里呈现出来的东西，这个东西在矿物学里被叫作"叶层穿透"。晶体会呈现一种穿透性，对于这种穿透性人们眼下还没有概念可以把握它，但无论如何，倘若对于金属的起源没有一种更富精神性的理念——这种理念，要比那些仅仅通过一种对已然有形的部分进行纯然的堆合来理解金属如何产生要更富精神性——，那就不可能看到这个现象，所以这种更高的理念必须得到决断。人们常常谈到一种更高的、在超出感官经验的意义上谈论那些不可把握之物的关系和情况，许多人都自以为，把那种对于他们而言不可用概念把握的东西随即无条件地否斥掉，乃是一种令人感到舒适的"智慧"。这种智慧当然是"令人舒适的"，因为它相信，有某些东西是不可把握的，这是纯然**确凿无疑的**，这样就够了！如若不然还得多费点心思，不得不去表明概念把握的**不可能性**。毕竟某个人不去用概念把握一桩能用概念把握的事情，和某个人洞见到这桩事情不可能用概念把握，是两种截然不同的情况。但大多数人总是把它们混淆了。如果人们像惯常地那样寻求不可用概念把握之物，也就是在感官经验中去寻找，那就更无法恰切把握它，这也是大多数人总是找不到它的原因。尽管这样的"寻找"总是表明着对这个概念的通常理解，因为实际上大多数人根本就看不到这种不可用概念把握之物，只有思想者才能看到它们。

为了能切近有形物质的产生，人们早就已经开始寻找图景了。其

---

① 古希腊女神，通常的形象是三面体或者说有三重躯体。——译者注

中最古老的一种图景源自"**编织说**",特别是歌德在他的诗里尤其喜欢用这种学说。众所周知,在歌德那里,就其波长而言而有不同长度的光网散射而得的色谱,叫作"色阶"或"色带"。借助棱镜,这些色阶得以投射分离,又仿佛是它们通过棱镜入射为一体,这就是歌德所谓的"入射"。他做的第三项工作就是把这些色谱通过棱镜仿佛"挤压"聚合,进而产生致密紧实的"光织之网",如此一来,对光的研究方得完成。一切有形事物的内核——不仅有机的,而且无机的——,实际上就是一个"光织之网"。不过就这一点来看,为了能够把握它,必须切实看到,自然并非从已然成形的有形之物自身中创造它们的"光织之网"。那些只是死死盯着细枝末节的人,很容易由于一切能进行普遍把握的思想而被激起不悦和嫉妒之情,所以甚至三重自然进程与有形物体的三重维度之间的这种现成的关联肯定也会招惹一些人来吹毛求疵,但是这一关联难道可以否认吗?这个关联乃是必要的,如此方能阐明,磁效应、电效应和化学进程并非纯然的偶然现象,相反,它们乃是在物质自身的本质中,甚至对物质自身的原初建构中就已得到了奠基的现象。倘若这就是贯穿于一切的原型,也就是真正意义上的普遍原型,那么从中就可以看到,这些现象甚至自身也不再是物质性的现象,而是非物质性的现象。通过它们,有形物体本真意义上的自身才可能得到认识,纯然有形物体发出的声响,与有生命的受造物所发出的音调和话语乃是同一个东西。此外,包括色彩在内,直至为一切赋予生机的那种"热"——甚至前面说到的那三种现象也处在那种原型的支配下,就此而言,这种有形之物之间的协响就那个原初的唤起活动而言乃是通过内聚活动和它所产生的"刚性"得到中介,有形物体的色彩,都是物体

X, 362

表层的现象——，而这种"热"则直达有形物体的深处。甚至在它与可触之物的关系中，作为不可触之物的光自身也服从于同一个原型，光的三重显现环节是传播、直射——这是在直线中发生的，还有反射——这是在角中发生的，以及折射——这是在一种对有形物体的现实折入，一种"渗入"发生之际产生的现象。这里的重点在于，自然就建基在这三重维度的区分上，从这一点出发就可以明白，自然在有机世界里最明显的欲求，乃是让这些维度具有实际的意义。也就是在"上"和"下"，"右"和"左"，"后"与"前"之间设定一种质的区分，在这一区分作为一种质的区分产出以前，自然不会认为自己已经完成了对有形物体的圆成。① 倘若每一个有形物体——三重维度在其中已经以可区分的方式得到了塑造（比如在水中，两重在先的维度已经被抹去了，它们都服从于第三重维度；在性质稳定又具有伸缩性的存在物，比如人们称为气体或气态体的存在物中，呈现出扬弃有形体性的倾向，进而仿佛不断在实现着对全部维度的消解。正如在无限的空间中所发生的，在那里既没有**作为自身如其所是的**长，也没有如此这般的宽和高，无限的空间仅仅是一切方向的无差别。此外要注意的是，那两个极点——在其中电学上的对立，即必须规定作为东极和西极，以及南极和北极来认识的东西，正电荷和负电荷也在其中得到规定——仍仅仅是以物质的方式在呈现前两重维度。而氧和氢的对立则属于第三重维度，第三重维度以气态呈现自己，因为真正意义上的有形体之物以及大多数的具体之物处在正极和负极的

---

① 关于这一点可详细参考作者在《神话哲学之哲学导论》中对物质的进一步阐发，《全集》第XI卷，第433页及以下。——编者注

中间点上）——，我要说的是，倘若一切有形物体，即三重维度**作为自身而如其所是**得到区分地持存其中的一切有形物体，都是一个三重体，那么据此而言，每一个有形物体都是一个同时具有磁效应、电效应、化学效应的有形物体。而不同有形物体之间的分殊差异恰恰就是由于下面这点产生的：在某些之中，磁效应先于电效应和化学效应而凸显，在另一些之中，凸显更多的是电效应或者只有化学效应凸显。

在这里，既然讨论的是有形物体质的差别，那么另一个问题也会同时显得急迫，我们通过接下来的一般性考察就会导向这个问题。

寰宇系统——在其中根本上只有已经为物质接下来的进程得到了预备的根基（因为没有任何东西**原本**就是物质，正如没有任何东西原本就是客体，相反，一切原本乃是主体。所以塑造世界的各种过程不是别的，正是那个进行着抵抗、意愿着自身去存在的本原被这些过程镇服，进而让它能够愿意把自己认作物质的过程），寰宇系统是纯量的领域，而只有凭着接下来更为特殊的进程，我们才踏入质的领域。但倘若彼此独立有所有差别的有形物体的纷繁多样性就是在这里产生的——而这种纷繁多样性同时也处在某种彼此之间的同在共属中，进而也塑造了一种普遍共在的系统——，那么伴随着质的差异，关系的领域也会直接设定，进而设定持存不变、在一切转变中持守不动的实体和偶性的区分。此外一并设定的还有原因——当然，这里的原因并非本质性的（本质性的原因=本原）原因，而仅仅是偶然的原因——及其相应的结果，也就是通常意义上的因果关系。最终设定的则是已然生成之物的自存，也就是设定了之前提过

X, 364

的潜能阶次B, 在此之际, 每一物与一切他物的关系都是可规定的了, 也就是说, 每一物在某种程度上都不是它所能是者, 同时也在某种程度上是它所不能是者。如此一来, 所有这些生成而得的东西都**臣服于时间之下**, 进而变动不居, 而星体就不是这样。但被生成之物的这种差异的产生, 根据我们的演绎——这一点在此也是被预设的前提——仅仅是由于那个独一的、为一切奠定**根据**的本原所呈现的不同层次或者不同的内化程度。同时被预设为前提的是, 这些层次中的每一个都对应一种殊异的实存者。但并非每一个属于某一殊异**层级**(也就是内在化程度的不同层级)的实存者, 都会在这个进程中被不断否定。也就是说, 并非每一个这样的实存者自身都会被向前牵引到一个更高的层级里, 这是如何发生的呢? 该如何解释, 并非这种繁复多样性本身, 或者说层级序列本身是一个不断推进的过程, 相反, 它是一个持存和不变的整体呢? 进一步来说, 倘若着眼于具有不同存在样态的存在物的共存, 那么其中的每一个又是通过什么被规定了其实存的范围和场域呢? 如果说, 这个范围是一个被限定的范围, 那它又是被什么限定的呢? 比如说, 是什么让地界的金属被限制为呈现一种环状分布呢? 仿佛只有在这种存在方式里, "金属"这种存在方式才能实现。有形物体的不同构造方式, 比如石头、碳酸钙这样的东西, 又是由于什么获得了自身的存在方式的界限呢? 这些问题自身就已经表明, 凭着眼下的这些观点, 我们已经赢得了一种较之于凭着早先的那些观点在层次上更高级和更自由的考查方式。因为比如说, 较之于康德对物质的建构, 在我们这里根本就不会出现诸如"有形物体的个别体量是通过什么得到规定或者把握的"这类问题。因为康德那里所谓的"建构", 只知道引力和斥力的一种量的关系。那么就康德的观点出发，倘若引力和斥力的体量翻番，那肯定也会产生一个体量上翻番的有形物体咯？但我们都知道情况不是这样。假设，在某个有形物体x上施加作用的引力和斥力，是施加在另一物体y上的两倍，那么在x那里产生的结果就是2A: 2R=A: R，如此一来，x的情况也就跟y一样了。但诸如某个刚体在空间中所具有的体量，并不取决于作用在它身上的引力和斥力的度，而是取决于它内聚进程的持续进行，取决于它在多大程度上被允许存在于一个普遍的关联脉络中，并且能在何种程度上延伸它。但既然需要讨论的并非某个有形物体的**个别体量**，而是要讨论某个有形物体在创造过程本身中所接受的那个"实存范围"，那么我们就必须承认，根本上说，这个创造进程并非纯然只由对立而得到创生。通过对立而创生的乃是具体之物，凭着种种对立，一个具体之物就是主体-客体，也就是说，在自身中同时是主体**且**客体。因此，这个进程不可能纯然只依赖于整个潜能阶次进程中的质料因和形式因①，通过这两重原因在具体之物中被设定的乃是那种二重性或者说二元性。我们必须主动回想起，前文说过，在这两重原因之外还有第三重原因，我们之前已经把它规定为目的因②。所以遵循这三重原因的生成过程整体——我们将之称为"自然"——从开端起就有一个目标，进而由这个它自身尚未意识到的目标规定。从这种总是不断远眺着终点的内在视角看，这个生成活动的整个层级序列不过是**一个目的因的序列和链条**。在这个链条里，对进行着生成活动的生成者来说，

X, 365

---

① 质料因是指"能在者"，即第一潜能阶次；形式因是指"必在者"，即第二潜能阶次，可详细参考《启示哲学》(上卷)。——译者注

② 指第三潜能阶次。——译者注

仿佛每一个环节都是**目的**,但这不过是为了让这仿佛是目的的每一个环节,随即又被设定为某个更高者的中介,进而在面对更高者之际自己再次被设定为非存在着的。所以可以说,倘若这种实存的繁复多样性——我们迄今一直在考察它的生成——就是寰宇系统产生的目的因,就是它的目的,但这个实存多样性发生的进程——我们在其中始终假定的,仍是对B的克服或者说翻转过程产生的不同层级——自身又有一个目的,也就是那个对B进行翻转的完满点,伴随着这个点——一旦达到它——,必定又会有另一个新的世界被设定,而这个新的世界**现在**就在把自己呈现为目的。必须预设为前提的是,这个新的世界会成为有机的自然,并且在首要意义上成为得到了赋灵(beseelte)的自然,而我们到目前为止都在尝试去把握的那种自然,则是作为无机且未得到赋灵的自然。所以我们接下来首先要考察的,是两种自然间的区分和过渡。我相信通过前面的阐述,没有人会看不清下面这点:倘若有机自然是目的,那么第一种自然中的生产活动必然是通过后一种作为目的的自然得到规定和限制。进而尽管根本上来说,一种对于无机自然诸形式的抽象概念把握,根本不可能成为我们迄今道路的阻碍,但是要在那个进程**之外**用概念把握无机自然也一样是不可能的。因为在这个进程中,无机自然自身也不过是一个层级、一个中介性的手段,我们必须赶紧从抽象的考察中走出来,进入对普遍进程的考察,有机且得到了赋灵的自然首先就是这个进程的结论、终点和目的。就其普遍性而言,这个进程不是别的,正是地质学进程——当然,这里名唤"地质学"的这门科学不应在其狭隘的意义上理解,如果我们反而能在更为广泛的意义上理解它,那这个名称就足以囊括我们说的自然进程了。这种更为广泛意义上的"地质学"指的就是"地球的自然史",斯特芬①就是在这种意义上称呼地质学,前几个世纪所积累的地质勘探经验,越来越能促使人感受到,真正意义上的地质学就是这个意思。而且大家肯定早就已经耳熟能详,在当今倘若不诉诸有机自然的理念,没有任何地质学家胆敢宣称,自己所研究的"地质学"是某种具有效力的科学。

倘若通过先行的降解过程,自然的原初本原(也就是B)已经主动让自己能为更高潜能阶次通达和克服,那么下面的情况也并没有因此被排除在外:这个原初本原并非始终都在与克服过程对抗,由更高潜能阶次在它之中设定的规定,也始终会被它接纳为陌生异在和外在的。但会出现一个环节,这个原初本原自身在其中会如同仿佛恍然大悟一样放弃对抗,不再把更高潜能阶次理解为一个自己之外、与自己陌生异在的对立之物。相反,这个原初本原正是通过**更高潜能阶次**才变得自由,进而在一种具有自由意志的状态中与之主动联合归一。仿佛在一种与更高潜能阶次的"意见一致"中,主动决定在创造中进行种种自由的产出活动——所以我要说,倘若没有一种内在的转变,一种发生在这个一开始盲目本原中的思虑改变,那么从无机向有机自然的进展就是不可把握的。在一切有机的塑造成型过程中,盲目之物与显而易见、不可否认的仿佛具有某种意图的合目的之物的统一联合就在表明着,在这里,盲目的本原自身已经被提升到了理智和思虑中。虽然康德在他的目的论判断力批判中以一种令人惊讶的敏锐细腻,已经认识到并且阐明了这种统一联合,但还没有

---

① 海因里希·斯特芬(Henrich Steffen, 1773—1845),德国哲学家和自然科学家。——译者注

任何一种哲学理论能够在有机存在物的产生过程中,把握盲目之活动和合目地之物的这种统一联合。这种统一联合为自然所奠定的根据并非一个盲目的本原,而是一个**能够**进行理智活动的本原。康德已经认识到了这种统一联合活动,然而他在对此进行评判之际,仍是从对一种在任何意义上都无生命的物质的预设出发。所以除了一种从知性出发的对合目地性的**推导**,康德看不到任何其他的可能性去把握有机创造活动中的意图性-目的性要素。确切说,康德没有能力从一种内寓于有机创造活动自身中、内在于它,进而在其中具有实体意义的理智出发讨论有机自然,而是只能从一种在有机存在物**之外**、对有机存在物而言仍仅仅表现为外在原因的理智去讨论。在他看来,这种"推导"就是唯一可能的方法。"因为(他是专门以强调的语气说出的这番话)无生命的物质自身不可能包含那种在有机存在物的存在形式中,与'有机性'相对应的合目的性,所以**必须**在自然**之外**设定一个理智性的存在物,而这个存在物就应被设想为在物质中达成或实现的目的之原因"。根本上来说,康德未加论辩就预设为前提的是,从纯然的自然机械论出发,无法把握有机存在物的创生(在康德那里,"自然机械论"这个词是在其最广泛的意义上,而不是在狭义上使用的,在这种意义上,"机械论"囊括了在自然中通过纯然的冲力或压力而发生的一切)。但他也说,为了能获得对这种存在物的真正认识,我们必须强迫自己在其构造-塑型的活动中去发现这些具有意图且合目的的东西。但既然这种合目的之物从纯然的机械论出发无法得到解释,那根本上来说,除了通过一种不同于机械论的因果性,也就是一种"朝向目的而进行着运作的、可理解的世界原因"来说明,再无他法对此进行说明了。所以康德就是在这个层次上,论证存在一个超越于自然机械运作之上的、进行着合目的构造塑型的原因,不过在他看来,根据他的批判的基本法则,这种推导只能从一个纯然超验的层次开始。"尽管在考察有机存在物的时候,我们反思判断力的准则无论如何都会指向合目的性,但是这一准则不可转嫁到一个理性的客观本原上。**我们**当然必须根据这一准则对这种客体(有机存在物)进行评断,推测它是否最终仍是根据机械法则被产生的。但我们**无法知道**的是,是否起码在自然的超感官基底中蕴含着一个普遍的根据,让机械论与合目的性**两者**能在其上得到联合(也就是说,两者毫无疑问由之得到了统一),这一点我们**根本**就是一无所知的"。不过也可以看到,康德在这里起码还是为下面这种可能性留了余地:在自然的理智性基底中,或许还是可以找到统一合目的性和机械论(也就是盲目发生机制)的根据的——这就是康德在他的思辨中所能达到的最远的点了!如果人们必须坦诚面对康德,必须承认正是在科学的这个地方,他必须超出他自己的哲学的界限,那么人们也会越发惊讶,他何以就没有洞见到,他的全部努力,即**禁绝**理性从任何一个切口通达那个理智性的基底,那个真正意义上的事物的自-在体,除了只能叫作一种"自绝于哲学本身"以外,还能叫什么呢?

此外,我在这里还要强调,为了能够驳斥把对自然整体中,尤其是有机自然中合目的之物的说明,诉诸某种**外在**并且**超越**于世界的因果性上,绝不可以把康德纯粹理性批判的结论当作普遍的基本法则。倘若并非**一切**对于超越者或者超感官之物的认识都是不可能的,倘若我们真的完全确信一个理智性的、进行着自由行动的世界-原因的实存,那么如果那个原因被设想为一个在世界和事物**之外**的

X, 368

X, 369 原因,那么它就无法帮助去把握已然存在于有机存在物中的合目的性。因为这种在有机自然产物中被切实觉知到的合目的性,绝非一种纯然从外部"压印"到它们身上的合目的性,并不是像在任何一个机器那里产生的那种情况。这种合目的性是一种内在于产物、不可与其质料分离的合目的性,也就是说,这种合目的性及其质料能够在同一个本原中有其根据,甚至质料自身也是由这个本原设定的。有机物与无机物的区别恰恰首先就在于,在有机物中,其质料的实体性已经彻底失去了自己的意义,而在无机物自然中,甚至在化学进程中,质料还保持着自己的实体性。并非通过质料实体——它总是在持续与外界进行着交互变化——,而是唯有通过其质料存在的样态和形式,有机体才是**有机体**。生命系于**形式**,或者说,对生命而言,形式已经成了本质性的东西。生命,也就是有机体的活动并不直接就获得了自己的实体,相反,在生命这种形式中,它让自己的实体为目的而在。有机体之所以叫作有机体,恰恰由于之前看起来自立存在、独立自为并且仅仅为自身之故存在的东西,在有机体中不过是一个更高者的**工具**和官能。然而即便在动力学进程中,物质也仍坚守并宣告着它的自身性存在,进而把那些活动形式——比如我们刻画为磁效应等的那些形式——仅仅作为属性接纳到自身中。甚至无机物质在它所有的活动形式中所呈现出的那种趋求,也最终不过是为了再次消解设定在它之中的各种对立,进而在自己的实体性中彰显和坚持自身,就因为如此,对立也就在其中不断寻求去扬弃自己,化学进程中的每一个正极都在寻求通过负极扬弃自己,反之亦然。一个无机的有形物体可以在带电或者不带电状态,在正极或负极状态存在,而且毋需**主动**去把这种状态吸引到自己身上。有机物质则在同样的活动方式中获得自己的本质，正如倘若肌肉失去了自己的收缩和扩张力，那它就死掉了。

康德那里正题性的假设——我将之称为通过一个理智性的世界原因对有机存在物进行的说明——很明显与下面这点针锋相对：即反题从中推导出有机形式合目的性的原因，必须被设想为一种内在于物质自身中的原因，这一对立含义随即也就能说明，何以这就是"反题"了。康德曾经尝试过以他自己的方式，也就是先天地就前面的问题推导出不同的**可能的**体系，所以这些体系中的每一个都首先要服从于一种批判。下面是康德的推导。关于有机存在物问题所涉及的关键在于，不能否认，对它各个部分的联结是一种有目的的理性行为（因为一个有机体的每一个部分都同时是手段和目的）。所以不得不把不断产出着这种存在物的自然的行为评断为一种"技艺"，而且这种评断也是唯一的指导线索，如此方能通过了观察获得对有机存在物的认识。因此对于思辨来说，只有两条路能行得通：要么把这种技艺说明为有意图的（technica intentionalis），要么把它说明为无意图的（technica naturalis）。①康德在这里马上就把"有意图"和"无意图"的产生活动对立设定为彼此截然排斥的，可真正的事实毋宁恰恰是这种产生活动同时是有意–无意的，何以如此呢？因为康德将之称为自然的自然性技艺的，只要的确是**一种****技艺**，就不可以把有意图性排除在外，而这种技艺也同样不能把无意图性排除在外，这也正是因为这种技艺如果也应是一种**自然的**技艺，那么在这个意

X, 370

---

① 参见《康德著作集》，哈滕施泰因版，卷7，第265页，关于目的论判断力批判的相关内容。——编者注

义上意味着一种盲目的产出。事情本身恰恰在于，我们不能把这两方中的任何一方排除在外。我们必须断言一种盲目的、就此而言无意图的产生活动，因为其客体乃是自然客体，与此同时，我们也必须断言一种有意图的产生活动，因为在这些客体中，必须也认识到它们内在的合目的性和有意图性。因此通过这种对立——也就是一种自然技艺（它是无意图的），和一种有意图的技艺（它也不应排斥自然性）之间的对立——，康德仿佛已经站在了真实的立场上。然而根据这种对立，所产生的只有两种彼此冲突的对立体系，这两种体系在此也构成了反题，也就是关于自然目的的唯心论和实在论。前者要宣称的，是自然中的一切合目的性都是无意图的，自然的生产过程与我们的目的概念之所以会吻合，根本上来说不过是偶然的，如果认识不到这种偶然性，就会误以为存在一种特殊的因果性（也就是与自然的普遍机械论不同的因果性）。与之相反，实在论的断言是，起码对有机存在物的产出是有意图的。实在论甚至会凭着这种产出活动去论证，凭着自然存在物的实存而**直接**得到证明的，就是有意图的原因的实在性，进而也有理由把**整个**自然视为一个有理智的原因的作品。根据后一种说明，人们或许本该指望，康德会恰恰把前面那种体系，即这个正题性的假设视为**实在论**。但他这样一来，或许就必须把一种历史流传下来的体系排除在外了，而这种体系所断言的，恰恰是自然自身中的有意图的技艺。所以康德就**以下面的方式**进一步对这两种可能的体系进行了划分。唯心论（他所谓的那种唯心论）要么是因果性的唯心论，要么是自然产物合目的形式中的宿命论式唯心论。因果性的体系，或者说伊壁鸠鲁式的体系，取消了自然技艺和纯然机械技艺之间的一切区分。这种体系不光把有机存在物与我们的目的性概念之间的一致宣称为偶然,而且既然确凿无疑的只是物质中的推动性力量已经提供了其形式产生的充足原因,既然这个纯然确凿无疑的点不能满足理智,反倒会倒逼出如下结论:若是采纳这一说法凭以产生的那些法则,甚至认为据此就能够通过对物质构成部分的分殊和统合来产生出这些合目的性的自然客体,那么这种推导根本就是不可能的,进而实际上会否认这种化育出合目的性自然客体之活动的**全部**原因,从而只能以一种盲目的巧合来充当对此进行说明的根据。

宿命论体系是斯宾诺莎体系。这种体系把自己建立在某种我们的洞见无法抵达的超感官之物上,并且大抵是想不从对这个超感官的存在物的理解出发,而是从其自然本性的必然性来推导出世界中的一切目的关联。值得注意的是,康德对斯宾诺莎那里的超感官之物的讨论,——人们通常都会指责斯宾诺莎把神和自然混为一谈。 X, 372 但如果说,斯宾诺莎在无限实体中其实也设定了一种无限的理智,那么真正应指责他的或许就是,他忽略了去表明,万物凭以从神之中作为结果产生的那种必然性,如何也为属于神之自然本性的理智必然地分有。这个或许会加诸斯宾诺莎身上的指责进一步来说就是,斯宾诺莎把神——当然尽管他这里的神并不像康德说的那样是一个无生机的神,但这个神也并不是一个有生机的神,或者说起码没有被明确阐述为一个有生机的,不过无论如何,好在他的学说的前提毕竟还是为这一点提供了手段——我要说的是,如果斯宾诺莎并没有把实存实体和我思实体两者完完全全处理为漠然无殊的东西,如果他根本就没有满足于仅仅**断言**一切事物都是必然性从神之自然中作为结果而产生,反倒在尝试,让这种作为结果的产生得到切实指明，那这种指责是否还站得住脚呢？可如果是这样，这种学说或许就不再是斯宾诺莎主义了。然而针对斯宾诺莎主义，或许恰恰只有**下面这点**是可以拿来用以反驳它的：这是一种没有得到展开的体系。在康德那里，被认为假定了在对有机存在物的产出中具有一种有意图的技艺的体系有1) 有神论，对于有神论，除了那些他已经很熟悉的稀松平常的话，康德也没有什么更多的反驳：有神论认为，必须表明在一切事物之先就有一个诸如"世界整体的理智性原因"的概念在发挥客观效用。但根据康德设定的客观有效性条件，这样的东西根本就不可能。但正如已经强调的，这里事关宏旨的问题在于，有神论忽视了，倘若要承认神之外的一切其他东西，那么也得给出一个不同于有机自然产物由以产生的那种神性技艺的可理解的概念，而绝不是仅仅总在对这个概念做"尝试"。倘若神始终在客体和对象之外，那么有机存在物也就会据此观点始终仅仅作为"艺术产品"。可恰恰如此一来，有机存在物令人惊讶的奇迹特性，那种真正意义上的θαυμαστόν[惊讶]也就被完全取消了。因为其中令人惊讶的奇迹特性毋宁在于这一**实情**：它们是自然产物，作为自然产物，它们是有意图被生产出来的，这并非它们之间的类似性，而是相同性。

在康德看来，除了目前已经列举的三种体系，还存在第四种体系。第一种是经验主义，它预设了一种无生机的物质，第二种是宿命论，它预设了一个无生机的神。但如果说在有神论里的神是有生机的，那么其中的物质，就是一种与无生机的物质相对立的有生机的物质，因此有神论也是一种物活论。根据康德的划分方法，物活论必定是一种断言有意图的自然技艺，进而消解无意图的自然技艺的体系。但事情本身的自然本性表明，这样的一种体系起码不可能是物活论。因为如果说在有机存在物的产生过程中，不应该存在任何诸如"有意图性"这样的东西，那就更不用谈质料、物质是否具有这种性质了。反之亦然，倘若进行着生产的主体是质料性的自然或者物质自身，那么这也并不能把无意图性排除在外。康德本身把物活论解释为一种在物质自身中设定了理智性原因的学说。这种设定可以在两种方式上理解。要么认为，**作为自身如其所是的物质，作为物质的物质自身**就拥有一种**就"因果性"概念的意义而言**的因果性。可如此一来就变得荒唐了，因为物质作为外部感官的客体必须被表象为无生机的，这就导致无生机性（也就是"惯性"或者说"惰力"）恰恰构成了物质的本质性特质。然而如果按照康德在这里的意思，认为**作为自身如其所是的物质自身，作为物质的物质**拥有生命，那恐怕没有任何物活论可以符合这个要求。因为任何一个人，只要他去想想康德哲学的基本法则——不管是明确想到还是模模糊糊意识到——都不会同意这个结论：从这个基本法则来看，作为外感官客体的物质自身仅仅是现象或者"样态"。如此一来，物活论也就成了鸡肋，它没有回答下面的问题：为什么生命具有特定的意义，为什么生命会具有有机存在物的形式，为什么生命并不作为物质的普遍性质出现？对这一问题的那种庸常回答，"一切都是有生命的"不过是一种托词。毕竟无论如何每个人都会承认，即便是最初级的有机物，也完全以彻底不同于矿物的方式在有生命地活着，而且矿物以对称性法则的构型方式也是某种不可能从康德意义上的"**纯然物质**"出发就能解释的。

X, 374

沿着康德的思路，另一种设想物活论的方式大抵是下面这种：尽管独立自为的物质仅仅就其自身而言是无生机或者说只有惯性-

惰力，但它们也可以与一个有理智的、为它们赋予生命并贯穿在它们之中，并且与自己完全不同的本原（某种诸如"世界灵魂"的东西）相关联。康德反对这种观点，认为它不可能具有任何对有机体进行**普遍**说明的效力，因为这种与一个不同于物质的本原的联结本身，已经是一种有机化方式了，可我们现在做的恰恰就是指明有机化方式的根据呀！所以这在根本上就意味着，这种联结（世界灵魂与物质的某种联结）本身是**未得**说明的。在这一点上康德是对的，因为如果以这种方式来进行说明，那么不管是事情本身，还是这种与物质的联结活动的原因或方式都没有得到把握。从这一点出发得出的结论就是，单独来看，物活论本身不可能独立地就是一个体系，所以它只有通过某种更高的、得到更广泛展开的整体（但这个整体也就不再能仅凭物活论就得到充分刻画了）才能获得它绝不已经拥有的意义。除了少数的一些16世纪的意大利人，从来没有人尝试过，把物活论这种观点与一种更具普遍性的学说放在一种总体关联中联系起来，也就是去为物活论奠基，单独来看，物活论自身恰恰始终只是一种未得展开的、不完满的假设。这种不完备性——物活论就是如此以这种不完备性在近来被使用——首先就在于，即便为了物活论而承认有一个与物质相联结、作为某种不同于它的殊异之物的灵魂，那么就算这样，物活论也**还是**不能在与物质相关联的**灵魂**中铺设一个理智性之物，一个努斯。倘若这个所谓的灵魂，这个构造有机存在物中物质特有形式的东西，仅仅如同某种对物质而言陌生异在的东西被强加其上，仅仅作为某种纯然为物质所**遭受**的东西，那么无机自然和有机自然之间也就没有区别了。无机物质独立于在它之中被设定的形式，即便这个形式被摧毁，无机物也始终持存。有机自然则与之相反，其形式对它而言是本质性的。所以如果我们不知道一定要把这个问题向前推进，推进到那个在有机物质中显现为有理智且合目的性的东西上，并且从它出发去说明那种寓居于有机物质自身中、与它共同生长的理智，那么有机性这种现象就还没有得到令人满意的阐明。但正如已经强调的，倘若物质自身只被理解为绝对无生机的，倘若没有一个就其自身而言盲目的，**但能够产生**理智的本原为它奠基，那就不可能进展到这个程度。即便在人类的艺术品中，比如一座已经完成的雕塑中，都可以认识到所有部分与比例的合目的性，但对之进行着产出的力量是在独立于它的质料上，也就是纯然在它的表面上产出这种合目的性。但我们在有机构型活动中所觉知到的**这种技艺**，不仅渗透到了物质的内核里，甚至就出自物质自身，艺术家在这里并不在他的作品之外，而是与他的作品自身合一。同一个本原既作为盲目的本原设定了物质，也作为得到了解放的本原，在通过更高的潜能阶次把自己给予了自身之后设定了形式。因为把一切从内在中、从内核中构型出来的真正意义上的大师匠不可能是那个更高的潜能阶次，更高潜能阶次自身并不能做任何事情，所以它必须让那个盲目的本原作为工具服务于它。正如在诗和艺术的创作中，甚至在一切精神的产出活动中，本真意义上的生产者始终都是一个盲目的本原，只有通过一个更高潜能阶次它才能同时转变为一个对自身有掌控力的本原。

  从无机世界到有机世界，并不存在阶次性逐级展开的渐进过渡。伴随着有机世界，一个全新的世界开启了。在有机世界中，并不像在无机世界中那样，一切都以相同的方式在向前进展，也就是说，并非一切都以同样的方式是盲目本原持续地**在越来越高的程度上回**

X, 375

转到自身中的过程。毋宁说，在有机自然**的开端中**，盲目的本原已经把握了自身，进入了自由。有机自然开启的瞬间，就是盲目本原获得自由的瞬间。这个本原在自然中并非首先就是自由的，但它**将**在其中获得自由，在有机自然中它**已经是**自由的，并且**必然是**自由的，如此方能开启有机自然。可以把无机自然视为一个领域，盲目本原在其中阶次性地被逐级带回到自身中，但有机自然的开端始终都是一个**绝对的**开端。因为在其中，盲目本原首先已经在自由中观视自己，它看到自己不再作为盲目和无意识的存在者，而是作为有自身意识的存在者存在，如此方能开启有机自然。终点、目标和**目的**，在有机自然的开端中就已经存在了。倘若盲目的本原还没有获得自由，没有开始思虑，就不可能有任何有机体产生。可如果它在开端处就已经自由并且有了对自身的意识，那么它怎么可能还会再次返回到无意识的状态中去呢？但这种返回却还是明明白白在发生着，因为不仅在有机自然的**那些**只能觉知到最粗糙生命冲动的层次上，而且在整个动物序列里，都有一种无意识状态贯穿始终，或者说至少有一种意识和无意识间的斗争在起着支配作用，意识只有在作为整个序列终点的人类中才会获得胜利。以上就是我对上面那个问题的回答，我希望我的这种构想能够得到充分理解。无论如何，在开端中终点和目标都已经被展示给了那个进行着盲目生产的东西，所以这个盲目的生产者本来可能直接被终点和目标攫握，进而放弃本己的存在，作为-A把更高的潜能阶次吸引向自己，并同时与之一道把最高的潜能阶次，也就是应在者吸引向自己。以此方式，实存的原型也就得到了呈现。我想说的是，"**本来可能**"；这个目标在开端中就已经展示给了那个盲目的生产者，而正是在瞥见这一目标之际，它也就从自己的盲目性中摆脱了出来，获得了解放，进而同时也就在自由中考察自身了。但恰恰因为它**是自由的**，因为终点已经被展示给它了，所以它能够进入一个以自由意志开启的进程，而它进入的方式就在于在一个个层级上克服它旧的自然本性。它能够把它自然本性中盲目的要素作为一个自由的、次第展开的克服过程的对象，而这个盲目的要素，也就在这一过程中得到了承认。在这个盲目的本质最终决断让自己得到全然耗尽以前，仍会让自己尝试在一切形式中存在，如此方能让**自身**不再存在，而是仅仅作为最高者，也就是应在者的设定者而存在。

整个意图——根据这一意图，在有机自然中尽管仍有无意识状态和有意识状态间的斗争，仍有非精神本原和正在转向精神内的潜能阶次之间的斗争，但其中一方已经把自身设定为**自由的**，进而假定了自身是被意愿的——这个意图尽管或许是一个未曾预料的，进而与许多人的先入为主之见相抵触的意图。然而这些先入之见，不过是曾经大行其道的对有机自然的拥有合目的性的妄断，以及断言不 X, 377
管在有机自然的整体还是细节里，都以不可置疑的方式预设一种合目的性的必然结论罢了。倘若承认这些先入之见，那就不可避免地要假定，人类是有机造化过程的最终目标，也就是说，人类让自然造化的生产性活动在最深的阶次上得以浮现。尽管我们现在所说的这点，完全不同于人们通常习惯认为的，即受造物的序列，是从人出发朝着完满性越来越低的存在物的下降序列。但在我们时代已经取得重大进展、体现了巨大意义的比较解剖学表明，受造物序列乃是从相对较不完善的东西、向着更完善的东西，直至最完善的东西的攀登过程。所以我也确信，在有机形态学中，甚至必定会出现一些遥遥指向人类产生的不同层级的生物，如此一来，各种不同的有机形式才能得到总体性把握。正如在较高的有机存在物中也仍会出现在演化过程中残留的机体痕迹或者多余机体，这些机体对于更高的有机物自身来说不再有用了，但对于之前的阶段来说是必要的。所以同样，人们完全可以基于有机物的在先层级找到许多形式，这些形式对于那些在先层级而言已经不再是必要的了，但当下的自然始终都在为未来之物进行奠基，当下的自然始终都是对在眼下的层级上还没能实现的未来的预示。即便我们不认为，在自然进行有机性生产的开端里，它的终点，也就是人类已经开始浮现，人们甚至也更愿意以伦理以及社会关系去说明，那些我们在一些层级的动物那里能明明白白确知到的对人类出现的预先呈现和预演。但事关宏旨的地方在于，倘若在有机自然的产生中不预设一种自由或者自由意志，在人类和有机自然之间不仅不可能产生直接的区别，而且有机自然中也不可能产生种属差异。因为甚至在无机自然中，那个盲目的本原就已经被迫必须去接纳理智产生的种种规定了。但在无机自然里，这个本原已经表明自己并非一个主动意愿理智性之物的本原，相反，它仅仅是一个在不-意愿的情况下进行产出者，只拥有一种工具性的理智。

那个必须首先凸显的原初状态——它必须首先凸显，如此方能成为一切生成的开端，生成活动的运行系于其上的点——，这个原初状态必须被带回到它自身中，带回到它的潜能阶次中，如此方能转变为**理智**①。但这种在无机构型活动中所呈现出的理智，并没有已经转变为

---

① 原初状态（Urstand）和理智（Verstand）之间的词源接近关系，以及谢林在此基础上对两者之间关系的刻画，可详见前一个文本《全部哲学的本原》。——译者注

自行牢据着自身的本原，它仍是对物质而言陌生异在的本原。所以从这一点出发就可以明白，比如晶体就会在它的形式被破坏之际表现得全然漠然无殊，但有机体就会力求把自己保持在它的形式里。在其种种产出活动中，有机自然的自由把自己呈现在这些产出活动前进-后退的自由中，也就是说，有机自然的产出活动并没有被迫一定要在一条直线上不断前进，一定要不断去达到某个相对最高的东西。相反，有机自然的产出性运动是可以断裂，也可以后退到已经达到的东西之下的，这就仿佛是它不断在做出新的尝试，并能以此方式重新开始。如果只是单独考察经解剖学揭示的人体的个别系统，并以之为唯一的机体标准，比如呼吸系统或者循环系统，那么可能人们就不得不认为，在有机存在物的层级序列中，昆虫应排在软体动物之下。然而从所有其他关于昆虫的视角出发都可以表明，许多昆虫毋宁显得比任何一种软体动物都有更高级的行为模式，在这类昆虫中，一个更高更自由的世界也确确实实得到了实现和设定。有机自然的自由的呈现在于，它并没有被迫一定要在首先已经呈现出的各种构型活动中把一切可能的中间环节都产生出来。相反，这种自由仿佛是凭着纯然的兴味和性情在产生各种构型活动，所以对它的各种产物完全可以怀疑，它们是不是必然构成了一种切切实实的前进过程。倘若真的确实无法接受，有机自然会在某处产生一种真正意义上的飞跃或者说跳跃，那显然同样也不可接受一种仿佛奴性的、不允许任何运动自由的构型活动的因果性。然而，即便在因果性这种样态中，自然也知道去保存一种无可置疑的自由。甚至在已经牢牢确立下来的仿佛不断轮转的圆圈里，自然也仍知道去保藏不同者的游戏空间，知道让每一个个体不与另一个绝对等同，而每一个个体也会通过形式和轮廓的属性,乃至通过内在的特性而彼此得到区分。

所以我从一开始就说,有机自然中的支配性的本原也不再纯然服从于那个更高的本原。相反,它处在一种凭着自由意志而进行的统一活动中,仿佛已经与自由意志站在了同一条战线上,去凭着它进行自由的产出和创造,而对这一点的证明首先也只能通过必然的进展过程来证明。**必定**会有一个下面这样的环节到来:之前在内核中,在物质这个本原自身中被更高潜能阶次激发的运动,转变成了自由的游戏。而这个环节只可能属于有机自然。——不过我现在想要趁此机会做一个强调性的补充,这一点甚至不会违背康德的意思:有机自然存在物对于机械论而言(我们想说,对于普遍的自然进程而言)只能被判为偶然的。我们不可能从任何个别被设想为自然目的的客体出发,看到它实存的必然性。因为作为自然目的的客体的可能性,不同于普遍自然机械机制产生的那些事物的可能性,也就是说,后面这类事物的实存建立在本原的必然作用上。关于那些我们在其形式中只能看到自然的必然运作方式的事物,完全有充分的理由说,我们能把握其实存,因为我们能够认识它们据以运作的原因和法则。所以设想我们能够靠我们自身生产出诸如钻石这样的事物,并非不可能的。但我们为什么不能从有机存在物中也以同样的方式看到它们实存的必然的原因,并不在于康德在其中所找到的那个原因:康德认为,原因在于,在有机存在物中能得到断定的理智的种种效果,并非经验的对象。相反,在我们看来,这个原因毋宁在于**下面这一实情**:有机自然存在物实际上并非是在另一类自然存在物必然存在的那个意义上必然存在,也就是说,尽管它们仍始终须被视为自然的创生物,但自然对它们的创生活动是一种自由且有自由意志的产出。

在康德身上，人们必定会喜欢和惊讶的那种最崇高的真诚科学精神的表现之一就在于，尽管他除了把有机自然产物的合目的性设想为理智的后果之外，对此再无他想，而理智又仿佛是超出自然之外的，这样的一种假设又与他的整个批判风格相抵触。但无论如何，康德仍然牢牢坚持这种合目的性本身，甚至还把对有机物的合目的性判断视为必然更加深刻地渗入有机物中，并且对科学认识其自然本性而言不可或缺的要素。所以我还要强调的是，即便我们在进行科学考察的时候，所预设的进行着有机物产出活动的自然所具有的**自由**，也仍不能被视为充分的，因为这种自由反倒还要把自身转置到一种更高的自由中。只有这样，自由才可能凭着稳定的有科学根据的确凿性存在，所以我们在对这种自由的讨论中，不可能是从一种无度的玄想走向一种所谓的"超物理学（Hyperphysik）"。因为即便在其自由中，自然也始终是自然，在宣告和彰显自己的这种自由之际，自然除了接纳和要求那种对于把握自然本身而言，也就是对于把握普遍自然而言不可或缺的本原外，再无其他的要求。我要说的是，唯有如此我们的研究才能拥有完满的稳定性，因为从一种超物理学的假定出发，一切将会变得无度和无所顾忌。不仅不会惮于提出一种无根无据的合意图性的假定，甚至也会就自然实现其目的这一点上产生难以置信的幼稚观点，进而最终只会在对自然的真实内在历史的眺望中聊以自慰，对于自然对人类的创造，只能靠去指望某种与人类有亲缘性的存在物去猜测。如果研究者只是在讨论自然的目的，那他当然不需要去害怕什么，只不过他说出来的一切都不是本真意义上的。在这种研究者看来自然所不具有的东西，认为关于自然不可说出的东西，其实都是无稽之谈，除非这类研究者可以超出自然。

一种对自然的超越,恰恰使为自然所独有的那种自由相较于机械论哲学显得更不受任何强制,后者认为在动物和植物中只能看到纯然的机械机制。而这种"只能看到机械机制"恰恰会不可避免地推论出:正如每台机器都像是一个艺术家,有机世界在其中占有如此本质性比重的自然也是一个艺术家,它会在自己之外设定一个仿佛调配工的角色。尽管在机器中情况确实如此,毕竟每一个部分都是为了其他所有部分而在,所有部分又为整体的理念而联结。所以在这个意义上,所有部分也处在一种以因果关系而彼此关联的联结中,仿佛每一个部分都是另一个部分运动的原因。但刚刚所说的这种情况所涉及的,只是一种片面的关系,因为被引发运动的部分不会反过来是引发运动者运动的原因,所以没有任何部分会像在有机物中那样,通过产出其他部分而自行产出自身。那种认为动物只能算是以最高的艺术-技艺而拼装起来的机器的胡思乱想,属于那些今天终于已经不再需要花力气去反驳的观点。但为了能有根有据地了解,这种学说之前是如何能被确立起来的,我们必须回忆一下让笛卡尔被诱使断言这样一种与一切自然意义相对抗的观点的种种周围条件。人们完全可以以历史学的方式指明,笛卡尔的这种观点,其实不过是当时逐渐兴起的对亚里士多德哲学里关于实体性形式学说的不满的肇端而已。**笛卡尔**针锋相对地认为,人们完全可以把自然中的一切,从纹理和结构出发,通过对各个部分的纯然聚集缝合推导得出,而其他纯然只能得到外部把握的规定也可以如法炮制。我们当今仍需去应对的,仍是同一种对立。亚里士多德把那个让某物由以被提升到纯然物质之上的东西,称为现实活动或者形式(也就是 εἶδος[理念])。但这个形式是如何进入物质的,亚里士多德本人除了对此诉诸某种肯定性的东西之外，就没有再多说些什么了。但形式自身紧紧存在于对纯然盲目存在的否定中，也就是说，存在于对盲目存在的内在化活动中。一个事物得以被设定，是由于某个潜能阶次进入了物质，通过这个潜能阶次，由它所进入的物质也就转变为多少能对自身有支配性强力的东西。在这个意义上，潜能阶次和主体是同义词。

倘若我们把亚里士多德在事物那里，在与物质的对立中称作现实活动或形式的东西，也就是根本上来说，使某个事物得以**在自身中**存在，让它多少能够对自身的存在拥有支配性强力的东西，刻画为A。而把与之对立的本原，也就是那个把自身表现为物质，或者我们可以说，把自身表现为客体（也就是翻转或者内化活动的客体）的东西刻画为B，那么一切有形之物在自身中就已经是主体和客体，是A和B，仿佛是在同一者中的两重本质。在这种关系中，当普遍物质的某个部分身上，有潜能阶次，即内在性之物被产出呈现之际，物质也就接纳了理智的印记。但这种显现在无机物质中的理智，仍仅仅作为一种被产出的，进而被动的理智。但也会出现一个环节，在其中主体会完全处在与客体相对峙的自由中，在其中，尽管客体作为物质或者盲目的本原并没有即刻就被扬弃，但在这个环节里，盲目之物（物质）已经被自由者所支配了。这就是有机自然产生的环节，在这个环节里存在的，对自身有支配性强力，以有所意愿、仿佛在游戏的方式，不是在一个盲目−必然的层级序列中，而是在一个以自由意志意愿的层级序列中产出合目的性之物。在其中进行着引导的是一种更高的本原（A^3），也就是自在地是**精神**的那个本原。正如B是非精神性之物，A^2是与之对立者，是非精神性之物的否定者，进而借此也是精神的中介者，所以A³就是精神自身。相对于它，B在**前述的那种**关系中，乃是作为盲目者在其中被克服，或者说作为盲目者被带回到自身中，即带回到自己的潜能阶次中，进而重新获得另一种关系，但它会在这种新的关系中**主动去吸引**之前它处在盲目状态中时排除和排斥在自己之外的东西。最终的目的**正是**应在者，也就是A³或者说精神，进行着生产活动的本原之所以合目的地行事，恰恰在于它以逐级上升的方式在盲目之物的自然本性上克服了它。如此方能使之成为精神的吸引点，让它逐步为精神预备好真正意义上的王座，所以当此之际，最高的本原就会踏入存在，进而显现为已得实现的。

在那个以自由意志开启的阶次序列的开端中，物质，或者说盲目的本原仍有巨大的支配强力。在这种情形下生效的法则就是：一切可能性都会获得自己的正当性，没有任何一种可能性被排除在外，每一个可能性都在它所应有的位置上，仿佛被允许在这个对它们而言正逢其时的环节中绽脱凸显出来。盲目者不应拥有支配性强力，也就是说，它自身应再次作为盲目者被战胜，亦即在此之际，它注定作为盲目者而**死去**。而这种死亡应是温柔甜蜜和自愿的，是真正的耗尽的结果，也就是说，一切原本在这个盲目者中作为可能性而蕴含的东西，会在绽脱凸显之际真正耗尽它，它最终的死亡就是这些可能性获得自由的最终献祭和狂欢。在开端中，有机物和无机物是难以分离的，在这种情况下，甚至每一个后起的阶次都会把先行的牢牢固定住。在这种情况下，甚至呈现出**下面这种**意图（因为在现在所达到的立场上，我们已经可以讨论**意图**了）：在每一个后继者中，先行者的踪迹和环节都会得到保留，如此方能最终产生最丰富、最充盈和最完满的意识，所以在直至最高阶次的有机物自身中，无机物也仍作为过去得到了保留。在无机物中，物质仍始终坚持并宣示着自身的实体性，但这种实体性在有机物中已然降格成了纯然的属性。在无机物中，形式显现为偶然之物，物质中的不同活动形式始终不过是一个在其中临时逗留的生命显现的瞬间。甚至化学进程也不能真正触及物质的实体性。物质正是以此方式在与已然开启的有机生命的对峙中，坚持和宣示着自己的自立性，不管是在整体还是在细节上都是如此。就整体而言，在某个时段序列的整体中，无机物都仍始终颠覆有机物，都仍始终要把已经在更大范围中展开的生命再次埋葬和消灭。设想这一点应该是没有什么争议的，因为在一切从更低向更高的过渡中，人们总觉察到全然类似的事情。正是通过不断开端着的有机物，无机物中新的对立被唤起了，正是通过有机物自身的显现，无机物中的矛盾才被激活。

就细节上来看，物质表现出了一种要坚持和宣示自己的实体性的欲求，这种欲求表现在从外部来看的所谓无机残骸中，而这些残骸，仿佛就在显示着对最初有机存在物而言不可或缺的周遭环境。现在我们在这一点上停留一会——比如软体动物的外壳仍然是完全无机的，这些外壳对于生命的依赖性纯然是在其外部的，仿佛被压印在它们身上的形式所表达。就其内核而言它们则是彻底无生机的，是无机物，也就是说，是仍然欲求着作为实体存在、仍然坚持和宣示着自己的自身性的物质，它不过是假借了有机物的代谢供给，但自身并没有转变为有机的。但更高级动物的骨骼本身，恰恰不过是纯然已经被压回到内在中，已经一并被接纳到内在生命进程中，自身已然转变为了有机的无机物，在低等动物那里，这样的无机物仍存在于外部，仅仅作为外壳或者甲壳而显现。

X, 384

但被接纳到有机生命中的，甚至还有一个**更为古老的过去**，唯有如此，方能让有机生命显现为一个彻底在自身中完结、圆满、自身作为宇宙缩影的大全一体者。植物的那种有待外部刺激的、仅仅周期性自行呈现的生机轮转，以及在更高级动物中更快速和持续进行的血液循环，除了天体的运行外再无其他的类比物，各种生理循环就是动物王国中永恒复返的阿斯特拉。真正意义上的活力性要素首先只存在于神经系统中，在其中，更高的、在**普遍**自然中显现为光的潜能阶次首先创造了官能性机体。正是通过这些官能机体，这个潜能阶次为整体赋予着生机并赋予着灵魂，血液、骨骼和神经系统是其他所有系统由以得到创生的基本功能。有机生命的第一重走向，完全处在纯然的生产活动领域中。在种种内在的运作机能得到释放之际，动物首先就会显得据有自由的运动能力（在生产活动的领域，只有一种纯然盲目的、非任意的运动）。在动物最初的有自由意志的运动中，得到开显的是普遍者，是概念，是生命在其中产生的发生过程意义上的奥秘。这个普遍者就是，已经失去了自身性的物质，也就是那个被设定在自己之外的本原，又重新把自己给予了自身，又重新对自身有了支配性强力。我们在此把那个在自己之外存在着的本原，在现实意义上视为对自身有支配性强力的**意志**。现在这个本原，不会再像星体那样，服从于一种不间断的运动，相反，这个本原已经把这种不间断的运动战胜并纳入了自身中，所以动物不是其他，正是已经彻底被克服了的星辰。自然中的**一切**运动只有一个唯一的源泉，唯一的同一个本原，它是普遍的宇宙运动的维系者，也是动物的任意运动的中介者。自由运动的动物和行星之间的区分，并非由于它们**各自独有的**运动源泉，而是仅仅由于，在动物这里，行星中的那种运动的普遍根据服从于某一个别存在物的权力和支配性强力。自由运动仅仅源自对原初盲目之物的镇服。唯有如此，动物才成为动物。但人类则全然是**已得克服的**星辰，因为那种从外部来看、自发进行着欲求的运动力在人类这里已经回转到了自身中，已经再度转变为**意志**。在我们之中并没有一个运动力，同时在它之外还有一个意志，相反，在我们之中意志就是运动力自身，但倘若一切运动力原本不是意志，意志当然也不可能就是运动力。但在普遍的自然中，意志仅仅是一个已经到了自己之外，进而盲目的意志，但在人类中，它已经重新被交还了自身，被带回到自己的潜能阶次中，也就是说，被带回到它本己的支配性强力中。①

在人类这里，进行着创造的自然也已经预备好了一种还要更高的自立性等级，因为在这里，创造性的自然已经把那个就其原本的存在而言的盲目者，也就是被设定在自己之外者完全转变为在自己之中存在者。当创造性的自然实现这一点之际，趋向外部的运动就会被彻底排除在外，自然就会让此时在自身中存在着的潜能阶次转变为静息着的主体，转变为**整个**宇宙的吸引点。当创造性的自然把动物塑造为有感受能力的存在物之际，它就在感性官能中实现了这个

---

① 我之前明确说过一个命题：一个事物之所有具有自身性，是由于它被赋予了不去存在的可能性，被赋予了能够**不**去存在的潜能阶次，在自身中包含了非实存的潜能。在动物的自由运动中所显现出来的本原，恰恰是一个能够不再纯然自行运动的本原，也就是一个能够不再必然不断运动的本原，而是一个能够自行运动且不运动的本原，也就是一个如前意义上的能够存在且不存在者。倘若对动物来说，更高程度的自立性恰恰是通过这种自由运动的能力赋予的，那么真正来说，自立性并不源自运动的能力，因为不仅天体，而且血液也有这种能力，相反，自立性来自不-运动的能力；它恰恰显现为不实存的潜能，正式通过它，物质的运动型本原在其在-自己-之外-存在中被否定了，被带回到了自身中，物质也就由此转变为自立性的设定者（见前文第348页）。——作者原注

X, 386

吸引点。但创造性自然还要继续离开这个在自由运动和感性官能中已经达到的目标,因为它只是把这两者作为实现动物的合目的性行为的手段。正是在这些行为中,动物显得具备意图和理智,甚至还出现了一些凭真正的"预见"来行事的动物,就这些行事方式来说,那些在更高级动物中逐渐消失或者说退隐的"技艺冲动"当然就是最恰切的例子。比如可以看到,有**如此**天性的动物会根据时间和地点,或者根据交替变化的周遭环境来进行**定向导航**。当它们所居住的生态由于灾害或者人类的目的被摧毁之际,它们就知道去自我帮助和互相帮助,也就是说,知道主动去实现自己的目的,比如蜜蜂一直都知道如果蜂后没了就赶紧再去选出一只。动物的这种"技艺冲动"之所以一直尤其引人关注,正是因为它们在最大程度上驳斥了每一种机械理论,也就是每一种在动物中只能看到机械机制的理论。这种理论**从自己的**一孔之见出发而无所不用其极,不过是为了坚决不承认在自然中也寓居着精神。人们宣称,动物是由于一种对"兴味"的感觉的推动,而进行了许多仿佛"技艺"一般的生产活动,而在进行这种生产之际,动物自己也能感受到这种"兴味"。无论如何,一切有"技艺"特质的生产活动都关联于某种"兴味"。不过,倘若以为这种"兴味"是"高贵的",那是不是因此就可以把诸如蜜蜂抬举为真正的"艺术家"了?但在这里是有区别的,人类的艺术家只有在他已经掌控了自己的技艺、成了它的"大师"之后才会感受到这种"兴味"。但动物是在没有经过训练和学习的情况下,就立即产出它的"大师杰作"。这样一来,难道人类的兴味就没有动物那么"高贵"吗?可如果是这样,那怎么说明人类的产物也有合规则和合法则性呢?难道人类为了让自己的产物"不那么高贵",就得故意反着来进行这种技艺生产吗？所以最好的说法莫过于：蜜蜂的技艺活动是由建造蜂房的痛苦而促动的。但自古以来，凡是由于痛苦和急迫的推动而发生的事情，都是卑贱和无聊的。相反，正如一位古代著作家所言，唯有一种主动推动自身的力量方可造就伟大和精巧。所以甚至在这些动物的产物中，也绝不可能觉察到任何出自艰难困苦或者勉强苟活，乃至不得已为之的东西。当然，从另一方面来看，或许也只有诗人才会直接满足于把动物的这些生产性活动归诸神意，但这不过是诗人的遁词，比如维吉尔就在他著名的诗句里描述蜜蜂"分有了神圣的理智"。但即便是诗人，也比许多神学家和哲学家的表达要更为谨慎，毕竟在后两种人中，竟还有人说过homo sibi ipsi, Deus brutorum anima：人类是他自己的灵魂，神是动物的灵魂。但恰恰在这一点上，和在那个对于有机物本身起源的一般性问题那里一样，有一个点，若是超过这个点，除了说有机物是一个普遍体系的结果之外，就再也无话可说了。

X, 387

　　但我们现在所采纳的策略和进行推导的出发点，乃是**一切**存在（一切有限的存在）的在先者。而自然中一切生成活动的最终目的，恰恰就是实现那个**原初**的能够存在且不存在者（因为物质也会通过自然进程被转化到一个能够存在**且**不存在者中，但这恰恰只是"转化"而已）。所以在到目前为止已经进入了自然进程的本原之外，还有一个第三者，也就是**原初**的能够存在**且**不存在者。自在地看，它自身就是自由和精神——而它恰恰是通过进程才被设定为作为自身如其所是的自由和精神——，因为在原初的无差别中，在决断和排斥活动之先，它还没**有**作为自身得到设定。但现在，它作为自身得到实现是必然的。进行着中介的潜能阶次并非为了实现它自己而运作，它只是在对非精神之物进行否定,这并非是为了**自己**,而是为了让精神代替非精神性之物。总的来说,整个进程的最终目的,恰恰就是把那个自开端以来就曾是真正意义上的存在者的东西(也就是最高**潜能阶次**)——我们之前把它标识为A^3——,最终提升为超越一切其他东西,并作为自身存在的真正意义上的存在者。有机生成过程的整个领域正是对A^3的实现过程,所以在动物身上,我们还是只能把它设定为对动物而言外在的。唯有在人类中,我们才能把它设定为内在于人的,在**人类**中已得实现的。但我们的这种说法,表面上看起来似乎也在这里给自己埋了一个坑:那种尤其通过指向某些特定目标而行事,进而在这一点上显得特别不同的动物,似乎离人类更远,并且属于动物王国序列中相对较低的层次。但下面这个提示会把这个坑

X, 388　填掉:恰恰在人类中,在他看来动物所具有的那种意义上的本能和"技艺冲动"也已经全然终止了。也就是说,上述的那种特殊的现象恰恰并不是在离**人类**最为切近的位置上,反倒毋宁必然是在一定的距离上凸显出来的。所以**下面这一实情**,恰恰也属于"技艺冲动"现象:那个自由本原之于动物,仍有一种更为外在的关系,在动物中,只有在更高的阶次以及在与A^3的关联中,那个纯然工具性的理智才会再度呈现自己。在无机物质的更深层次和以立体规则构型的活动中,我们曾经认出过这种工具性理智。所以我在此仍要强调,曾经在无机物质那里出现过的合规则性,恰恰就再次出现在这种"技艺冲动"的**产物**里,比如在蜂巢的六边形里。所以恰恰是在那类更为"沉默"和所受限制更多的动物中——"技艺冲动"首先就处在这类动物中——"技艺冲动"仿佛占据着主要地位。然而在更高级的动物类别中,更激烈的意志会占据主导地位。高级动物的运动和感受力为它

们扩展了活动领域,而这类以更高方式构造的动物也会因此更容易被诱使产生无法则的运动。所以总的来看,相比于在低等动物中所显现出的那种纯然工具性关系,这类动物则显示出更多的自立性。

在这整个展开过程的开端处,我们曾经把那个唯一的理念分剖在它的不同环节里,如此方能让它通过复返到统一体中而实现自己。这些环节的彼此外在分离和次第重归为一的过程就是自然。对它们间统一体的重建就是自然的终点和目的。这种重建也是对理念的**实现过程**。已得实现的理念就是人类,人类就其所意求的目的而言就是理念。在人类中,原本被设定在自己之外的东西,会再次完全被设定在自身中。甚至动物也是一种对自身有支配性强力的东西,但仅仅是在某种意义上、局部地而言,人类则**无条件地**是对自身有支配性强力的东西。彻底自行据有自身者就是意识。意识是已然回到自身者,所以它要把一个已经走出自身、已经走出自身之外者预设为前提。在动物中存在的,是走向自身过程、开始对自身**逐渐生成意识的过程**的开端。但这个**转而产生意识的过程**始终都只是暂时性的,它只是在动物被促动而朝向某些特定目标的时候才存在,动物仍始终是对某个他者而言才实存于此。但人类并不**拥有**任何目的,因为人类就是自身的目的,人类之所以存在不过是为了意识能够存在,意识就是目的。所以除了是**意识**,人类就是**无**,并且还不是其他任何东西。在生成物的王国中,人类恰恰又是曾经是那个**原初理念**的东西。但人类不过是被重建、被实现的理念,所以人类并不像所有其他东西那样是**某一个**存在者,而是复为**那个唯一的存在者**(所以甚至在后起的自然历史的立场上,必须保持人类统一性的那种必要性,被少数或许更"深刻"的思想家以没有任何证明效力的理由,以非常轻

自然进程阐述　337

X, 389

率的态度一股脑就给抛弃了)。

　　整个宇宙都在协同运作以朝向人类。我们现在作为"我们"而生活的那种"我们",诚然每一个都仅仅是一个实存者。但理念中的人类,亦即就人类复为理念(当然,仅仅是被实现的理念)而言,仍要以看待**那个唯一实存者的方式**来看待——但**那个唯一的**实存者不可能一再实存,也就是说,倘若我们返回到产生过程的立场上,这就意味着它不可能**一再地**产生。人类毫无疑问源自受造物的最深处,也就是说,源自**那种**作为物质之部分的素材——在其中,自身性的最内在的根源,也就是在没有更高潜能阶次的条件下意愿**独立自为**存在的B被克服了——,但也正因为如此,人类就必定不是一个局部或者说有其固定居处的存在物,而是一个**宇宙性的大全一体的**存在物。因为人类是**那个唯一的**实存者,所以宇宙的全部潜能阶次,也就是所有这些分裂了的环节,注定要在人类中走向统合,进入最终的统一体。人类作为进行着最内在聚合收拢活动的东西,注定要在自身中统一世界的所有环节。所以我们当然必须假定,大地是为人类而在的产生活动的承载点。为什么即便我们在不知道回溯到我们不可忽视的种种先行关系的情况下,人类也不会因此就会被认为是地球在局部意义上的产物——人类是整个自然进程的产物——,并非只有地球,而是整个宇宙都在人类身上有所参与。即便说人类生自地球,那如果继续坚持迄今的立场,也仍然可以说人类并不是专为地球而生,人类是为所有的星星而生,因为人类是为宇宙而生,乃是作为整体的最终目的被创造。如果人类仅仅显现为地方性的、有固定居所的存在物,那人类就不会是原本意义上的"众星所向的最终目的",就会被地域化、区域化。何以如此呢?这一点我们最后用一个推论来表明。正如已经说过的，人类是宇宙性的大全一体存在物，所以不应在某个特定的点上，而是应该在整体中寓居，正如一位使徒所说：我们的居所在天上，也就是说，在大全一体的宇宙中。因为所谓的"天"的意思不是别的，正是普遍者、宇宙，从具体之物的统治中解脱而得自由的场域。——但恰恰由于人类不过复为理念，所以我们已经说过，正如那个理念对我们而言是一切生成活动的可能出发点，人类也同样是一个新的进程的开端。原初理念如何可能分崩离析，这个被实现的理念也可能会以同样的方式分崩离析。如果要问，这种可能性的后果是什么（也就是说，如果这个理念已得到了充实，或者说已经转变为现实，后果会是什么），那么所需要的就不仅仅是可能性了。至于这个后果是否出现在现实中，也就是说，这个可能的后果是否会同时转变为现实的，必须在经验中得到呈现。

但我最后还得强调，我们目前所集中讨论的，仍是自然哲学，但人类是自然的边界，伴随着人类，自然产生了一个新的开端。而借着这一开端，我们必然会前进到一个新的世界中。这个新的世界就是精神性的世界，而精神的世界也可以说是大全一体的宇宙的观念性一面。

人名索引

（说明：本卷前两个文本来自《谢林著作全集历史-考订本》，第三个源自《谢林著作全集》第X卷。为进行区分，前两个文本只给出页码，第三个会在前标识SW X。）

A

Adam 亚当 816

Anaxagoras 阿纳克萨戈拉 637

Aristoteles 亚里士多德 791, 792, SW X: 310, 327, 347, 381

C

Cartesius 笛卡尔 642, SW X: 304, 317, 381

Clarke 克拉克 SW X: 319

Crusius 克鲁修斯 SW X: 319

D

Dante 但丁 643

Davy 戴维 SW X: 356, 357, 360

E

Euklides 欧几里得 639

F

Fichte 费希特 642, 643, 787, 808, 809, SW X: 304

Franklin 富兰克林 SW X: 352

G

Gehlen 盖伦 SW X: 356

Goethe 歌德 646, SW X: 361

Gottsched 戈特舍德 SW X: 328

H

Hegel 黑格尔 SW X:343

Hekate 赫卡忒 SW X: 360

Hemsterhuis 海姆斯特尔惠斯 857

Herschel 赫歇尔 SW X: 329, 331

Hobbes 霍布斯 SW X: 322

J

Janus 雅努斯 763

K

Kant 康德 639, 664, 786, 813, 857, 861, SW X: 314-319, 321, 327, 332-338, 340-345, 352-354, 358, 364, 367-374, 379, 380

Kepler 开普勒 SW X: 343

L

Lambert 朗伯 857

Leibniz 莱布尼茨 640, SW X: 306, 318, 319, 321

M

Moses 摩西 855

N

Newton 牛顿 840, 857, SW X: 318-319

Niobe 尼俄柏 834

O

Oersted 奥斯特 SW X: 351, 359

P

Phidias 菲迪亚斯 834

Pindar 品达 791

Platon 柏拉图 637, 643, 653, 772, 791, 814, 831, 837, 839, 847, SW X: 347

Plutarch 普鲁塔克 830

R

Raphael 拉斐尔 834

Ritter 里特尔 SW X: 351

S

Schlegel 施莱格尔 854

Sokrates 苏格拉底 660-661

Spinoza 斯宾诺莎 643, 839, 840,
　SW X: 344, 348, 371-372

Steffen 斯特芬 SW X: 366

T

Thales 泰勒斯 639

V

Virgil 维吉尔 SW X: 387

Voltas 伏打 SW X: 350

主要译名对照

A

Abbild 摹本，逆像
Abdruck 印迹
Absolute jueduizhe
Absondern 殊异化
Aether 以太
All 大全
All-Eins 大全一体
Anfang 开端
Anschauung 直观
An-sich 自在体
Axe 轴
Ausdehnung 广延
Actus 现实，实现活动

B

Bestreben 趋求
Begreifen 概念把握，把握

Bestehen 持存
Bild 图景

C

Conjunktion 交互关联
Cohäsion 内聚活动
Cohärenz 内聚，内聚活动

D

Demonstration 演证
demonstrative 演证性的
Differenz 差别
Darstellung 阐述
Ding 事物

E

Einbildung 想象，内塑
Entzweiung 二重化分裂

Erde 地球 地界

Eine 一，太一

Einheit 统一性，统一体

Erscheinung 现象，显现

Ewige 永恒者

Existenz 实存

Einschliessen 封闭

F

Fall 落体

Form 形式

Für sich 独立自为，自为，独立

G

Galvanismus 直流电

Gestalten 构型

Größe 定量

Gegenbild 映像

gegenwärtig 当下的

Geist 精神

Gesetz 定律，法则

Gottheit 神性

Grenz 界限

Grund 根据

Gleichgültigkeit 漠然无殊

H

Handlung 行动

Hervorbringen 产出

Himmel 天界

I

Ich 自我

Ichheit 自我性

Ideal 观念的

Idealismus 唯心论

Ideelle, das 观念性之物

Identität 同一性

Indifferenz 无差别

Inertia 惯性，惰力

K

Körper 物体

Körperliche das 有形之物

L

Länge 长

Leib 躯体

lebendig 有生命的，生机的

Lust 兴味

M

Magnet 磁体

Masse 质量，团块

Materie 物质

Mechanismus 机械论

Mitte 中点

Mitteilung 传导，分布

N

Nachbild 摹像

O

Objektives, das 客体性之物

Organismus 有机体

Organ 官能

P

Polarität 极性

Pol 极点

Produktion 生产

Potenz 潜能阶次

Prinzip 本原，法则

Process 进程

Produkt 产物

Q

Qualität 质

Quantität 量

R

Reale, das 实在性之物

Realismus 实在论

Reflex 反映

Reflexion 反思

Reich 王国

Ruhe 宁静，静息

S

Starrheit 刚性

Sache 事情

Schein 假象，映像

Schema 图型

Schuluss 推论，推理

Schwere 重

Schwerekraft 重力

Seele 灵魂

Speculation 思辨

Stoff 素材，材料

Subjektive, das 主体性之物

Substanz 实体

Stufe 层级，阶次

Selbständigkeit 自立性

Stärke 权力

Subsistenz 自存

T

That 事实

Totalität 总体性

Transscendentalphilosophie 先验哲学

Typus 范型

U

Umlauf 公转

Unbedingte, das 无条件者

unterordnen 归秩

Unendliche, das 无限者

Unterschied 区分

Urbild 原型

Urteil 判断

Ursprung 起源

V

Vernunft 理性

Verstand 知性，理智

Vermittelung 中介

vollkommen 完满的

Voraussetzung 前提，预设

Vorbild 范型

Vorstellung 表象，观点

W

Weltbau 寰宇

Weltsystem 寰宇系统

Wahrheit 真理

Wahr, das 真相，真的东西

Weltkörper 天体

Wiederholen 重复，复返

Wirkliche, das 现实之物

Wollen 意愿

Wissen 知识

Wesen 本质，存在物

Z

Zusammenhang 关联，关联脉络

Zusammenbestehen 关联统合

Zusammensetzen 聚合